바라보라,
그저 웃음이
나올 때까지

국립중앙도서관 출판시도서목록(CIP)

바라보라, 그저 웃음이 나올 때까지 / 지은이: 신상훈. --
서울 : 마인드북스, 2014
p. ; cm

ISBN 978-89-97508-14-3 03190 : ₩13000

인생훈[人生訓]
심리 상담[心理相談]

189-KDC5
158-DDC21 CIP2014009590

바라보라, 그저 웃음이 나올 때까지

1판 1쇄 인쇄 2014년 4월 10일
1판 1쇄 발행 2014년 4월 15일

지은이 • 신상훈
펴낸이 • 정영석

펴낸곳 • **마인드북스**
주 소 • 서울시 금천구 벚꽃로 234, 310호(가산동 에이스하이엔드타워6차)
전 화 • 02-6414-5995 팩 스 • 02-6280-9390
출판등록 • 2009년 3월 5일 제2012-000088호
이메일 • mindbooks@nate.com
홈페이지 • http://www.mindbooks.co.kr

ISBN 978-89-97508-14-3 03190

바라보라, 그저 웃음이 나올 때까지

신 상 훈 지음

마인드북스

바라보라, 그저 웃음이 나올 때까지

슬프다.

화가 난다.

힘들다.

견딜 수 없이 가슴이 아프다.

모든 것이 허망하기만 하다.

그저 바라보아라.

웃음이 나올 때까지

애써 가라앉히려 하지 말고

외면하지도 말고

그저 바라보아라.

그대의 영혼이 미소로 그대의 가슴을 치유할 때까지.

작가의 말

이야기들은 사실이기도 하며 또한 허구이기도 하다. 하지만 아무래도 좋다. 우리의 가슴이 치유될 수 있다면 어떤 이야기든 쓰고 싶다. 여러 해 동안 사람들과 이야기를 나누며 때로는 함께 울고 때로는 함께 웃었다. 어느 한 사람의 삶일지라도 우린 함께 공유하여야 한다. 그것이 태초에 우리에게 주어진 공동의 운명이며 또한 진정 아름다운 일이라 믿는다.

삶과 죽음, 보이는 것과 보이지 않는 것, 그리고 너와 나로 나누어진 우리들의 진정한 소통을 위하여 상식과 관습을 뒤집는다. 유쾌한 반란에 동참하는 동안 어느덧 우리의 가슴은 치유되기 시작한다.

껍질을 주장하느라 잊어버리고 살았던 내면의 진실을 마주해보자. 이 이야기들의 주인공은 바로 우리들이다.

차 례

사랑해 당신을, 정말로 사랑해

어느 날, 지인의 부인에게서 전화가 왔다.

한 달쯤 전부터 시작된 편두통 때문에 죽을 지경이라는 것이었다. 마치 머리를 드릴로 뚫는 것 같은 통증으로 잠도 제대로 잘 수 없는 건 물론, 조그만 소리나 빛에도 머리가 울리듯이 아파와 일상의 일들을 도무지 할 수가 없다는 호소였다.

진통제를 먹었으나 전혀 효험이 없어, 정해진 용량의 두 배, 세 배를 복용했으나 편두통은 마치 비웃기라도 하듯이 오히려 더 커졌다고 했다.

편두통을 앓아본 사람은 안다, 그 고통이 얼마나 사람을 집요하게 괴롭히는지를. 그 고통은 출산의 고통에 못하지 않으며 심지어 그 고통에서 벗어나기 위하여 스스로 목숨을 끊어버리기도 할 정도인 것이다.

자, 이제 치유의 시간이다.

"한 달 전에 무슨 일이 있었죠?"

"집에서 애 키우는 사람이 별다른 일이 있을 게 뭐가 있겠어요?"

“그렇기야 하지만, 그래도 잘 생각해 봐요. 분명 뭔가 있을 겁니다.”

“글쎄요. 그때 잠을 잘 못 잤던 것 같긴 해요.”

“원인이 뭐죠?”

“그때 애 아빠와 좀 다투었던 것 같아요.”

“뭣 때문에요?”

“아시잖아요? 애 아빠가 돈을 안 벌어주니까 그렇죠.”

“심하게 다투었나요?”

“치고 받고 하진 않았으니까 그리 심하다고 할 수는 없지요.”

“어차피 상대가 안 될 겁니다. 스파이크 한 방이면 나가떨어질 것 같은데요?”

“호호호, 하긴 제가 배구를 했으니 그럴 만도 해요.”

“그런데 그런 다툼은 전에도 자주 있지 않았나요?”

“그렇죠. 십몇 년 동안이나 돈을 안 벌어주는데 잔소리 안할 여자가 어디 있겠어요?”

부인은 생각할수록 분통이 터지는지 어느새 목소리가 부루퉁해져 있었다.

“아, 잠깐! 제가 안 벌어준 것 아니니까 저한테 화풀이 하진 마세요.”

“어머, 죄송해요. 나도 모르게 그만 화낼 뻔 했네요.”

원인은 밝혀졌다. 이제 그녀에게 알려 주어야 한다.

“그날 다투고 나서 마음속으로 많이 원망했죠?”

“그러고 보니 유독 그때는 분이 풀리질 않아서 원망을 많이 했던 것 같아요. 보통 때는 그렇게 다투고 나서는 내가 마음이 불편해서 오히려 격려해주곤 했는데, 그때는 그렇게 하지 않았어요.”

"그 원망 때문에 편두통이 온 겁니다."

"에이, 원망 좀 했다고 해서 이렇게나 아프다고요?"

"네."

"정말요?"

"네."

인과를 부정하려 할 때는 말을 간결하게 하는 것이 좋다.

"누구나 할 수 있는 원망이잖아요? 그게 뭐 어쨌다고."

"누구나 그럴 수 있죠. 아니, 보통 아내들 같으면 벌써 이혼하고도 남았을 걸요? 잘 참아오신 겁니다. 그럼요."

"그렇죠? 그런데 정말 그 원망만으로 이렇게 심하게 아플 수 있는 건가요?"

"그렇다니까요."

"그럼 어떻게 해야 되는 거예요?"

"남편에게 삼천 번 절하면 나을 겁니다."

"에, 정말요?"

"그럼요. 누군가를 미워한 죄, 그 죄가 얼마나 큰지 압니까? 삼 천배로는 좀 약할라나. 삼만 번 해야 될지도 몰라요."

"지금 아파서 숨넘어가는 사람에게 너무한 것 아니에요? 삼만 번이라니요."

"그렇게 안 하고 좀 쉽게 하는 방법도 있는데 해보시겠어요?"

"아, 아무래도 저를 놀리시는 것 같아요. 저 많이 아파요. 제발 진지하게 상담 좀 해주세요."

"아니, 이건 진짠데 알기 싫으시면 입 다물죠."

"어휴, 그러지 말고 시키는 대로 다 할 테니 말해 주세요."

"먼저 청수 한 그릇을 떠서 밥상 위에 정하게 차립니다."

"그리고요?"

"그 앞에 앉아요. 허리는 세우되 너무 힘을 주진 말고 책상 다리로 앉는 겁니다. 일단 허리를 앞으로 구부렸다가 서서히 젖히면서 허리뼈를 손으로 만져서 튀어나오지 않을 정도로 허리를 세웁니다. 너무 세우면 갈비뼈에 압박이 와요. 중심이 아랫배로 오게 합니다. 그 다음 어깨나 다른 신체 부위는 척추라는 장대에 걸린 빨래처럼 척하니 힘을 뺍니다."

"와, 어렵다. 그 다음은요?"

"손은 아무렇게나 편하게 해도 되지만, 부인 같은 경우는 몸이 찬 체질이니 엄지를 손 안에 말아 쥐고 손등이 위로 오게 해서 무릎에 얹으면 돼요. 그리고 몸과 마음이 이완되기를 잠시 기다리세요. 필요하다면 머리부터 어깨, 가슴, 양팔, 양손, 배, 골반, 다리, 양발의 순서로 위에서 아래로 의식하면서 긴장을 풀어줍니다."

"이거 최면인가요? 아니, 청수는 또 뭐예요? 천지신명께 빌어야 되는 거예요? 내가 무슨 무속인도 아니고."

"최면이라고 한다면 자기 최면이겠지요. 하지만 최면이라기보다는 명상에 가깝습니다. 청수는 말이죠. 흠, 증폭기랍니다. 물은 정보를 수용해서 증폭, 전달하는 습성이 있습니다. 한 그릇의 물은 받아들인 정보를 온 세상의 물에게 전달합니다. 몸속도 예외는 아니죠. 몸도 칠팔십%가 물이잖아요? 이런 사실을 우리의 어머니들이 먼 옛날부터 잘 알고서 써먹은 거죠. 무속인도 마찬가지랍니다. 그 형식에 지레 겁먹지 마세요. 늘 마시는 물이잖아요?"

"흠, 그래요. 그러면 그다음은요?"

"몸과 마음이 어느 정도 이완되었다고 느끼면 그때부터 남편이 눈앞에 앉아있다고 생각하고 마음속으로 말합니다. 고맙습니다, 사랑합니다."

"고맙? 뭐, 고마울 일이 있어야 말이죠."

"어허, 제 말을 듣기로 하지 않으셨나요?"

"넵, 알겠습니다. 선생님!"

"선생님은 무슨, 암튼 말이죠. 고마울 때 고맙다고 하는 건 누구나 하는 겁니다. 고맙지 않은 상황에서 고맙다고 말하는 게 가치가 있는 거죠. 물론 말은 안 되는 것처럼 보입니다. 하지만 거기엔 우주의 비밀이 있거든요."

"우주의 비밀이라고요? 다른 사람이 그렇게 말했으면 '에이, 사이비!'라고 했겠지만, 지금은 그렇게 들리진 않네요."

"그렇죠? 그러니까 시키는 대로 해보세요. 고맙습니다, 사랑합니다. 정말 진심을 담아서 온 세상에 알리는 겁니다, 그 마음을."

"얼마나 그렇게 해야 돼요?"

"하루 30분씩 일주일만 해봐요."

"그럼 이 지긋지긋한 두통이 나을까요? 지금 통화하고 있는 동안에도 쿡쿡 쑤셔요. 이러다 정신을 놓을 만큼 심해지거든요."

"따지지 말고 일단 해보세요. 밑져야 본전 아니겠어요? 해보고 다시 전화주세요. 알았죠?"

"네, 그러겠습니다. 다시 전화 드릴게요."

이제부터는 그녀의 몫이다.

그녀는 내 인내심이 그다지 자랑할 만한 것이 못 된다는 것을 잘 알고 있었던 모양으로 일주일씩 나를 기다리게 하지 않았다. 바로 다음 날 그녀에게서 전화가 다시 걸려왔다.

"어, 하루 만에 전화하셨네요?"

"네, 어제 밤에 정말 신기한 일이 있었어요."

그녀는 마치 숨이라도 찬 것처럼 씩씩대고 있었다.

"말해보세요."

"어제 애들과 남편이 다 자는 시간에, 그러고 보니 오늘 새벽이겠네요. 암튼 시키시는 대로 깨끗한 물 한 사발을 떠다 놓고 자리에 앉았죠. 왠지 가슴이 쿵쾅 뛰었어요. 내가 지금 뭘 하고 있지? 하는 생각도 들었지만 다 내려놓고서 '고맙습니다, 사랑합니다.'하고 계속 말했죠."

"고마운 마음이 들던가요?"

"아뇨, 어제도 말했지만 고마운 마음이 들게 없었어요. 사랑도 그렇죠. 드라마에서나 나오는 말이라고 생각했거든요. 연애할 때야 매일 살갑게 주고받았던 말이지만 혼자서 넋두리처럼 독백을 하려니 많이 어색하기도 했어요. 그런데 말이죠. 그게 참 이상해요. 계속 말하다 보니 어느 순간부터 왠지 모르지만 고마운 마음이 드는 거 있죠?"

"그래서요?"

"고맙다, 고맙다 하고 말하다 보니 고마움이란 게 어떤 조건 속에 있지 않더라고요. 그냥, 그냥 고마운 마음이었어요. 굳이 말하자면 그냥 내 옆에 존재하는 것만으로도 너무 벅차도록 고마운 기분이랄까. 눈물이 흘렀어요. 미안했어요. 원망해서 미안한 것은 아니었어요. 그보다 고마움을 모르고 살았던 게 미안했어요. 이렇게 그냥 고마운 것을 왜 모르고 살았을까? 그런 생각이 계속 들었죠. 그러니 사랑한다는 말도 저절로 쏟아져 나왔죠. 정말 내 안에 그렇게 많은 사랑이 숨어 있는 줄 몰랐어요. 왜 이제 불러 주냐고 원망하는 것 같았어요. 정말 신기하죠?"

"계속해보세요."

"그러기를 한 30분쯤 지났나? 정신없이 하고 있는데 갑자기 방안의 공기가 이상하게 느껴졌어요. 물속에 있는 기분이랄까, 아주 부드러운 뭔가가 주위에 가득 차는 게 느껴지더니 내 몸을 감싸고 마치 살아있는 생물처럼 꿈틀거렸어요."

"겁났겠어요?"

"아뇨, 전혀요. 정말 편안했어요. 원래 가지고 있었지만 오래도록 잊어버리고 있었던 느낌, 맞아요. 마치 엄마 뱃속에 있는 것 같은 느낌이었어요."

"엄마 뱃속이 기억나세요?"

"기억나지는 않지만 기억나는 걸로 해두면 안 될까요?"

"좋은 말이네요. 기억나는 걸로 해둔다. 음, 좋은 말이에요."

"제가 원래 허리도 자주 아프거든요. 병원에 가 봐도 그냥 진통제만 주고 자세교정을 해야 된다고 하는데 그게 말처럼 쉬운 게 아니잖아요? 그런데 바로 그 허리 아픈 곳으로 시원한 아니, 뜨거웠나? 암튼 물줄기 같은 것이 돌더니 말끔해지는 느낌이 들었죠. 그 순간 다시 아플 일이 없을 거라는 생각이 들었어요. 알 수 없는 확신이었죠."

"그럼 두통은요?"

"아, 두통! 그러고 보니 두통을 까맣게 잊고 있었네. 내 정신 좀 봐."

"어떻게 된 거죠?"

"그냥 나아버린 거죠. 안 그랬으면 잊어버릴 수가 있었겠어요? 그 끔찍한 고통을 말이죠."

"그래요. 망각은 미덕입니다. 목소리 들어보니 알만해요. 머릿속 편두통 뿐 아니라 가슴속 응어리까지 날아가 버린 목소린데요?"

"맞아요, 응어리. 아마 그대로 계속 놔두었으면 화병 걸렸을 거예요."

"한사발의 물로 불을 꺼버렸네요. 119아저씨들 수고롭게 하지 않고 말이죠."

"아, 정말 기분이 날아갈 것 같아요. 저, 제대로 한 것 맞죠?"

"물론입니다. 기대 이상인걸요."

"뭔지는 모르지만 정말 대단한 경험이었어요. 말로 다 못해요. 내게도 기적이 일어난 거예요. 이왕 시작한 거니까 일주일 동안 더 해볼래요. 그래도 되죠?"

"일주일 아니라 매일 계속 해도 되요. 그럼 새로운 기적들이 반겨줄 거랍니다."

"정말 어떻게 이 고마움을 전해야 할지 모르겠어요."

"아뇨, 제 손가락이 가리키는 곳을 정확히 보고 가신 것 같아 기분이 아주 좋습니다. 계속 해보시고 새로운 이야기가 있으면 또 전화주세요."

"네, 그럴게요."

*

1초에 백만 개씩 새로운 세포가 태어나고 죽는다. 우리 몸을 이루는 대부분의 세포는 늦어도 1년 안에, 뼈는 그 견고함으로 인하여 약 7년 정도면 완전히 물갈이된다고 한다. 그러나 만성질환은 수십 년씩이나 질기도록 사람들을 괴롭히며, 마음의 병은 평생을 가기도 한다. 어쩌면 우리를 괴롭히는 모든 것들에게 힘을 주고 있는 건 우리들 자신 아닐까?

그림자놀이를 해보자. 손으로 강아지, 토끼, 독수리, 여우 따위를 만들어보자. 그림자를 만드는 것은 누구인가? 만약 도깨비를 만들었다면 그 도깨비에게 힘을 줄 수 있는 건 누굴까? 스스로 만들었으니 지우는 것도 자신의 몫이지만 우린 잊어버리고 만다. 이런 경우의 망각은 미덕이 아니다. 누구나 자신의 몸을 소중히 생각하지만 막상 몸에게 명령을 내려 보라하면 의아하게 생각한다. 그렇다면 자신의 몸이라고 말할 수 없는 것이다.

매 순간 태어나는 세포는 주인의 명령을 따른다. 별도의 명령이 없으면 이전의 명령을 따른다. 밝게 세상을 바라보던 때, 우리는 세포들에게 밝음을 가지고 태어나게 했다. 순수하게 세상을 바라보던 때, 우리는 세포들에게 순수함을 가지고 태어나게 했다. 차츰 나이가 들어, 재고 고민하는 사이에 세포들은 자유 대신 세련된 구속을 택하였고, 해맑은 순수함 대신 진지함과 성숙함으로 위장된 고민들을 가지고 태어나게 되었다. 이것이 노화의 원인이라고 말하면 지나친 것일까?

명령한다고 하면 좀 딱딱한 감이 있다. 그렇다면 명령대신 소통이라고 하자. 몸과의 소통, 그럴듯하지 않은가!

소통되는 가정은 행복하다. 소통되는 사회는 즐겁다. 소통되는 몸은 건강하다. 소통의 방법은 그리 어렵지 않다. 먼저 말하라. 말주변이 없어도 좋다. 진심어린 한마디로 온갖 불치병을 앓고 있는 세상이 치유되기 시작한다.

'사랑합니다, 고맙습니다.' 얼마나 쉬운가!

전생이야기, 하나
(기억할 수는 없지만)

세련된 정장을 입고 들어온 그녀는 누가 봐도 멋진 커리어우먼이었다. 세련된 정장 안에 감추고 있는 그녀의 고운 자태는 공과 사를 구별하려는 신중함에도 미처 가려지지가 않았다. 겉으로 보아서는 도무지 걱정거리가 있을 것처럼 보이지 않았다. 디자인회사를 차려 몇 년 동안 밤낮없이 일한 끝에 나름대로 내밀만한 명함이 되었노라 말하며 산뜻한 명함 한 장을 내미는 그녀의 눈빛에서 비로소 미처 감추지 못한 고뇌가 엿보였다.

밝히기 전에 먼저 끄집어내는 경우도 있지만 이런 경우에는 기다려야 한다. 거의 나의 직감은 언제나 정확한 편이다.

그녀는 속이 많이 불편하다고 했다. 그러다보니 업무상 만나야 하는 사람들과의 식사자리가 꺼려지는 건 물론, 급기야 우울증까지 온 것 같다고 말했다.

"불규칙한 식사를 하시니까 그런 것 아닌가요?"

"아무래도 그런 점도 있어요. 어떤 때는 저녁을 두 번 먹기도 하죠. 이미 배가 부른데도 아무렇지도 않은 것처럼 식사를 하는 거죠. 물론 그럴 때는 먼저 먹는 저녁은 간단히 끝내려고 하죠. 뜻대로 잘 되지는 않지만요."

"그렇겠네요. 속이 불편한 지는 얼마나 되었나요?"

"두 달쯤 된 것 같아요."

두 달 전에 뭔가 그녀의 속을 심하게 긁은 일이 있다. 일단 모른 척해 본다.

"증상은 구체적으로 어떤가요?"

"많이 쓰려요. 조금만 식사 때를 놓치면 바로 더부룩해집니다. 자기 전에 쓰릴 때는 뭘 먹을 수도 없고 난감하죠. 위장에 좋다는 매실즙도 마셔보고 감자도 갈아먹어 보고 별별 짓을 다 했지만 나아지지가 않네요."

"네, 알겠습니다. 그런데 생각을 많이 하면 위장이 상한다는 것 아시나요?"

"그런 말은 처음 듣는데요?"

"과식하면 나빠지는 건 알죠? 그와 같습니다. 음식도 에너지, 생각도 에너지입니다. 그 에너지를 적절히 변화시켜서 쓰는 거죠. 음식이나 생각이나 다를 게 없어요. 과식과 지나치게 많은 생각은 똑같은 겁니다."

"정말인가요? 그럼 간이나 심장 같은 것은요?"

"다른 기능도 많지만 간단히 말해보죠. 간은 외부에서 들어오는 독성물질을 해독합니다. 그와 같이 내부에서 생겨난 독한 생각이나 감정도 해독하는 거죠. 아니 이럴 게 아니라, 이왕 설명하는 김에 정확히 해드리죠. 자, 여기 한번 보세요."

그녀에게 책을 펴주며 보라고 했다.

신비한 몸

몸은 신비 덩어리다.
위장이 있다면 위기(胃氣)가 있다.
그와 같이 간기(肝氣), 심기(心氣), 신기(腎氣), 폐기(肺氣)
등등이 있는 것이다.

위는 음식물을 소화시킨다.
과식을 하면 위는 힘들어한다.
위기(胃氣)는 감정과 생각을 소화시킨다.
지나친 감정과 생각에 빠져 있으면
위기(胃氣)는 힘들어하며
아울러 몸과 정신 모두가 힘들어진다.

간은 독을 해소시킨다.
간이 벅찰 만큼 몸에 독을 들이부으면 몸 전체가 위험해진다.
간기(肝氣)는 생각과 감정에서 발생되는 독을 해소시킨다.
간기(肝氣)가 벅찰 만큼 독기를 품은 감정과 생각을 가지면
몸과 정신 모두가 위태로워진다.

심장은 피를 순환시킨다.
심장이 제대로 피를 순환시키지 못하면

몸은 죽음에 가까워진다.
심기(心氣)는 생각과 감정을 순환시킨다.
앞뒤가 꽉꽉 막힌 사고를 하고 있다면
심기는 손상되고 몸과 정신 모두가 죽음에 가까워진다.

신장은 배설기이다. 쓰고 남은 물을 버리는 기관이다.
신장이 제대로 기능하지 못하면
얼굴은 붓고 몸은 천근만근 늘어질 것이다.
신기(腎氣)는 불필요한 상념과 감정의 찌꺼기를 버리는 기관이다.
잊지 못하고 용서하지 못하며 지난 일에 집착하여
쓸데없는 생각을 끊어내지 못하면
신기는 제 힘을 쓸 수가 없다.
의식은 신선함을 잃고
생각과 마음의 무게로 늘 무겁고 쓸쓸한 채로
삶의 허무만을 느끼게 될 것이다.

폐는 호흡기다. 새로운 공기를 받아들이는 기관이다.
폐가 제대로 기능하지 못하면
몸은 새로운 에너지를 받아들이지 못해
바로 활동을 정지하게 될 것이다.
폐기(肺氣)는 그대의 생각을 매순간 새롭게 하는 기관이다.
낡은 생각에 사로잡혀
새로운 것을 받아들이지 못하는 마음이라면
폐기는 제 힘을 잃어버리고 굳어버리게 될 것이다.

장기와 그 장기를 관장하는 기운은 하나로 연결되어 있기에
장기가 탈이 나면 그 기운도 탈이 나며
그 기운이 탈이 나면 장기도 탈이 난다.
잘 살펴 늘 몸이 사랑을 표현하는
훌륭한 도구가 되도록 하는 데에
부족함이 없도록 해야 한다.

–『들으면서 말하고 보면서 숨 쉬라』 중에서

"그런데 '들으면서 말하고 보면서 숨 쉬라'라는 게 무슨 뜻이죠?"

"말 그대로 들으면서 말하고 보면서 숨 쉬라는 거죠."

"뭔가 다른 뜻이 있는 것 같은데요?"

"이 듣는다는 건 어쩌면 모순일 수도 있어요. 입에서 말이 나오고 나서야 귀에 들릴 테니. 하지만 마음으로 듣는다고 할까요. 말하는 것과 마음으로 듣는 것을 동시에 한다. 다시 말해서 의식하며 말한다는 겁니다. 숨도 마찬가지. 숨의 과정을 면밀히 지켜본다는 거죠."

"흠… 그런데 무슨 뜻인지는 솔직히 모르겠어요. 그냥 말은 이해가 되지만요."

"그 정도로 좋습니다. 이것에 대해서는 다음에 기회가 또 있을 겁니다. 하여간 생각이 많으면 위장이 탈이 날 수 있다는 말입니다. 요즘 생각이 많으신가요?"

"생각이 많을 수밖에 없죠. 사업체 하나 한다고 신경 써야 될 일들이 얼마나 많은데요."

"그런 것 말고 또 있지 않을까요?"

그녀의 눈을 똑바로 쳐다보며 말했다. 그녀의 눈빛이 흔들리고 있었다. 망설임이 느껴졌다. 말해야 되나, 말아야 되나. 결국 그녀는 털어놓는 쪽으로 마음먹었다.

"휴우, 이런 이야기를 해도 되는지 모르겠어요."

그녀는 결심을 굳힌 듯 한숨을 크게 내쉬며 이야기를 꺼냈다.

이야기의 전말은 이러했다.

그녀의 남편과 바람을 피운 상대 여성이, 관계가 들켜 창피를 당하였음에도 오히려 뻔뻔스럽게 매일 집으로 밤낮없이 전화를 한다는 거였다. 처음 하룻밤에 한두 번으로 시작된 전화는 어느덧 스무 통을 넘기고 있으며 나중에는 있지도 않은 남편과 자신의 애정사(?)를 늘어놓으며 약을 올리고는 이쪽의 대답에는 전혀 아랑곳하지 않고 끊어버리는 일이 매일 같이 반복되어 도무지 잠을 제대로 잘 수가 없다고 했다.

"전화를 꺼놓으면 되지 않나요?"

"업무상 전화가 이른 아침이나 밤늦게 걸려오는 경우도 있어 꺼놓을 수가 없어요. 게다가 시아버님께서 당뇨로 잘 쓰러지시기에 새벽에 제게로 긴급한 전화가 걸려오는 경우가 있거든요."

(당시는 휴대전화가 많이 보급되지 않았을 때였다. 요즘처럼 수신차단이나 발신자 확인 기능도 없던 때였다.)

"그렇군요. 보통 화나는 일이 아닐 텐데요?"

"말로 다 못하죠. 잠을 설치니까 컨디션이 엉망이 되고 말아요."

"남편 분 받으라고 전화하는 것 아닌가요?"

"뭐, 그럴지도 모르죠. 하지만 남편은 받으려고 하지 않아요. 무슨 말이든 듣기 싫다고만 합니다. 강단 있게 말하면 좋을 텐데 말이죠. 하긴 처음에 몇 번 그렇게 하기도 했어요. 하지만 소용없는 일이었죠. 하지 말라면 더 하는 것 같아요. 사람들이 원래 그런가?"

그녀는 한숨을 쉬며 혼잣말처럼 말을 뱉었다.

"그때부터 위장장애가 온 거죠?"

"네, 그리고 사실 위장보다 더 큰 문제가 있어요. 마음이 늘 불편하고 불안하기까지 해요. 완전히 엉망진창이 된 기분입니다. 내가 잘못한 일도 아닌데 왜 이렇게 사는 게 힘든지 모르겠네요. 처음엔 남편을 다그치기도 했지만 다 용서하고 잊기로 했어요. 그런데 정작 연장전이 더 힘드네요."

"연장전이라, 그럼 이제 승부차기라도 하시려고요?"

"아휴, 저 농담할 기분 아닙니다. 정말 힘들어요. 이런 건 어떡해야 되나요, 선생님?"

"제가 시키는 대로 해보시겠어요?"

"어떻게요?"

"쉬워요. 어쩌면 굉장히 어려울 수도 있지만요. 그 사람을 생각하며 사랑한다고 말하세요. '사랑합니다, 고맙습니다.'를 하루에 삼십 분씩 해보세요."

"누구? 남편 말인가요?"

"아뇨, 그 여자분 말입니다."

"그렇게까지 해야 합니까?"

그녀가 당혹과 분노를 채 감추지 못하며 따졌지만 아랑곳하지 않고 말을 이었다.

"그럼요, 쉽죠? 물론 왜 그렇게 해야 하는지 의아하실 겁니다. 하지만 일단 시키는 대로 해보세요. 제 처방은 이게 답니다."

그녀의 눈빛에서 다시 복잡한 감정들이 교차되고 있었다.

"솔직히 말하자면 하고 싶지 않아요. 미움이 큰 것보다는 왠지 위선자가 될 것 같은 기분이 들어요. 난 용서해주었어요. 그런데도 상대는 괴롭힘을 멈추지 않아요. 제가 화내는 걸 바라는 걸까요? 아니면 나의 인내를 위선이라고 비웃는 걸까요? 이런 상황에서 사랑한다고 말하라고요? '고맙습니다.'는 또 뭡니까? 유치원생도 아니고, 정말 이건 아닌 것 같아요."

"강요할 순 없습니다. 예수님께서 말씀하지 않았던가요? 죄는 미워하되 사람은 미워하지 말라고 말이죠."

"죄가 미우면 사람도 미운 거죠. 전 성인군자가 아니에요."

"밉죠, 왜 안 밉겠어요. 그러니까 더더욱 해야 하는 겁니다. 한번 해보세요. 전 허튼소리는 하지 않습니다. 해보면 왜 하라고 했는지 알게 될 겁니다."

"농담 아니시죠?"

그녀가 확인하려는 듯이 한 번 더 물었다.

"물론입니다."

그녀의 눈을 똑바로 응시하며 부드러운 눈빛으로 바라보았다. 처음 날카로워졌던 그녀의 눈빛도 조금 풀이 꺾인 듯 고요해지고 있었다.

"얼마나 해야 되나요?"

"정해진 건 없습니다. 뭔가 변화가 일어날 때까지라고만 해두죠. 일단 일 주일 후에 다시 오시겠어요?"

"네, 알겠습니다."

그 이후에도 이런저런 말을 나누다 그녀는 돌아갔다. 그녀가 잘 해낼 거라 기대하며 그날은 그렇게 마쳤다.

일주일 후 그녀가 다시 찾아왔다.

"어서 오세요. 오늘 패션이 아주 좋습니다."

"그냥 하는 소리라도 듣기는 좋은데요. 그동안 잘 계셨죠?"

"저야 뭐, 늘 그렇죠. 자, 여기 앉으세요."

그녀에게서 팽팽한 긴장이 사라진 것이 느껴졌다. 효험이 있었나보다 하고 성급한 기대가 솟구쳤다. 하지만 먼저 조심스레 한 발 디디기로 했다.

"속은 좀 어떠세요?"

"아니, 그것보다 요즘 제가 좀 이상해졌어요."

오히려 그녀가 곧바로 핵심으로 찔러오고 있었다. 모른 척하고 그녀의 말을 종용했다.

"말해보세요. 뭐가 이상한가요?"

"선생님이 시키시는 대로 해보았어요. 매일 식구들이 모두 잠든 시각, 비어있는 방에 들어가서 그 여자를 떠올리며 '사랑합니다, 고맙습니다.' 하고 말했죠. 처음엔 욕지기가 같이 나왔어요. 사랑합니다, **. 고맙습니다, **. 이렇게 말이죠."

"허, 욕도 할 줄 아세요?"

"듣는 사람도 없는데 뭔들 못하겠어요?"

"욕이 나온다고 그냥 합니까?"

"나오는 걸 어떡하겠어요. 암튼 욕이 나오든 말든 계속했지요. 매일 오기라도 부리듯 족히 한 시간 가까이 한 것 같아요. 선생님은 삼십 분 이라고 했지만 이왕 하는 것 제대로 하자는 생각이 들었어요. 그런데 사흘째부턴가 제가 좀 이상해지더군요. 욕이 더 이상 나오지 않는가 싶더니 왠지 모르게 고맙다는 생각이 들더군요. 사랑까지는 모르겠지만 확실히 뭔가 고맙다는 생각이 들었어요. 고마울 게 없는 사람에게 왜 그런 생각이 든 거죠?"

"고마울 일이 있어서 고마운 건 누구나 다 합니다. 물론 그것마저도 안 하는 사람이 더러 있긴 하지만요. 고마울 일이 딱히 없는데도 고마워할 수 있는 것이 진짜 아닐까요? 하긴 이건 고마울 일이 없는 경우가 아니라 미운 경우니까 한 수 더 하는 것이긴 하죠."

"또 예수님 말씀 들먹이실 건가요, 원수를 사랑하라는?"

"뭐, 필요하다면 예수님 아니라 부처님, 공자님, 간디, 조르바, 니체, 크리슈나, 어린 왕자, 모모까지도 들먹일 수 있죠."

"장난치지 마세요. 저, 장난할 기분 아니에요."

그녀가 조금은 화난 듯 말했지만 정작 눈빛은 일주일 전보다 한층 부드러워 보였다.

"그래서 그 다음은요?"

"그냥 그게 다예요. 뭘 기대하시는지는 모르겠지만 그렇게 며칠을 보냈습니다. 속이 아픈 게 좀 나은 것 같은 기분이 들기는 해요. 하지만 확실하지는 않아요. 자, 이제 뭘 하면 되나요?"

"숙제 내달라고 조르는 학생은 또 처음이네요."

"숙제든 리포트든 아니, 논문이라도 쓰라면 써야지요. 저 어정쩡한 거 정말 싫어합니다. 이상한 기분이 든 것은 사실이지만 여전히 전화는 밤새 울려대고요, 전 그것 때문에 우울증이 점점 심해지고 있어요. 좀 도와주세요. 뭐든 시키시는 대로 해볼게요."

"일단 자세는 아주 좋습니다. 그럼 이 자리에서 바로 해볼까요?"

"뭘요?"

"혹시 '전생퇴행 최면'이라고 들어보셨나요?"

"아! TV에서 몇 번 봤어요. 연예인들이 나와서 전생 때문에 공포증이 있다느니 지병이 있다느니 그런 이야기를 했던 것 같아요. 그리고 누군지 기억은 나지 않지만 자신이 전생에 새였다고 하던데요. 그런 걸 믿으세요?"

"동물과 사람의 영혼은 달라요. 하지만 충분히 그렇게 느낄 수는 있어요. 어떤 상황에서 새의 의식과 사람의 의식이 잠시 섞일 수는 있어요. 예를 들어, 목숨이 위험한 상황에서 새처럼 날 수 있다면 얼마나 좋을까라고 생각하며 죽어간 사람이 있다면 마침 그 위의 하늘을 날던 새와 잠깐이나마 그 의식을 공유하는 거죠. 그걸 자신의 전생이라고 착각할 수도 있어요."

"그래요? 그런 일도 생기는 거구나. 하지만 전생이란 게 정말 있긴 있나요? 전 아무래도 다 꾸며낸 이야기 같아요. 잠재의식에서 나온 거 아닌가요? 칼 융은 '집단 무의식'이라고 말했던 걸로 아는데요? 제가 대학 때 심리학 강의를 들은 적이 있거든요."

"'집단 무의식'이라는 게 전생이 없다는 말처럼 들리십니까? 꼭 그렇지는 않아요. 융은 오히려 그 모든 걸 인정한 사람입니다. '집단 무의식'이란 건 인류의 역사가 시작된 이래로 품어온 모든 상념들이 어떤 정보의 형태로 모든 사람들의 의식의 밑바닥에 저장되어 있을 수 있다는 겁니다. 그리하여 어떤 심령적인 현상들이 적절한 환경이 갖추어졌을 때 드러날 수 있다는 거죠. 암튼 한번 해보는 겁니다. 전생이 있든 없든 그런 건 중요하지 않아요. 현실에서 교훈을 얻을 수만 있다면 유용한 이해 수단이 될 수도 있는 것이니까요."

"만약 있지도 않은 거라면 허무한 거 아닐까요?"

"이 논쟁은 뒤로 미루기로 하죠. 직접 경험해보고 나서 이야기해도 늦지 않아요."

"그래도 확신을 가지고 하면 좋을 것 같은데요?"

"갈릴레오가 말하지 않았던가요, 그래도 지구는 돈다고?"

"그럼 결국 선생님은 전생이 실재한다는 말씀인 거네요?"

"집요하시군요. 그럼 이렇게 말씀드리죠. 우리가 상상하는 건 다 존재합니다. 그리움이란 게 눈에 보이지도 귀로 들리지도 않지만 엄연히 존재하는 감정이듯이 어떠한 사고체계나 의식의 표현들은 우리가 그것을 떠올리는 순간 이미 존재하는 게 됩니다. 설사 그 전까지는 없었던 거라 할지라도 말이죠."

"말도 안돼요. 있으면 있는 거고 없으면 없는 거지."

"양자론에 대해서 들어보셨나요? 있음과 없음이라는 명제만으로는 우주를 이해할 수 없어요. 그건 편의상의 나눔일 뿐이에요. 있음과 없음을 결정하는 건 관찰자인 우리죠. 관찰자가 없으면 있음이니 없음이니 둘 다 아무런 의미가 없어요. 의미뿐만이 아니라 그런 명제가 존재하지도 않게 돼요. 있으니 있는 걸로 보인다고 말하고 싶겠지만 그렇지가 않아요. 어떠한 상태와 관찰자의 관찰로 인해서 결정되는 판단은 동시에 존재합니다. 우리가 알고 있는 시간의 선후나 여기, 저기라는 공간상의 거리나 인과 따위는 무시되고 맙니다. 우린 너무나 오랫동안 이분법에 익숙하게 길들여져 왔죠. 과거의 원인, 미래의 결과, 내가 있는 곳 여기, 내가 바라보는 곳 저기, 이런 식으로요. 이제는 깨어나야 해요. 자, 여기 지금 물마시고 있는 잔을 보세요. 우리가 정작 쓰고 있는 건 잔 안의 빈 공간이잖아요? 그런데 우린 잔이라는 공간을 결정해주는 테두리만을 실체로 느끼죠. 실제로는 그 안의 빈 공간을 쓰고 있으면서도 말이죠. 집도 마찬가지랍니다. 현란한 인테리어로 집을 꾸미지만 정작 쓰는 건 그 안의 텅 빈 공간이죠. 모든 꾸밈들은 공간의 성격을 결정하는 역할을 할 뿐이에요. 없음이 없으면 있음도 '있음'답지 못하게 되고 말아요."

"와, 선생님! 우리 회사에 홍보이사로 위촉하고 싶어요. 말씀을 정말 잘하시네요?"

"뭔 말인지 알아나 듣고 그런 말씀하시는 겁니까?"

"저, 머리 나쁘지 않아요. 대학 내내 장학금 탔던 사람입니다. 무시하지 마세요."

"학식과 지성이 비례할 거라고 생각하는 걸 보면 확실히 좀 문제는 있어 보이는데요?"

"알았어요. 군소리 안할게요. 한번 해봐요. 그거, '전생퇴행최면'인가 하는 거요."

드디어 그녀가 미끼를 물었다. 사람은 언제나 머리 아픈 이야기보다는 모험을 좋아하는 법이다.

잔 속에 흙탕물이 가득하다. 그저 바라보면 된다. 가라앉으라고 휘저으면 안 된다. 우리의 의식도 마찬가지다. 평소에는 이런저런 생각이 뒤죽박죽 섞여 있다. 몸과 마음을 이완하면 생각과 감정의 파도가 가라앉으면서 그 밑바닥에 있던 것이 드러나는 것이다. 밑바닥에 자리하고 있다는 이유만으로 가치가 있다고는 말할 수 없다. 하지만 반대로 밑바닥에 묻혀 있어 잘 드러나지 않는다는 이유로 가치가 없다고 말할 수는 더더욱 없는 것이다.

최면은 수면을 유도한다는 뜻이다. 어떤 수면인가? 수면이라는 창구를 지나면 두 개의 문이 기다리고 있다. 하나는 몸과 마음을 휴식하는 평소의 잠이다. 그리고 또 하나는 감추어져있던 내면의 의식으로 통하는 통로다. 어쩌면 그 통로를 지나서 마주하게 되는 것은 칼 융의 말처럼 개인의 것이 아닌지도 모른다. 그렇기도 하거니와 그곳은 개인이니 모두니 하는 단서가 사라지는 세계로 보는 것이 옳겠다. 최면은 두 번째 통로로 유도하는 것이다.

PC를 켜서 인터넷을 연결하는 순간, 더 이상 personal의 영역이 아니다. 모두와 연결된다. 좋은 일도 나쁜 일도 모두가 공유하는 것이다. 그야말로 무한자유, 무한책임의 공간이다.

그녀의 의식이 환기와 이완 속에서 인터넷으로 연결되었다. 평소에는 열람할 수 없었던 정보가 쏟아지는 것이다. 나는 그 바다에서 헤매지 않고 유용한 정보를 검색할 수 있도록 도와주는 역할을 한다.

"자, 지금 어떤 상태죠?"

"온몸이 붕 뜨는 것 같아요. 공기로 만든 침대 위에 누워있는 기분 이해하시겠어요?"

"좋습니다. 전생이라는 사이트에 접속하기 전에 먼저 자신의 몸을 투시해보기로 하죠."

"어떻게요?"

"특별한 노력은 필요 없어요. 그냥 자연스레 보일 겁니다. 먼저 골격을 보도록 하죠. 보이나요?"

"아직… 잘 안 보여요. 그냥… 순간적으로 휙 지나가는 것 같아요."

"보려고 애쓰지 마세요. 그냥 영화 보는 것처럼 편안히 바라보세요. 자, 차츰 스크린이 열리면서 선명하게 보일 겁니다. 하나, 둘, 셋!"

"아! 뭔가 보여요. 골격이 보입니다. 갈비뼈랑 골반 그리고 다리까지……."

"그럼 이제 몸 안의 장기까지 투시합니다. 그림에서나 보던 장면들이 나타날 겁니다."

"보여요. 어느 게 어느 건지는 잘 모르겠지만 하여간 보입니다."

그녀는 피암시성이 아주 좋은 편이었다.

"좋지 않은 곳이 있나 살펴보세요. 문제가 있는 곳은 검은 색으로 보일 겁니다."

"병든 곳은 다 검게 보이는 건가 봐요?"

"그렇지는 않지만 그렇게 암시하면 찾기가 쉽죠. 검은 곳이 있습니까?"

"배 가운데랑 아랫배 그리고 왼쪽인가, 발목도 좀 그러네요."

"발목 다친 적 있죠?"

"네, 5년 전에 접촉사고로 부러진 적이 있어요. 다 아물었다고 생각했는데 아직도 안 좋을 줄은 몰랐네요."

"충격의 흔적이 남아있는 것일 수 있어요. 그리고 배 가운데는 위장입니다. 아랫배는 방광이나 자궁 쪽인데 어느 쪽인가요?"

"제가 한번씩 방광염이 심하게 와요. 과로하면 꼭 문제가 생기죠."

"좋습니다. 이제 모두 치료하기로 하죠. 맑은 물과 같은 에너지가 검은 곳을 다 닦아낸다고 생각하세요."

"그저 생각만 하면 되나요?"

"그렇습니다. 여기는 모든 것이 가능한 곳입니다. 상상하는 것이 그대로 현실로 이루어지는 곳이죠."

"아! 정말 검은 곳이 점점 밝아지고 있어요. 따뜻한 느낌도 들어요. 어릴 때 쓰다듬어 주던 엄마 손처럼."

그녀의 목소리가 경이로움과 그리움으로 가늘게 떨렸다.

"이제 좀 더 깊이 들어갑니다. 눈앞에 내려가는 계단이 보일 겁니다. 한 계단 내려갈 때마다 1년씩 과거로 돌아갑니다."

"계단이 보입니다. 조금 무서운데 어떡하죠?"

"천사를 믿나요?"

"그런 게 정말 있나요?"

"지금 보여드리죠. 당신의 여정을 함께하며 보호해줄 천사가 옆에 있습니다. 고개를 돌려 한번 보세요."

"아! 이건, 정말 천사네요. 날개는 없지만요."

"천사인지 어떻게 알아요?"

"그런 느낌이 들어요. 날 든든하게 지켜주는 존재, 하지만 불필요한 간섭은 일체 하지 않는 존재."

"정확합니다. 이제 무서움이 가셨죠?"

"네, 싹 사라졌어요. 다시 내려가겠습니다."

"자기 나이만큼 계단을 내려가면 복도가 나올 겁니다. 방이 여러 곳 있을 텐데 그중 불빛이 흘러나오는 방을 찾아보세요. 그곳이 오늘 들어가야 할 곳입니다."

"정말 방이 여러 개 보여요. 그런데 어떻게 그걸 다 아시는 거죠?"

"여러 번 가보았으니까요. 아니, 사실을 말하자면 지금 바로바로 창조해내는 중입니다. 방이 아니라 동굴이라고 말하면 동굴로 보였을 겁니다. 하지만 아무래도 동굴보다는 방이 편하겠죠?"

"음, 정말 신기해요. 선생님 말씀처럼 한 곳에서 은은한 불빛이 새어나와요. 안개처럼 은은한 하얀빛이 보여요. 이리로 들어가면 되는 거죠?"

"네, 들어가세요. 예약은 미리 해두었으니까."

"들어왔어요. 이제부터 뭘 하면 되죠?"

"자신의 전생을 열람하는 겁니다. 책보다는 영상물이 좋겠죠? 방 가운데에 아주 안락한 의자가 하나 있을 겁니다. 그곳에 앉으면 벽 한쪽이 스크린이 되어, 보고 싶은 장면들이 보이게 될 겁니다. 지금부터 자신의 전생에서 깊은 의미가 있었던 때를 보기로 하죠."

"한 남자가 보여요. 나이는 오십 후반쯤 된 것 같아요. 양반들이 쓰던 그 들쭉날쭉한 모자를 쓰고 있어요."

"아! 그거, 정자관(程子冠)이라고 불러요. 그런데 그 남자가 누구죠? 지금 어떤 상황입니까?"

"저예요. 전생에 저는 남자였어요. 앞에 어린 사내아이들이 몇몇 앉아 있어요. 서당은 아닌데 집에서 서당처럼 동네 아이들을 가르치는 것 같아요. 그러고 보니 서당과 별 차이는 없네요. 아무튼 아이들 가르치는 일을 늘그막의 소일꺼리로 삼은 것 같습니다. 흐뭇하게 아이들을 바라봐요. 아이들의 초롱초롱한 눈을 바라보며 뭔가 가슴속에 회한을 가지고 있어요. 아이들의 순수함과 자신을 비교하고 있습니다."

"어떤 회한을 가지고 있나요?"

"젊었을 때 자신이 했던 행동에 대한 후회 같아요. 자신을 용서하기가 힘든가 봐요."

"그럼 그 회한이 되어버린 젊은 시절로 거슬러 가봅니다."

눈을 감고 최면 속에 있는 그녀의 눈동자가 쉴 새 없이 좌우로 움직였다. REM(Rapid Eye Movement) 수면상태와 흡사하다. 꿈은 이런 상태에서 꾸게 된다. 몸은 이완되어 있지만 의식은 활동 중이라는 신호다.

"네, 젊은 시절입니다. 대대로 벼슬을 한 집안이라 거느리는 하인들이 꽤 됩니다. 마당을 분주히 움직이는 아낙들도 보이고 창고처럼 보이는 초막 뒤에선 힘센 장정이 도끼질을 하고 있습니다."

"몇 살 때쯤인가요?"

"이십대 후반 정도인 것 같아요. 그런데 몸매가 얇실하니 허리가 가는 한 여종을 눈여겨보고 있습니다. 욕망을 품고 있어요."

"욕망이라면?"

"잠자리에 불러들이는 관계입니다. 부인은 알고도 모른 척하고 있는 것 같고, 그런데 그 여종에게도 남편이 있습니다. 그런데도 상전의 권위를 내세워 잠자리로 불러들이네요. 아니 꼭 권위만은 아닙니다. 나름대로 서로 연정을 품은 부분도 있습니다."

"부인에게는 애정이 없는 건가요?"

"없다기보다는… 의무적인 관계 같습니다. 어릴 때 집안 간의 친분으로 정략혼인을 했습니다. 싫어할 이유는 없겠지만 이성으로서 서로가 끌리는 사이는 아닙니다. 슬하에 아들 둘과 딸 하나를 두고 있지만 부부로서의 살가운 정은 거의 없습니다. 아내는 남편의 애정행각을 알고 있지만 그다지 신경 쓰지도 않고 있습니다. 자신이 채워줄 수 없는 부분을 다른 데서 찾는 거니 어쩔 수 없다는 정도? 아니, 무관심하다고 보는 게 더 정확하겠습니다."

"네, 좋습니다. 그럼 그 여종은 현생에서의 누구인가요?"

"그건 잘 떠오르지가 않는데요?"

"스스로 떠올리려 하지 말고 그냥 의문을 던지세요. 저절로 알게 될 겁니다."

"네… 아! 남편… 남편입니다."

"두 사람은 각각 성별이 바뀌어서 태어난 거군요?"

"네, 그런 사연으로 이번에는 부부로 만난 거였네요."

"그렇다면 자신의 행동에 대한 후회는 뭐죠?"

"아무리 비천한 신분이라 할지라도 남편이 있는 여자를 취한 것에 대한 후회입니다. 차라리 같은 신분이었다면 오히려 마음이 덜 아팠을 지도 모르겠지만 상전의 권위를 이용한 것이기에 더 마음이 아픈 겁니다. 젊었을 때는 정이 좋아 그런 생각을 할 겨를이 없었지만 삶을 돌아보는 나이가 되어서야 회한이 된 것입니다."

"그렇다면 그 여종의 남편도 둘의 애정행각을 알고 있는 건가요?"

"모를 리가 없지요. 밤이면 몰래 빠져나가는 아내를 모른척하며 눈물과 분노를 삼키고 있습니다. 아까 장작을 패고 있던 하인이 바로 그 남편입니다."

"어느 정도의 아픔일까요?"

"말로 다할 수 없습니다. 여종은 신분은 비천하였으나 동네에선 예쁘기로 소문난 귀여운 처자였어요. 처음 연을 맺고 부부가 되었을 때 세상을 다 얻은 듯 기뻐하였으니 그 상실감도 더 컸던 것이죠. 차마 상전에게 대들지는 못하고 분을 삭이고만 있습니다. 아내에게도 배신감을 느끼지만 자신의 의지가 아니라 상전의 명에 어쩔 수 없이 따르는 거라 생각하며 자위합니다. 하지만 아내는 사실 그렇지가 않습니다. 아무리 상전의 명이라도 충분히 거부할 수 있을 텐데도 그러지를 않습니다. 자신도 품은 연정이 있고 무엇보다 신분상승에 대한 욕구를 가지고 있습니다. 온전치 않은 관계이니 별당마님이라도 될 수 있는 건 아닐 테지만 그런 관계에 있는 것만으로도 스스로 만족스러워하는 부분이 있는 것 같습니다."

"보통 최면상태에서는 말이 더딘데 아주 막힘없이 말하시네요?"

"오히려 평소보다 의식이 더 명료합니다. 그리고 입체적인 시각으로 모든 것을 뚫어보고 있습니다. 영상에서 보이는 사람들의 속내가 보이는 것은 물론 공간을 인식하는 데에도 아래 위 막힘이 없습니다. 영화를 찍을 때 필요한 장면의 연출을 위해서 여러 각도에서 촬영하는 것과 같습니다."

"좋습니다. 그러면 그 여종의 남편은 지금의 삶에서 누구입니까?"

그 순간 그녀의 입이 딱 붙어버렸다. 그녀는 마치 정지된 화면인 양 미동도 없이 그렇게 누워 있었다. 바쁘게 움직이던 눈동자마저도 고요히 가운데 자리를 지켰다. 그녀의 침묵이 주변의 공기까지 살짝 짓누르고 있었다. 잠시 동안의 침묵이 지나고 나서 이윽고 그녀가 입을 열었다.

"밤마다 전화하는 그 여자입니다."

"그렇군요."

"그렇다면 남편은 전생에서는 그 여자와 부부였네요? 성별이 바뀐 채로 말이죠. 어떤 기분입니까?"

"처음 장면에서 정자관인가 뭔가 쓴 그 남자, 어떤 회한을 품었는지 알 것 같아요. 자신의 부도덕함에 대한 뒤늦은 참회, 그럼에도 불구하고 품었던 연정, 그리고 여종의 남편이었던 하인에 대한 미안함이었던 거죠. 하지만 거기에도 모순은 있습니다."

"어떤 모순요?"

"미안함도 물론 있었지만, 자부하던 인생에 흠이 됐다고 생각하는 거죠. 아니, 어쩌면 그런 생각이 미안함보다 더 컸을 수도 있어요. 겉치레를 다 버리지 못한 겁니다."

놀랍게도 그녀는 최면 상태에서 전생의 자신에 대한 성찰을 시도하고 있었다. 그녀는 전생의 자신을 또 다른 자신으로 인식하는 동시에 객관적인 시선 역시 유지하고 있었다.

"지금 돌이켜보니 어떻습니까?"

"묵묵히 장작을 패고 있던 그 남자, 많이 아팠을 거라는 생각이 듭니다. 신분이 미천하다는 이유로 한마디 항거조차 하지 못한 채 고스란히 분노와 상처를 자기 속으로만 끌어안고 살아야 했던 시간을 그 어떤 말로 대변할 수 있을까요? 죽이고 싶을 만큼 미웠을 거예요. 느껴져요, 그 마음이. 추측이 아니라 그대로 제 가슴속으로 밀려 들어와요. 원래 알고 있었던 것처럼 선명하게 느껴집니다. 이상한 기분이에요. 오래도록 닫아두었던 그리움을 만난 기분입니다. 설사 그것이 아픔일지라도, 똑바로 들여다볼 용기가 없어 외면해왔던 진심을 만난 것 같아요. 알 수 있나요, 지금 저의 이런 마음을?"

"다 안다고 말하면 오만이겠지요. 하지만 진심이라는 건 알 수 있어요."

"왜 그때는 몰랐을까요? 왜 겉치레로만 아파했을까요? 지금 이런 마음을 조금만 미리 알았더라면 어리석게 행동하지는 않았을 텐데요. 왜? 왜?"

그녀의 목소리가 떨리고 있었다. 주체할 수 없이 뭔가가 그녀의 가슴에 돌을 던졌다. 무수히 퍼져나가는 동심원들이 파도처럼 울부짖었다.

"그런데 선생님은 왜 방관하셨나요?"

"무슨 말이죠?"

"선생님은 그때 내 동생이었고 나의 그런 행각을 다 눈치 채고 있었어요. 그런데 아무런 말도 하지 않았습니다. 간섭할 수 없는 일이라고 생각했어요. 하지만 간섭을 해서라도 막아야 했습니다. 왜 보고만 계셨던가요?"

"제가 전생에 동생이었다고 느껴지나요?"

"갑자기 그런 느낌이 들었습니다. 영상 속에 보이지는 않지만 확실한 것 같아요."

"그랬다 하더라도 별 이상할 건 없지만, 그러한 역할을 누군가 해주기를 기대했던 부분을 지금 제게 투사하고 있는 것 같습니다. 하지만 만약 제가 전생에 그 동생이었다면 그때 해주지 못했던 역할을 지금 하고 있는 것일 수도 있습니다."

"그런 건가요?"

"네, 그럼 이제 다음으로 넘어갑니다. 지금 밤마다 괴롭히는 그 여자 분에게 가봅니다."

"어떻게 가라는 거죠?"

"우린 지금 의식의 인터넷 공간에 들어와 있어요. 그 여자 분과 접속하는 겁니다. 무의식은 서로 연결되어 있습니다. 시공간은 그리 견고한 것이 아닙니다. 일정한 조건하에서만 견고한 듯 보이게 세팅되어 있는 것에 지나지 않지요. 자, 연결합니다."

잠시 정적이 흘렀다. 버퍼링 타임인 것이다. 이윽고 그녀가 다시 입을 열었다.

"만났습니다. 가슴을 두드립니다. 열어주면 들어갈 수 있으니까요. 하지만 쉽사리 열어주지 않아요. 오랜 세월 동안 새카맣게 타버려 이미 죽어버린 마음을 보여주기 싫어합니다. 이미 죽어버린 마음을 왜 다시 끄집어내야 하느냐고 말합니다. 사실은 말이 아니라 느낌으로 전달되어 옵니다. 어떡해야 하죠? 나의 진심을 어떻게 전해야 하나요? 외쳐봅니다, 그때는 몰랐노라고. 몰랐다는 말로 용서를 빌 수는 없지만 그렇게나 어리석었던 나를 참회하고 있다고. 그리고 또 말합니다. 당신의 고통 다 내가 받겠습니다. 당신의 아픔과 분노와 한 맺힌 시간들까지 모두 내가 대신 지고 가겠습니다. 미안합니다. 뻔뻔스럽게 말하는 나를 용서하십시오. 용서해주세요. 사랑합니다, 현정 씨……."

그녀는 내게 알려주지 않았던 그 이름을 끝내 부르고 말았다. 그녀의 눈가로 눈물이 방울져 흘러내렸다. 나는 그녀에게 무언가 더 말해주려다 입을 다물었다. 어떤 교훈도 지금은 필요하지 않다. 어떤 성찰의 목소리도 그녀의 눈물만큼 고귀하지 않다. 옳고 그름의 문제가 아니다. 그저 진심을 말할 뿐이다.

"그 여자 분이 뭐라고 하나요?"

"처음엔 시큰둥한 분위기였지만 지금은 나하고 부둥켜안은 채 울고 있습니다. 내가 전생에 저지른 일을 생각하니 지금 겪고 있는 일은 아무것도 아니라는 생각이 들어요."

"기분이 어떻습니까?"

"아! 이런 일이 다 있네요. 정말 꿈같은 일이에요. 아니, 어쩌면 정말 꿈일지도 모르지만 뭐, 아무렴 어때요. 그리고 아까부터 누군가 지켜보고 있는 게 느껴져요. 어떤 말을 하는 건 아닌데, 이건 뭐죠?"

"잊었나요, 천사가 늘 지켜주고 있었다는 걸?"

"아! 맞아요. 기뻐하는 듯 느껴집니다. 정말 저를 잘 지켜주었네요."

"이제부터 늘 따라다니며 지켜줄 겁니다."

"하, 좋네요. 어릴 때 동화책에서나 보았던 천사가 나를 지켜준다니……."

잠시 그녀가 용서와 화해의 시간을 가지도록 기다리고 나서 말했다.

"자, 이제 최면에서 깨어납니다. 제가 하나, 둘, 셋 하고 외치면 아주 가벼운 몸과 마음이 되어 깨어나게 됩니다. 하나, 둘, 셋!"

그녀가 눈을 떴다. 기분 탓인지 울고 난 다음이었음에도 그녀의 눈이 무척 맑게 빛나고 있었다.

"이제 뭘 하죠?"

"오늘은 이걸로 좋을 것 같습니다. 궁금한 게 있으면 물어보세요."

"제가 본 것들이 다 진실인가요?"

"진실과 환상을 무엇으로 구별할까요?"

"제가 질문했는데 되물으시면 어떡해요?"

"진실이든 환상이든 그런 건 중요하지 않아요. 아까 말하지 않았나요? 꿈일지도 모르지만 아무렴 어떠냐고. 그 정도가 좋아요."

"그래도 궁금합니다. 좀 더 설명해주시면 안되나요?"

"좋습니다. TV에서 수십 개의 채널이 방영되고 있습니다. 하지만 시청하는 건 하나의 채널입니다. 그때 나머지 보지 않고 있는 채널들은 있는 걸까요, 없는 걸까요? 분명 방영되고 있지만 내가 보지 않으면 없는 것과 마찬가지죠. 전생도 그와 같아요. 편의상 전생이라고 과거형으로 부르긴

하지만, 사실 우주의 시간은 그렇게 흘러가는 게 아닙니다. 그냥 통째로 존재합니다. 시간의 나눔은 과거, 현재, 미래로 흘러간다는 믿음이 있을 때만 그럴싸하게 먹히는 가상현실일 뿐입니다."

"아휴, 역시 어려워요. 설명 안 듣는 게 좋겠어요. 암튼 전 지금, 뭔가 가슴이 후련해진 걸 느끼고 있어요. 이게 중요한 거다, 이 말씀이죠?"

"네, 바로 그겁니다."

"아! 한 가지 더 있어요. 왜 사람들은 스스로 힘겨워하며 가슴에 담아 두었던 부분들에 대해서 다음 생까지 그 숙제를 들고 가는 건가요?"

"영혼은 성장을 위해서 다양한 과제를 스스로에게 던집니다. 예의나 도덕의 문제가 아니에요. 무엇이 잘못되었다는 판단은 오로지 자신이 합니다. 잘못이라고 느끼면 그 반대 입장을 겪어보고픈 욕구를 가지게 됩니다."

"종교에서 말하는 심판 같은 건가요?"

"심판이라고 말할 수는 없어요. 단순히 양심의 문제라고 말하기도 어려워요. 그렇게 단순하지가 않아요. 불가에서 말하는 인과응보는 틀림없는 법칙이긴 하지만 사람들은 그 것을 죄와 벌의 관계로 이해하려고 하죠. 마치 그런 것처럼 보일 수는 있지만 그런 게 아닙니다. 영혼은 스스로의 위대함을 더 잘 알기 위해서 다양한 실험을 할 수 있습니다."

"그럼 그 끝에는 뭐가 있는데요?"

"너와 나가 하나라는 것을 알게 되죠. 하나인 나가 나뉘어서 마치 타인처럼 연극판을 벌이는 겁니다. 우주는 그렇게 돌아가요. 순수의식에서 경험으로, 그 경험에서 성찰로, 그 성찰 끝에 다시 순수의식으로 말이죠. 경이롭지 않은가요?"

"아! 정말 그런 기분이 드네요, 다 알아듣지는 못하겠지만. 제가 오늘 겪은 일만 해도 누가 믿겠어요?"

"믿든 말든!"

"믿든 말든, 아! 또 생각났어요. 전생은 한 번뿐인 건가요?"

"그렇지 않아요. 여러 번이죠."

"그럼 제가 보았던 생보다 더 이전의 삶은 어땠을까요?"

"그건 기회가 되면 또 가보기로 하죠. 오늘은 좀 쉬시는 게 좋을 것 같습니다."

"네, 알겠습니다."

다음 날 아침 일찍 전화가 울렸다. 밝은 목소리의 그녀였다.

"선생님, 지금 출근길인데요, 아침 해가 이렇게 아름다운 줄 예전엔 왜 몰랐을까요? 언제나 그 자리에 있는 해가 이렇게 눈부시게 보인 적은 오늘이 처음입니다. 말로 다 표현할 순 없지만 기분이 너무 좋아서 전화 드렸어요. 고맙습니다, 선생님."

"어젯밤에는 전화오지 않았나요?"

"아뇨, 평소처럼 전화가 걸려왔죠. 턱도 없는 이야기도 여전했고요. 그런데 신기한 건 더 이상 제게 스트레스가 아니었다는 겁니다. 현정 씨와 난 짧은 순간이었지만 가슴을 열고 서로를 보듬어 주었어요. 지금은 마치 자매 같다는 생각이 들어요. 사람의 마음이란 게 참 간사한 것 같아요."

"아뇨, 그걸 간사하다고 표현하면 안 되죠. 훌륭한 성찰을 하셨어요. 저도 아주 기쁩니다. 시간되시면 또 들러주세요."

"네, 시간 내어서 전화 드리고 갈게요. 그럼, 이만 끊습니다. 안녕히 계세요."

그녀의 영혼이 활짝 웃고 있는 걸 느낀다. 아무것도 해결된 것은 없다고 말할 수도 있다. 하지만 그녀의 열린 가슴이 모든 것을 극복하고 사랑으로 승화시키리라 기대해 보는 것이다.

미워할 수도 있다

미워할 수도 있다.
하지만 더 사랑하고 싶기 때문이다.

그대는 그대의 진심을 모른다.
그대는 그대가 미워하고 있다고만 알고 있다.
하지만 그대의 내면은 더 사랑하기를 원한다.
그 바람이 그대의 내면에서 여러 가지 프리즘을 통과하며
마치 그대가 미워하고 있는 것처럼 느끼게 만들었을 뿐이다.

그대는 그대의 마음을 믿을 수 있는가?
물론 그대는 그 믿음 위에서 여태 행동하며 살아왔다.
하지만 그대여…
겉으로 드러난 그대의 마음은 전부가 아니다.

그대의 미움은 불가능한 것이다.
그대가 진정 원하는 것은 사랑이다.

비록 그대 안의 여러 프리즘을 통과하느라
그대에게 낯설게 전달되었을지는 모르지만
이것만은 언제나 변함없는 진실이다.

그대는 사랑이다.

-『꽃은 누구에게 허락받고 피는 것이 아니다』 중에서

Atopos 알 수 없는…

종손인 주제에 늦게야 장가를 든 친구가 어느 날 찾아와서 하소연을 했다.

"요즘 잠을 제대로 못 자서 너무 피곤해."

"허허, 늦장가 가더니 날 샐 줄을 모른다고?"

"아니, 오해 말게. 그런 거라면 피곤해도 행복하지. 결혼한 지도 2년이 넘었는데, 아직까지 신혼 기분 낼만큼 젊은 나이가 아니라네."

"그리 늙은 나이도 아니지. 그건 그렇고, 그럼 뭣 때문에 잠을 설치는 건데?"

"애가 말이지, 아토피성 피부염을 앓고 있어서 밤에 잠을 제대로 못자. 그러니 덩달아 집사람도 나도 늘 그 모양이지."

"요즘 좋은 약들도 많다던데, 좀 발라주지 그랬나?"

"발라주다 뿐인가. 좋다는 음식 다 구해서 이제 겨우 젖 뗀 애한테 갈아서 먹이기도 하고, 악화시키는 성분이 있다고 알려진 음식은 일절 금하고 있지. 게다가 부모님이 늦게 얻은 종손이라고 얼마나 난리들이신지, 좋다는 약이며 음식이며 게다가 수상하기 짝이 없는 민간요법까지, 이젠 정말 지친다네."

"어르신들의 손자사랑을 나무랄 순 없지."

"그야 그렇지만 이거야 어디 이만저만이라야 말이지. 집사람은 집사람대로 아토피 자녀를 둔 사람들끼리 정보를 공유하는 카페에 가입해서, 거기서 시키는 건 다 하고 있어. 뭐, 나 같아도 그렇기야 하겠지만, 문제는 부모님의 처방과 집사람이 하고자 하는 처방이 꼭 같지 않다는데 있다네."

"다 같을 수야 없지. 똑 같은 병증에도 사람에 따라 경우에 따라 약은 천차만별로 달라지는 것이니까."

"자네는 자네 일이 아니니 부처님 같은 소리하고 있지만 직접 겪어보면 아주 죽을 맛이거든."

"궁한 소리 하는 걸 보니 내게 할 이야기가 있는 모양이군?"

"옳지, 진작 그렇게 나와야지. 그래, 이야기는 대충 그런데 도대체 어떡하면 좋겠나?"

"자네, 효자 있는 집 어르신들은 항상 아프다는 말 혹시 들어봤나?"

"그런 속담이 있었나, 처음 들어보는데?"

"그럴 거야. 내가 강의할 때 쓰는 말이니까."

"능청스럽기는, 그런데 그게 뭔 말인가? 효자라면 정성스레 섬길 텐데 어르신들이 왜 아프다는 거지?"

"효자들은 의사에게 따지지. 어디가 어떻게 아픈 거냐고 집요하게 물어. 아니면 사정조로 나올 수도 있겠지. 제대로 된 진단을 못 내어놓는 의사들은 진땀을 흘리게 될 거야. 효자들은 말일세. 그냥 노환이라는 의

사들의 말을 굉장히 싫어한다네. 정확한 병명을 알기를 원하지. 어중간한 대답은 용서받을 수 없어. 정통하다는 의사를 찾아 이 병원, 저 병원 옮기기도 하지. 그러다가 어떤 의사가 나름대로 그럴듯한 병명을 찾아내면 그때서야 안도의 한숨을 내쉬며 부모님에게 말한다네. 거봐요. 그냥 넘길 병이 아니라고 했죠? 이제 제발 텃밭을 가꾼답시고 몇 시간이고 쭈그리고 앉아서 땀 흘리는 일 따윈 하지 마세요. 유기농 전문점에 가면 안심하고 먹을 수 있는 채소들이 많이 나와요. 그저 집에서 맛있는 것 드시고 편히 쉬세요. 저 키우느라 고생을 많이 하셔서 그런 겁니다. 이제 그냥 여생을 즐기세요, 이렇게 말이지. 그리고 아내에겐 또 이렇게 말할 거야. 부모님에게 더 신경써드려야 해. 혈압이랑 혈당은 매일 체크해야 하고 음식은 영양이 제대로 골고루 공급되도록 하면서 간이 세지지 않도록 해드려야 해. 애들은 부모님들 피곤하게 할 수 있으니 돌보는 사람을 따로 구했으면 좋겠어. 침구류는 항균제품으로 바꾸고 먼 데로 여행하시는 일은 과로가 될 우려가 있으니 될 수 있으면 말려야 해, 하고 말할 거야."

"도대체 무슨 소리를 하는 건가? 효도가 뭐가 나빠? 내가 애 아픈 거에만 신경 쓰느라 부모님 제대로 챙겨드리지 않는다고 욕하는 거지, 자네?"

"그렇게 들린다면 할 수 없네만, 자네 말처럼 효도야 얼마나 좋은가. 하지만 지나치면 오히려 병을 만들어버린다는 말을 하는 거라네. 자네, 아토피가 뭔 뜻인지 혹시 알고 있나?"

"뭐, 난치성이라는 의미 아닌가?"

"그런 뜻이라고 해도 무방하겠지만, Atopy는 '알 수 없는', '이상한', '기묘한'이라는 의미를 가지는 그리스어 Atopos에서 유래되었네. 그 원인을 정확히 알 수 없기 때문에 처방 또한 정확히 낼 수 없는데서 붙여진 이름이지. 자네 같은 경우는 이미 쓸 수 있는 모든 처방을 다 써봤을 거야. 어쩌면 낫게 한답시고 이것저것 해본 것이 서로 충돌을 일으켰을 가능성도 많아. 그럼 마지막으로 내가 시키는 대로 한번 해보겠나?"

"그러려고 찾아왔으니 그래야겠지?"

"그런데 자네가 내 말을 곧이들을지 걱정이 좀 되는데?"

"안 들을 이유가 없지. 말해보게나."

"일절 관여하지 말게."

"무슨 말인가? 관여하지 말라니?"

"애가 아토피 증상을 가지고 있다는 생각을 버리란 말일세."

"그럼 약은?"

"관여하지 말라는데 약이 무슨 필요가 있겠나? 바르는 약도 먹이는 약도 민간요법도 모두 그만두게. 다만 통상적으로 행해지는 그 또래 애한테 해줄 수 있는 배려는 필요하겠지. 하지만 아토피에 대한 특별한 방법은 모두 중단하라는 말일세."

"허어, 이게 또 무슨 말인가? 그렇게 온 가족이 매달려 애써도 안 되는 걸 그냥 방치하라고?"

"누가 방치하라고 했나? 자연치유력을 믿어보자는 거지."

"말이 좋아 자연치유력이지, 자네 말은 그냥 놔두라는 거잖아?"

"그 다음 말까지 들어보고 화내든지 말든지 하지?"

"아무것도 하지 말라며 그 다음이 뭐가 있나?"

"여태 하던 방식을 관두고 새로운 방식으로 하라는 건데 성미가 급하군, 자네!"

"알았네. 아무 말 않을 테니 제발 가르쳐주게. 어떻게 하라는 건가?"

"그냥 애한테 사랑한다고 말해주게. 다만 진심을 담아서 해야 하네. 이왕이면 애가 마시는 물과 음식에도 사랑한다고 말해서 주도록 하게."

"허, 자네는 신통한 수가 있으려니 해서 왔는데 도무지 알아들을 수 없는 말을 하면 어쩌나?"

"우리나라 말 못 알아듣는가? 약이나 처방 따위는 다 집어치우고 사랑한다고 말하라는 게 뭐가 어려운가? 자네와 자네 가족들은 아토피를 치료하다 어느 때부터 애가 아니라 아토피를 바라보고 있어. 바라보는 건 곧 관심을 말하지. 집에서 키우는 화초도 주인의 관심을 먹고 자란다네. 조그만 홀대하면 곧 말라버리지. 생각해보게. 몇 달 동안 아이를 보았나, 아니면 아토피를 보고 있었나?"

"하느님이나 부처님에게 기도하라는 게 훨씬 알아듣기 쉽겠네."

"옳거니! 바로 그 기도라네. 하지만 그저 빌기만 하는 기도가 아니야. 아주 직접적인 기도지. 이왕, 이런저런 거 다 해보고도 별수 없었다면 내 말 한번 들어보게나."

"정말 나을 수 있을까?"

"나을 일은 없다고 봐야지."

"왜 이러나? 내가 알아듣지 못한다고 그러는 건가?"

"그게 아니라, 아픈 적이 없으니 나을 일도 없다는 말이네. 자네 애는 지금부터 아픈 애가 아니라네. 머릿속에서 지워버려."

"그게 가능할까?"

"밑져야 본전 아닌가? 잊어버려. 애는 아무런 병도 없다네."

"하, 하지만……."

"그리고 자네는 아직 핵심을 모르고 있어. 애도 애지만 문제는 바로 자네야."

"이미 들은 이야기 아닌가?"

"아니, 그것 말고 진짜는 시작도 안했다네."

"자네, 사람 피를 말리는 재주가 있는 줄은 몰랐네. 이제 어떤 이야기를 해도 다 들을 테니 그냥 말해보게."

"자네가 맏이에다 종손이 아니었다면 이런 일이 생기지도 않았을 거야."

"아토피가 유전병이라도 되나?"

"그런 말이 아니야. 자네, 부모님과 함께 생활하는 게 힘들지 않나?"

"좀 불편할 때도 있지. 하지만 한집이라도 층을 나누어서 생활하니까 그렇게 힘들지는 않아."

"생활의 사소한 불편함을 말하는 게 아닐세. 아버님과 자네의 관계를 말하는 거야. 예전에 몇 번 말한 적 있지? 아버님 때문에 너무 힘들다고 하지 않았나?"

"그거 오래된 이야긴데 아직 기억하고 있었나?"

"종가의 맏이인 자네에게 아버님이 거는 기대가 너무 부담이 된다고 말했었지. 지금은 어떤가?"

"결혼하고 나서는 훨씬 덜하다네."

"다행스러운 일이긴 하지만, 내가 보기에는 그 부담은 여전히 자네를 묶어두고 있어. 자넨 분명 아버지를 존경하겠지만 그것만으로 다 되었다고 볼 수는 없어. 자네는 아버님을 두려워하고 있어. 그렇지 않은가?"

"두려움이라… 그걸 두려움이라 말할 수 있을까? 난 아버지를 존경한다네."

"그건 별개의 문제야. 내가 말하는 두려움이란 게 공포를 느낀다는 뜻이 아니란 것쯤은 알 거야. 아버님이 무서운 게 아니라, 아버님이 자네에게 거는 기대의 무게가 무서운 거지."

"그거야 나만의 문제라 할 수 있겠나? 꼭 나처럼 종손이 아니라도 여느 집의 맏이들이 다 겪는 것 아닌가?"

"일반화시키면 안 돼. 좀 더 솔직해져야지. 어쩌면 자네는 가정이라는 울타리 뒤에 숨어서 마치 그런 부담은 처음부터 없었던 것처럼 행동하고 있는지도 모르지."

친구가 길게 한숨을 내쉬고 다시 말을 이었다.

"좀 억지스러운 것 아닌가?"

"내가 뭐하려고 있지도 않은 부정적인 감정을 자네에게 있다고 주장하겠나? 정말 없다면 다행스러운 일이지. 그런데 말이야, 난 자네 아들에게 나타난 아토피란 놈이 그것과 연관이 있다고 생각하거든."

"세상의 아토피가 다 그런 이유로 생긴단 말인가? 믿을 수 없어."

"물론 다 그런 건 아니지. 하지만 자네의 경우는 그럴 수도 있다는 말이네. 어떤가, 내가 시키는 대로 한번 해보는 게?"

"말해보게. 애가 건강해진다면야 뭘 못하겠나?"

"옳지. 너무 무겁게 말해서 미안하네. 하지만 방법은 어쩌면 굉장히 쉬울 수도 있어. 아버님을 사랑하는 걸세."

"또 그 사랑 타령인가? 자넨 모든 일에다가 사랑을 갖다 붙이지."

"사랑만큼 좋은 게 없다니깐 그러네. 암튼 내가 말하는 대로 해봐. 이건 단순히 억지 사랑 놀음을 하자는 게 아니야. 자넨 아버님을 이겨야만 해."

"이기다니? 사랑하라고 해놓고선 무슨 말인가?"

"허헛, 이긴다는 것과 사랑하는 것은 반대라고 생각하는 자네의 아둔

함을 어찌할꼬. 세상의 승리는, 한 명은 승리자로 그 상대방은 패배자로 만드는 것이겠으나 내가 말하는 이긴다는 뜻은 그런 게 아니야. 둘 다 이기는 거지. 그게 바로 사랑의 참된 힘이지."

"알았네. 자네 말 대로 할 테니 이제 말해보게. 뜸은 그만 들였으면 된 것 같으이."

"세상의 모든 자식은 부모를 거스르기 위해서 태어난다네. 이렇게 말하면 자넨 또 의아스러울 거야. 하지만 이건 분명해. 생각해보게. 대개 부모는 자식이 자신의 말을 잘 따르기를 원하지. 이건 심각한 오류라네. 자식이 부모의 말을 99% 잘 따르고 그 자식의 자식이, 또 그런 식으로 계속 99% 잘 따르는 자식으로 이어진다면 결국 문명은 퇴보하고 말지 않겠나?"

"왜 99%라고 말하는 건가?"

"세상에 100%는 없으니까. 좋아, 100%로 계속 간다고 해도 여전히 인류는 제자리걸음을 면할 수 없게 되는 거지. 어떤가, 듣고 보니 심각하지 않나? 이건 단순한 산수 문제가 아니야, 진화의 법칙을 말하는 거지. 억지스럽게 들리지 않는다면 자네에게도 아직 젊은 날의 지성이 남아 있다고 인정해주지."

"그럼 부모를 거스르는 자식만 계속 태어나면 세상이 제대로 흘러갈 수 있다는 말인가?"

"그렇지는 않아. 그 거스름을 창조력으로 이끌어 줄 수 있는 지혜가 필요하지. 이거야말로 부모의 역할이라네. 자식을 자신의 꿈을 대신 이루어 줄 기회로 보면 안 돼. 물론 꿈을 제대로 이룰 수 있는 자식으로 키워야 하겠지만 그 꿈이 당연히 자신의 꿈의 연장선에 있다고 생각한다면 그건 자식을 소유물로 생각하는 거지. 그래서 하는 말이야. 이제부터 자네는 아버님을 이겨야만 해. 자네가 오래도록 숨겨둔 그 거스름을 꺼낼 때가 된 거지."

"그래, 어떡하면 되는 건가?"

"세상에서 아버님을 가장 사랑하는 사람이 되는 거지. 그 누구보다도 아버님을 사랑하는 거야."

"이제 와서 새삼 어떡하라는 건가? 그다지 효도했다고 생각하지는 않지만 그렇다고 불효자로 살아오지도 않았는데?"

"그런 겉치레가 아니라 자네의 마음 깊은 곳에서 아버님을 인정하고 받아들였는가가 중요한 거지. 아버님의 말씀보다 더 깊은 곳을 바라보게. 아버님의 근엄한 얼굴 뒤에 감추어진 더 깊은 곳을 바라보란 말일세. 내 말이 어렵게 들릴 수도 있을 거야. 하지만 그렇게 해야 해. 새로운 방식으로 바라보는 거지. 사람들은 익숙하다는 것으로 이미 다 아는 것처럼 치부해버리지. 하지만 익숙하다는 것과 정말 제대로 아는 것은 달라. 누군가의 직업이나 말버릇, 겉으로 드러나는 성격 따위를 안다고 해서 그 사람을 안다고 생각하는 건 지나친 오만이지. 모순되는 말 같지만 누군가를 진정으로 사랑하는 방법의 첫걸음은 그 사람에 대해 아무것도 모른다고 생각하는데서 시작되는 거라네. 다 안다고 생각하는 순간 상대를 규정짓게 되지. 더 이상 그 속에는 사랑이 들어설 자리가 없다네. 다만 그럴듯하게 보이는 껍질만 남게 되지."

"익숙한 게 나쁜 건 아니잖은가?"

"나쁘지 않지, 손에 익은 연장과 같은 것이라면. 하지만 사람은 연장이 아니란 말이야. 더 아름다운 것들이 익숙함에 묻혀버리는 거라네. 자넨 아버님의 얼굴이며 언어 습관이며 어떠한 판단력 따위를 아버님이라고 생각하고 있어. 본질과 역할을 혼동하는 거지. 이제 새로운 방식으로 바꾸는 거야. 이것으로 충분하네. 어떤 편견도 없이 바라보는 것."

"편견 없이 있는 그대로 바라보는 것?"

"그렇지. 어떤가, 쉽지?"

"아니, 어려워. 자네 말을 듣고 보니 난 아버지뿐 아니라 모두를 어떤 틀 속에 가두어놓고 바라봤던 것 같아. 편견이라면 나쁜 선입견 정도로만 생각했는데 오늘 자네 말을 듣고 보니 그런 게 아닌 것 같아."

"옳거니, 좋은 것이든 나쁜 것이든 치우치면 편견이 되지. 그렇다고 해서 그 가운데에서 균형을 잡으라는 것은 아니라네. 다만 모든 것을 내려놓고 있는 그대로 바라보라는 거지."

"이것 참, 아들놈 아토피 때문에 자네를 찾아왔는데 뜻밖의 이야기를 듣게 되는군. 하지만 아무래도 내가 아버지를 바라보는 마음이 아토피와 연관이 있다는 건 납득하기 어렵네."

"생각이 곧 물질이라는 걸 몰라서 그런 거지. 모든 물질의 가장 기본적인 구조는 하나의 에너지 흐름에 불과하다는 걸 알 거야. 사람의 생각에 분명히 에너지가 담겨 있다면 그것이 물질화되어서 나타난다는 게 이상할 것도 없지 않은가?"

"그런 걸 누가 믿겠는가?"

"모두가 믿고 있지. 그렇지 않다면 입시철만 되면 유독 붐비는 절이며 교회를 어떻게 해석하겠는가? 사람들은 다들 알고 있는 거야, 마음속에서 일어나는 일들이 세상의 모든 것을 움직인다는 것을. 겉으로야 모른다고 생각할 수도 있지만 그 내면에선 다들 알고 있는 거라네. 나와 표현하는 방식이 다를 뿐 그 본질은 같네."

"휴우, 알았네. 자네가 시키는 대로 해보지. 애가 건강해진다는데 못 할 게 뭐가 있겠나?"

"좋아. 하지만 목적만 바라보느라 과정이 소홀해지면 안 되네. 한 걸음씩 가다보면 어느새 원하는 곳에 가 있게 될 거야."

"고맙네. 아들놈 아토피가 아니라 내 마음속의 아토피부터 풀어보기로 하지."

일주일 후 친구에게서 전화가 왔다.

"좀 어떤가?"

"내가 이상해졌어. 아무래도 내가 미쳐가고 있는 게 아닌가, 의심이 든단 말일세."

"미치는 것도 좋은 일이지. 미치지 않고서야 되는 일이 있던가?"

"자네에게 다녀오고서 그냥 있는 그대로 아버지를 바라보려고 해보았네. 그러자 놀라운 변화가 생기더군. 내가 여태 알고 있던 아버지와는 전혀 다른 아버지가 보이기 시작했어. 늘 근엄하고 권위적이라고 생각했던 아버지가 부드러워 보이는 거야. 때론 어린애처럼 장난스러울 때도 있더라고. 자네 말처럼 난 아버지를 잘못 보고 있었던 거야. 아니, 정확히 말하자면 어떤 일부분만을 아버지로 알고 있었던 거지. 난, 난 이제야 아버지를 찾은 느낌이야. 뿌리 깊게 박혀있던 아버지에 대한 두려움이 사라지고 있어. 어쩌면 처음부터 있지도 않았던 게 아닌가 하는 생각도 들어. 난 내가 미쳐가고 있다고 생각했네. 아버지가 그렇게 보이고 나서는 아들도 내 아들이 아니라는 생각이 들었네. 모르는 사람이 들으면 매정하다고 생각할지 모르지만 그런 건 아니야. 자네는 무슨 말인지 잘 알겠지?"

"그럼, 잘 알지."

"아버지나 애가 다가 아니야. 어머니도 집사람도 그렇게 보여. 소중한 가족들인 건 틀림없지만 모두의 앞에 붙어있던 '내'자가 다 빠져버렸어. 그 누구에게도 '내'자를 붙이지 못하겠더라고. 이게 미친 게 아니면 뭐란 말인가?"

친구는 스스로 미쳤다고 말하고 있었지만 목소리는 전인미답의 비경을 발견한 여행자의 그것처럼 경이로움으로 가득 차있었다.

"그래, 애 아토피는 좀 어떤가?"

"몰라."

"모르다니?"

"자네가 잊어버리라고 해서 신경 꺼버렸어."

"자네야 그렇다지만 식구들은?"

"그게 참 희한해. 내가 신경을 꺼버리니 식구들도 꺼버리는 것 같더라고. 그래서 좀 혼란스럽기도 해. 어쩌면 식구들은 사실 나만큼 심각하게 생각하고 있지 않았던 것 같아. 그것 때문에 고부간이 다툰다고 생각했던 것도 어쩌면 두 사람의 대화 창구가 아니었나 하는 생각이 든다니까?"

"그럴 수도 있겠지. 어쨌든 자넨 가장 노릇 톡톡히 하고 있는 거야."

"어째서?"

"어머님도 애 엄마도 다들 걱정이 왜 안 되겠나. 그런데 자네가 태도를 바꾸고 나서는 자연스럽게 자네를 따르고 있지 않나? 그게 바로 제대로 된 가장 노릇이지. 잘 하고 있어. 좀 더 지켜보기로 하지."

"몰라. 요즘 '모른다'는 것에 맛을 들였나 봐. 전에는 모른다고 말하는 건 어디에도 끼고 싶지 않은 기회주의자의 변명이라고 생각했는데 그게 아닌 것 같아. 오히려 안다고 말했던 게 부끄러워지더군. 가장 살가운 가족들에 대해서 아는 게 없더라고. 모른다고 생각하고부터는 모두들 새롭게 보이기 시작했어. 위대해, 정말. 모른다는 것이 이렇게 위대한 것인 줄 꿈에도 몰랐네. 자네에게 많이 고마워. 아무도 내게 이런 걸 말해주지 않았지. 좀 더 일찍 알았더라면 좋았을 거라는 생각도 들었네."

"모르는 게 좋다고 말하면서 일찍 알았더라면, 하고 말하는 건 또 뭔가?"

"그건 다른 이야기지. 암튼 난 요즘 즐겁게 미치고 있는 중일세."

"꽤 훌륭한 말인데, 그거. '즐겁게 미친다.'라……."

"어쩌면 아무것도 해결된 건 없어. 하지만 난 요즘 과정에 충실한 느낌이야. 생의 한걸음 한걸음이 이렇게 소중하게 느껴진 적이 없는 것 같아."

"밝은 목소리 들으니 좋으이. 조만간 들러주게."

"알았네. 모르는 친구, 다음에 보세나."

친구는 모른다는 말을 마지막으로 전화를 끊었다.

생의 마지막은 공평하다. 누구나 생의 마지막은 죽음으로 귀결된다. 목적만이 전부인 것처럼 사는 것은 결국 죽음에 한걸음씩 다가가는 행위에 다름 아니다. 과정의 아름다움을 알지 못하면 모든 것은 의미를 잃게 된다. 등산의 마지막 발자국이 정상에 발 딛는 것이라고 해서 헬리콥터라도 타고서 정상에 내린다면 등산의 즐거움은 없다. 가는 길에서 흘리는 땀, 거친 숨결, 이름도 모르는 풀잎들, 다시 만날 기약 없는 등산객들과의 눈인사는 즐길 수 없는 것이다.

두 달 정도 지나고 나서 다시 친구가 찾아왔다.

"모르는 분이 여긴 웬일이셔?"

"그런 걸 복수랍시고 하는 거야? 자네도, 참."

친구는 한결 여유로운 표정이었다.

"자네, 표정이 밝아졌는데?"

"그렇게 보이나? 다 자네 덕분일세."

"그간 무슨 일이 있었나?"

"결론부터 말하자면, 애 아토피는 거의 사라졌네. 흔적은 좀 남아있지만 애가 힘들어하거나 그런 건 전혀 없어. 집사람도 나도 불과 두 달 남짓인데 옛말을 한다니까? 잠을 푹 자니까 얼굴빛이 좋아지더라고."

"미치는 건 좀 어떤가?"

"그길로 아예 미쳐버렸지. 난 아버지도 나도 모두 죽이고 있었던 거야. 사람을 고정된 시각으로 바라보는 건 그 사람을 죽이는 일이란 걸 알게 되었지."

"그래, 그게 뭐 아토피랑 상관이 있던가?"

"솔직히 말하자면 상관이 있는지 없는지는 몰라. 그런데 결과는 나아버렸어. 자네 말처럼 아토피를 잊으려고 노력했지. 그러다가 잊으려 하는 그 노력이 오히려 집중하는 꼴이 되는 게 아닌가 하는 생각이 들더군. 그래서 그냥 놓아버렸어. 그때부터 아토피가 아니라 아이가 보이더라고. 난 아토피를 미워하느라 벌겋게 달아오르는 아이의 몸을 함께 미워했던 거였어. 그 흉측한 물집을, 그 참을 수 없는 가려움을, 집사람의 짜증과 한숨을, 어머니의 지나친 관심과 확인되지도 않는 그 수많은 처방들, 그리고 그런 것들을 아프게 바라보고 있는 나 자신을 모두 미워하고 있었던 거지. 휴우, 자네가 말한 아버지와 나 사이의 보이지 않는 에너지가 아토피의 직접적인 원인인가는 중요하지 않아. 어느 순간 모든 것이 하나로 연결되더군. 직접이든 간접이든 세상의 모든 것은 서로 연결되어 있다. 아니, 서로 소통하고 있다고 말하는 게 더 정확할까?"

"꽤나 감동적인 연설이구먼. 그런데 자네가 말한 그게 바로 불가에서 말하는 제법무아(諸法無我)라는 걸 혹시 알고 있나?"

"제법? 그거 칭찬인가?"

"이 사람 농담하는 거 보니 아직 덜 미쳤구먼. 제행무상(諸行無常), 제법무아(諸法無我), 열반적정(涅槃寂靜)이라는 불가의 삼법인(三法印) 말일세. 자네가 모를 리 없지. 학창시절, 졸업학점 맞추느라 같이 신청했던 '종교심리학' 시간에 들었잖은가?"

"말은 알지. 하지만 그게 그런 뜻이었던가?"

"어쩌면 자네는 그 세 가지를 다 경험한 것인지도 몰라. 매일 보아오던 가족이 어제와 다르다는 것을, 그리하여 알고 있음 속에서 규정되지 않고 늘 새롭다는 것을 보았으니 제행무상이요, 모든 것의 원인과 결과가 서로 얽혀있어서 세상 그 어떤 일도 혼자서 존재할 수 없다는 것을 알았으니 제법무아요, 그 안에서 자네가 '나'라는 생각을 버리고 참된 마음의 평화를 얻었으니 바로 열반적정 아니겠는가?"

"허허, 그것 참. 그럼 난 지금쯤 임제(臨濟)처럼 소리라도 한번 크게 질러야 어울리는 건가?" (작가 註: 임제(臨濟) – 당나라의 선승으로 한국불교 최대 종파인 조계종의 전신인 임제종의 개조, 일체의 권위와 형식을 초월한 막힘이 없는 경지를 설파하였다. 흔히 깨달음에 대해서 물어오는 사람들에게 크게 한 소리를 질러 언어와 문자의 한계를 뛰어넘은 경지를 보여주기로 유명하다.)

"웃는 모습이 좋아, 소리 지르는 것보다는."

"아! 난 정말이지, 새로 태어난 기분이라네. 애가 아니라 내 마음속의 아토피가 사라진 기분이야."

"내가 저번에 아토피의 어원에 대해서 말했던 거 기억하나?"

"기억나. 아토포스라고 했던가?"

"그래, 아토포스(Atopos)! '알 수 없는'이라는 뜻을 가진다고 했잖은가?"

"그럼 결국 아토포스로 아토피를 치료한 거네?"

"이제 좋은 줄 알겠지? 모른다는 건 지식이나 정보의 결여가 아니야. 모든 것의 출발이요 과정이며 또한 아름다운 성취에 대한 찬양일세."

그날 친구와 나는 결국 자리를 옮겨 술잔을 기울이면서 밤이 깊도록 이야기했다. 서로 모르는 사람을 앞에 둔 채로…….

탈출

숨을 죽인다. 이렇듯 숨을 죽여본 적이 있었나? 애써 자문해보는 건 태연함을 가장해보려는 얄팍한 노력이다. 내 안의 모든 것들이 고요해지고 나니 주위의 모든 것들이 아우성을 친다. 그렇다. 내가 일으키는 소음 속에서 이 모든 것들이 묻혀 있었던 것이다. 낯선 공간이 거대한 생물이 되어 '콕'하고 찌르면 피라도 주르륵 흘릴 것처럼 나를 조밀하게 감싸고 있다. 한걸음씩 자유를 향한 갈망을 디뎌본다. 얼마나 그리운 자유인가!

먼저 방문을 열어야 한다. 다행히 아무런 잠금장치도 없다. 사실은 바로 이것이 더 두려운 것이다. 일정한 자유를 보장하지만 그 보장의 범위를 넘어서는 순간 생사여탈의 권한을 모두 내어주고 굴종해야만 한다. 처음 주었던 자유는 미끼인 것이다. 미끼를 생각 없이 덥석 무는 순간, 나는 낚시 바늘에 아가미를 꿰인 채 퍼덕거리는 꼴이 되고 마는 것이다.

잠금장치가 없다고 안심하는 순간 나의 안일한 생각은 여지없이 무너지고 말았다. 문이 열리는 소리가 그토록 크게 들리도록 해둔 것을 어찌 알았으랴. 고작 그 정도의 흉계도 알아차리지 못한 내가 원망스럽다.

또 다른 문이 '끼이이익' 열리는 소리와 함께 어김없이 그들이 나타났다.

"이 새벽에 어디 가시려고요?"

지나칠 정도로 정중한 말투를 쓰고 있지만 절대로 속아서는 안 된다. 사람들은 무언가 결여된 상황일수록 조그만 것에 감동하고 자신의 주권을 내어주게 되는 법이다.

"아니, 화장실이 어딘가 해서요."

어설픈 변명이라도 늘어놓아야 한다. 변명은 상대의 분노를 가중시키기도 하지만 잘만 쓰면 상대의 예리한 시선을 흩트려 놓을 수도 있는 것이다. 잘 통할 수 있을까?

"그 안에서도 볼일을 보실 수 있도록 해놓지 않았습니까?"

"아! 그랬던가요?"

명배우가 되어야 한다. 의심은 감시를 더 두텁게 할 것이고 그러면 탈출은 점점 더 어려워진다. 지나치게 비굴한 태도는 좋지 않다. 그냥 눈을 빤히 바라보며 영문을 모른다는 표정을 짓는 것이 좋다.

엉거주춤 다시 문 안으로 들어간다. 뒤통수가 심하게 근질거린다. 화장실에 가는 복장이 아니질 않은가! 따져 묻지 않는 것은 일종의 경고다. 모든 것을 다 말하면 오히려 상대의 두려움은 사라진다. 상상하게 만드는 것이다. 자기네들의 의중을 막연히 상상하게 만들어 두려움을 더 증폭시킬 수 있다는 것을 잘 알고 있는 것이다. 누군가 말했다. 인간은 상상력을 가지고 있기에 두려워하는 거라고.

다시 돌아오고야 말았다. 불과 몇 걸음, 자유로 향하는 길은 열 걸음도 보장되어 있지 않다. 매일 한 걸음씩만 기어서라도 갈 수 있다면 무엇을 내주어도 아깝지 않다. 하지만 저들은 무엇을 바라는 지 말하지 않는다. 온갖 술책과 회유만을 내세울 뿐 정작 자기들의 목적은 좀체 말하지 않는다. 내가 먼저 말하기를 기다리는 것이다. 그러면 자기들은 강압이라고 보는 온당치 못한 시선에서 자유로워지는 것이다. 욕지기가 치민다. 최소한 솔직함이라도 갖춘 무리라면 좋으련만.

칼끝 같은 잠을 자고 일어난다. 잠시 잠을 잤다는 흔적을 몸에 새긴다. 어김없이 식사시간이다. 이들은 나의 음식취향을 이미 파악하고 있다. 여간 고통스러운 것이 아니다. 임금님도 입맛이 당기는 음식을 앞에 두고서 외면하기란 어려운 것이다. 하지만 최소한으로 죽지 않을 만큼만 먹어야 한다. 내가 결심을 다지는 동안 이들은 죽지 않을 만큼의 약을 탄 음식들을 들이민다. 분명 죽지는 않는다. 이들은 내게 뭔가 목적을 가지고 있으므로 쉽게 죽이지는 않을 것이다. 하지만 식사량과 나의 의지는 명백한 상관관계를 가지고 있다. 매일 끼니가 거듭될수록 나의 의식은 흐려진다. 모든 것을 포기하고픈 생각이 자꾸만 뇌리에 파고든다. 하지만 이대로 나를 내어줄 수는 없다. 아들을 만날 때까지는 참아야 한다. 이 거짓부렁이를 이겨내고 아들을 만나야 한다.

"좀 더 드세요."

턱 끝이 뾰족한 사내가 음흉함을 뒤에 감추고 허허거리고 있으면 제딴에는 넓대대하게 너그러운 모양으로 생긴 여편네가 상냥하기 짝이 없는 목소리로 내게 말한다. 대꾸는 간결할수록 좋다. 나의 의도를 노출시키지 않는 최선의 방법은 대화에 말려들지 않는 것이다. 아무 말 없이 손사래를 치며 조금은 고통스러운 듯 눈살을 찌푸린다. 남녀가 서로 눈짓을 주고받는다. 내 의중을 모르겠다는 눈치다. 입가에는 가증스러운 웃음을 띤 채 의혹과 불신의 눈초리로 나를 훑고는 조용히 밥상을 내어간다. 아무렴, 니들 뜻대로 되게 놔두지는 않을 것이다.

낮에는 여편네 혼자서 감시한다. 절호의 기회처럼 보이지만 이들의 간악한 흉계임을 파악한 지 이미 오래다. 여편네는 주기적으로 또 다른 자기 패거리들과 통신을 주고받는다. 다른 방에서 지껄이는 소리에 귀를 쫑그려 보지만 알아들을 수 없는 말들이 태반을 넘는다. 자기들만의 암호화된 언어를 내가 무슨 재주로 알아듣겠는가!

한 번씩 이상한 기계를 앞에 두고 세뇌교육을 하기도 한다. 그럴 때면 여편네가 제법 말을 붙이지만 여전히 알아들을 수 있는 말은 몇 마디 되지 않는다. 어쩌면 이들은 모두 우리나라 사람이 아닌 것 같기도 하다. 일상의 간단한 대화는 완벽하게 구사하지만 조금만 내용이 복잡해지면 이들의 언어는 국적 불명의 것이 되고 만다. 그럴 때는 간간이 섞여 나오는 우리말 몇 마디만 겨우 알아들을 수 있다. 하지만 몇몇 단어로 쪼개져버린 문장은 더 이상 문장이라고 할 수 없다. 차라리 아무것도 알아듣지 못하는 것보다 못하다. 전혀 생소한 언어라면 아무런 세뇌도 불가능할 게 아닌가!

적들을 경계하게 만드는 것만큼 바보짓은 없다. 세뇌 교육 시간에는 그냥 실실 웃어버린다. 상대의 진을 빼는 방법으로 이 이상 좋은 것이 어디 있겠는가. 한두 시간 동안 끊임없이 나의 반응을 살피며 내게서 뭔가 정보를 캐내려던 여편네가 드디어 손을 들고 만다. 어지간하다고 생각하는 눈치다. 그럴 때면 아들 생각이 더 많이 난다. 어쩌면 더 많이 해야 한다고 다짐하고 있는 지도 모른다. 자꾸만 아들의 얼굴마저 기억 속에서 흐려져 간다. 분명 음식 속에는 인지능력을 떨어뜨리게 만드는 약이 들어있다. 정말 잔인한 놈들이다. 가장 소중한 얼굴들을, 가장 아름다운 기억들을 자꾸만 앗아간다.

저녁 무렵이 되면 사내가 다시 합류한다. 언제나 들고 다니는 가방 속에 무엇이 들어있는지 궁금하다. 모양으로 보아 서류 가방이 틀림없다. 언젠가 몰래 열어보아야 한다. 분명 그 안에는 비밀스러운 뭔가가 있다. 어쩌면 나를 감금하고 있는 이유를 알아낼 수 있을지도 모른다.

기회는 의외로 빨리 찾아왔다. 사내가 부주의하게, 가방을 둔 채로 자기들만의 모의를 위해 자리를 비웠다. 재빨리 가방을 살핀다. 운 좋게도 가방에는 별다른 시건 장치가 없다. 이런 때를 위하여 눈여겨 보아둔 것이 도움이 된다. 가방의 상단 모서리 쪽에 붙어있는 계급장처럼 생긴 두 개의 금속판을 누르자 '철컥' 하고 가방이 열렸다. 안에는 서류가 함부로 흩어지지 않게 마련해둔 칸막이가 있다. 칸막이 안으로 손을 집어넣어 그 안에 있는 서류 뭉치를 꺼냈다. 낱장이 아니라 족히 수십 장은 되는 서류를 철해 놓은 것이다.

주위를 둘러보았으나 아무런 인기척이 없다. 방망이질 하는 심장을 달래며 서류철을 넘겼다. 온통 이상한 도형들이 나열되어 있다. 게다가 전혀 알아볼 수 없는 문자로만 인쇄되어 있다. 그 기괴한 모양은 일말의 공포심마저 준다. 내가 알고자 하는 정보는 어디에도 없다. 아니, 설사 있다 하더라도 내가 알아볼 수 있는 형식이 아니다. 역시 이들은 빈틈이 없다. 이와 같은 상황을 미리 예측한 것이다. 실수로 중요한 정보가 노출되는 때를 대비하여 자기들만의 암호로 기록해두고 있는 것이다. 이리저리 넘겨보아도 알아볼만한 것은 아무것도 없다.

낙담하는 순간 문득 섬뜩한 기분이 들어 돌아보니 어느새 남녀 둘이서 나를 쳐다보고 있다. 절체절명의 순간이다. 그럴듯하게 둘러대야 한다. 하지만 내 입에선 얼토당토않은 말이 튀어나온다.

"먹을 거라도 들어있나 해서……."

남녀의 입가에 비웃음이 피어오른다. 그러나 입에서 뱉는 말은 가증스럽기 짝이 없다.

"여기 먹을 거 안 들어있어요."

경어가 이토록 파렴치한 것인 줄 예전에는 미처 몰랐다. 다그치며 추궁하고 싶은 것을 태연히 참아내는 것을 보면 어지간히 훈련받은 인간들이란 걸 알 수 있다. 어색한 침묵이 흐른다. 도무지 알 수 없는 관계성이다. '도대체 원하는 게 뭡니까?'라는 말이 대책 없이 튀어나오려는 것을 겨우 억눌렀다. 이제까지 잘 참지 않았나. 자유를 부르짖을 날의 환희를 위해 조금 더 참아야 한다. 날이 갈수록 아들이 너무나 보고 싶다. 아비의 갈망을 넌 아느냐? 눈시울이 뜨거워지려는 걸 겨우 참는다. 여긴 참아야 하는 것투성이다.

그날 밤 드디어 심문이 시작되었다. 이들 역시 오래도록 참아온 것이다.

"여기가 어딘지 아십니까?"

이런, 내가 물어야 할 것을 오히려 이들이 묻고 있다. 적반하장도 이정도면 수준급이다. 감정을 드러내지 않고 멍하니 그들을 응시한다. 진실을 말하지 않는 상대에게 진실로 응답할 필요는 없는 것이다.

"자신이 누군지는 아십니까?"

터무니없는 말, 대꾸할 가치가 없다. 아, 그렇다. 예전에 어느 책에선가 본 기억이 있다. 의미 없는 단순한 질문을 계속 반복하면 듣는 사람의 뇌가 교란을 일으켜 정상적인 사고기능이 마비된다고. 그러다 결국엔 상대의 의도대로 모든 것을 술술 털어놓게 된다고. 하지만 이런 술책에는 말려들지 않는다. 나는 나대로 이들을 무시하면 된다. 하지만 어쩌면 이런 대응방식이야말로 이들의 술책에 휘말리게 되는 길일 수도 있다.

아! 어떡해야 하는가? 왜 이런 꼴로 이런 고뇌를 하고 있어야 되는가. 이들에게 묻고 싶다. 너희들의 목적이 뭐지? 이제 그만 괴롭히고 말해봐. 어쩌면 너희들이 목적하는 대상이 내가 아닐 수도 있어. 난 세상에서 그리 중요한 사람도 아니고 남들보다 많이 가진 사람도 아니야. 혹 내가 내어줄 수 있는 거라면 그리 할 수도 있어. 이제 진실을 말해봐. 내가 나도 모르는 사이에 어떤 일에 연루된 거라면 차라리 그것에 대해 물어봐. 오해는 풀어야 하잖아? 적어도 내게는 남에게 원한 살만한 일은 했던 기억이 없어.

하지만 내 답답한 의문들은 가슴까지 치밀어 오르다 그 추진력을 잃고 다시 뱃속으로 내려가고 만다. 위장은 훌륭한 기관이다. 온갖 잡다한 음식들을 우겨넣어도 불평 없이 몸을 위한 형질 변경에 언제나 성의를 다한다. 게다가 표현할 수도 표현해서도 안 되는 이런 의문들과 답답함과 욕지기까지, 결코 몸에 좋을 리 없는 것들도 끝내 소화시키고 만다. 대견하다. 이런 악조건 속에서도 묵묵히 내 편이 되어주는 친구.

이들은 나의 이런 사색을 좋아하지 않는다. 속내를 몰라 답답한 것은 나만이 아닌 것이다. 사람의 인내심이란 건 그다지 믿을만한 것이 못된다. 아무렴, 온갖 세파 속에서도 굳건히 버텨왔던 나다. 참을 수 없는 것까지도 참으며 보냈던 세월들이 그 얼마던가!

코흘리개 아이들을 데리고 낯선 도시에 정착하려 무작정 버스에서 내렸던 생각이 난다. 주머니에는 겨우 한 그릇의 국수를 사먹을 돈밖에 없었다. 혹한의 계절, 아무런 연고도 없는 곳에서 새로운 일을 찾아보겠다고 어린 남매를 업고 끌고, 처량하게 지쳐있던 아내와 함께 돌아본 그곳은 한숨마저 얼어붙게 하는 저 극지방의 한풍으로 나를 비웃지 않았던가! 몸이라도 녹이려 들어간 콧구멍만한 식당의 주인은 꼭 지불할 능력만큼 주문한 내게 어떤 인정도 베풀지 않았다. 아이들의 고사리 손이 곱아서 부르트고 있는 걸 보았을 터인데도 따뜻한 인사말조차 건네는 법이 없었고 국물이라도 더 얹어주는 인심을 기대한 건 언감생심이었다. 한 그릇의 국수를 넷이서 나눠 먹고서 그나마 따뜻해진 배를 안고 일어서는 내 머릿속에서 좀체 일어나지 않던 억하심정이 머리를 쳐들었다. '세상에는 돈 몇 푼보다 더 소중한 게 있는 법인데 너 같은 녀석은 평생 구멍가게 장사치를 면치 못할 거다.' 하지만 생각뿐이었다.

그날 당장 가족들을 얼어 죽지 않게 하기 위해, 힘들다고 자꾸만 주저앉아 버리는 아이들을 독려하며 힘겹게 일자리를 구했다. 고용주의 신원보증으로 겨우 창고 같은 쪽방을 외상으로 얻을 수 있었다. 처절하게 고개를 숙이며 자존심 따위 다 내팽개친 끝에 얻을 수 있었던 최소한의 안식이었다. 배고픔의 고통은 그나마 온기가 조금 느껴지는 방의 안락함에 눌려 버렸다. 네 식구가 발을 뻗고 누우면 세간살이 둘 곳도 마땅치 않을 만큼 좁은 방이었지만 어차피 쌓아둘 짐도 그리 없는 처지라 별 문제가 되지도 않았다. 그날 밤, 몰인정에 지쳐버린 상처를 서로 부둥켜안고 부족한 온기를 채우며 잠들었다.

이제는 저 먼 날의 기억을 되새겨 볼 수 있는 것만으로도 호사가 되어버렸다. 아! 진정 지나간 날들은 이토록 아련한 추억이 되고 만다. 그 쓰라림들은 세월에 산화되어 어느새 날아가 버리고 그저 손을 맞잡고 볼을 비비던 살가운 기억으로만 남아있다.

자기네들의 물음에는 아랑곳하지 않고 상념에 빠져있는 나를 한심하다는 표정으로 바라보던 그들이 질문의 무용함을 알고 물러난다.

조심스레 기회를 다시 엿본다. 저번에는 그들이 미처 잠들지 않은 시간이라 바로 들켜버렸던 것이다. 감시당하는 자보다 감시하는 자가 더 지치는 법이다. 교대로 잠을 자겠지만 사람의 생리적 욕구는 그리 홀홀하지 않다. 둘 다 지쳐 잠드는 밤을 노려야 한다. 며칠 동안 인내의 시간이 흐르고 나서 다시 기회가 찾아왔다.

문을 여는 소리로 적을 불러들이는 실수는 한 번으로 족하다. 이미 소리 나는 이유에 대해선 파악해 두었다. 경첩에 달린 철심과 원통이 서로 아귀가 맞지 않아 들리는 소리였다. 교묘히 끼워둔 화장지가 제몫을 톡톡히 한다. 조심스레 손잡이를 잡고 밀자 미끄러지듯 문이 열린다. 발걸음을 멈추고 귀를 기울였지만 사방은 고요하기 짝이 없다. 자유를 향한 제일보는 일단 성공인 것 같다.

문제는 그 다음 관문이다. 몇 발짝 못가서 만나게 되는, 두께를 가늠할 수 없는 철문을 통과해야 한다. 문에는 듣도 보도 못한 장치들이 달려 있다. 구리의 합금으로 만들어진 것으로 추측할 뿐인 복잡한 자물쇠와 걸쇠가 이리저리 얽혀 있다. 게다가 못 같은 것이 여기저기 달려 있는데 그 용도를 파악하기가 쉽지 않다. 몇 번 곁눈질로 그들이 문을 여닫는 것을 본 적이 있다. 복잡한 손놀림으로 마술처럼 문을 여는 데는 혀를 내두를 지경이었다. 못 믿을 기억이라도 잘만 갈고 닦으면 큰 기회를 가져다주기도 하는 법이다. 하지만 말처럼 쉽지 않다. 게다가 적의 눈과 귀를 속여야 하는 절체절명의 상황이 아닌가!

소리가 날 것을 주의하면서 걸쇠를 밀고 당겨보았지만 육중한 문은 내 노력을 비웃는다. 암호화된 조합을 알아내야 한다. 그 조합이 정확히 맞아떨어져야만 문 너머의 세상을 볼 수 있다. 얼마나 오래되었는지, 기억도 잘 나지 않는 아들의 얼굴을 어루만질 수 있다. 아들 밑으로 줄곧 귀염을 받던 막내딸은 저 추운 지방의 한파 속에서 늘 달고 다니던 감기가 폐렴으로 도지면서 안타깝게 떠났다. 그리워할 수는 있지만 볼 수는 없다. 하기야 볼 수 없기는 아들도 마찬가지지만 그래도 언젠가 만날 수 있다는 희망이라도 있지 않은가. 아들놈도 그때 같이 폐렴을 앓았지만 그나마 덜 가혹한 하늘에 감사할 수 있도록 내 곁을 떠나지 않았다.

일순간 스며든 상념을 애써 물리치며 다시 구리뭉치와 씨름을 해본다. 결국 사람이 만든 물건일 따름이라 자위하지만 사람도 사람 나름인 것이다. 특별한 목적을 두고 만들어진 물건이 그리 쉽게 속내를 드러내기야 하겠는가.

공기는 분명 싸늘하기까지 한데도 진땀이 흐른다. 그러고 보니 계절을 잊었다. 바깥세상이 여름인지 겨울인지도 모를 만큼 오래도록 갇혀있었다. 감금의 폐해는 이토록 무겁다. 봄을 봄이라 말할 수 있는 것은 정녕 행복한 일인 것이다.

'철컹'하는 소리와 함께 첫 번째 걸쇠가 빠지는 느낌이 든다. 하지만 여전히 문은 요지부동이다. 이마의 땀을 한 번 훔치고서 나머지 걸쇠들을 주물러 본다. 언뜻 보면 잘 알 수 없는 곳에 숨겨져 있던 조그만 나사못 모양의 장치를 조심스레 들어 올리고 나서 두 번째 걸쇠를 시계 방향으로 돌리자, 그토록 말썽을 부리던 장치가 느슨해졌다. 이제 마지막 하나가 남았다. 경우의 수를 생각하면 된다. 경우의 수는 그리 많지 않다. 침착하게 하나씩 맞춰보면 된다. 하지만 오산이었다. 모든 조합에도 마지막 장치는 체면을 유지하고 있다.

어쩌면 처음의 걸쇠부터 또 다른 경우의 수로 나뉘는 것인지도 모른다. 욕지기가 올라오는 것을 겨우 참고 다시 해본다. 소리가 나는 것을 막기 위해 두 손으로 감싸 쥐고서 첫 번째 걸쇠를 아주 조금씩 천천히 반대 방향으로 움직였다. 두 번째 걸쇠는 아무리 살펴봐도 잘못된 것이 없다. 두 번째는 첫 번째와 세 번째를 이어주는 역할을 할 뿐인 것으로 보인다. 경우의 수에 보태지 않아도 되는 것이다. 이윽고 세 번째, 경우의 수를 다시 반복한다. 조마조마하게 하나씩 맞추어 나가던 중, 드디어 구리뭉치가 내 앞에 무릎을 꿇었다. 철문을 밀자 바깥의 신선한 공기가 물밀듯이 밀려들어 온다.

복장의 단출함 따위는 안중에도 없다. 그저 그리운 자유의 품으로 한 걸음을 내딛으며 철문을 활짝 여는 순간, 어디에선가 요란한 음악소리가 들린다. 아차, 싶어 뒤를 돌아보니 벽면의 조그만 박스에서 파란색 불빛이 깜박이고 있다. 이쯤 되면 이판사판이다. 문밖으로 한달음에 뛰쳐나갔다. 하지만 바깥의 상황도 만만치 않다. 나가기만 하면 어떻게든 도망칠 수 있으리라 기대했던 건 너무나 섣부른 생각이었다.

어디로 이어지는지 알 수 없는 계단을 일단 내려가려 했으나 몸이 말을 듣지 않는다. 발걸음이 천근만근의 무게로 내 의지를 비웃는다. 겨우 떨어지는 발을 질질 끌며 힘겹게 계단을 내려간다. 산 너머 산이라는 옛말은 결코 틀리는 법이 없다. 굳게 닫힌 또 하나의 철문이 앞을 가로막고 있다. 방금 극복해버린 철문과는 비교도 되지 않는다. 알 수 없는 장치들은 손을 대어서 풀어낼 수 있는 것들이 아니다. 멀찍이 도망갔던 암울함이 쏜살같이 되돌아온다. 그와 동시에 누군가가 내 팔을 양쪽에서 움켜잡는다. 익숙한 감촉이다. 그들이다. 혼자가 아니라 둘이라는 것은 이들도 어지간히 다급했다는 증거다. 모든 것을 감수해야만 하는 순간, 기이하게도 그들은 다만 내 팔을 잡은 채로 다시 그 속박의 공간으로 나를 이끌 뿐 아무런 말도 하지 않았다.

그날 이후 그들은 내게 말을 건네는 횟수가 부쩍 줄어들었다. 늘 있어왔던 심문시간조차 기약 없이 유예되고 있었다. 어쩌면 무거운 침묵이 어떤 심문보다 훌륭할 수 있다는 것을 깨달은 건지도 모른다. 그때부터 이들은 시간마저 내게 속인다. 분명 아침에 일어나도 내게 아직 새벽이라고 말한다. 하루가 지나고 또다시 잠자리에 들려고 하면 이들은 아직 하루가 지나지 않았다고 말하며 좀 더 깨어있기를 강요한다. 내가 하는 모든 말은 그들의 감시 대상이다. 이들은 별 주의를 기울이지 않는 척하면서 끊임없이 내 말의 진위 여부와 타당성 여부를 따진다. 게다가 이젠 식사 시간마저 통제한다. 분명 저녁때가 되어 밥을 먹을라치면 금방 점심을 드셨으니 아직 먹지 말라고 한다. 그런가 하면 배가 고프지 않은데도 때가 되었다며 강제로 먹인다. 그러던 며칠 후, 내가 그토록 힘겹게 탈출했던 철문은 도저히 풀 수 없는 장치들로 새 단장을 했다.

시간이 흐를수록 그리움은 커가지만 그와 반비례하여 기억은 흐려지기만 한다. 아들을 보고 싶은 열망이 커질수록 아들과의 소중한 기억들은 하나씩 내 머릿속에서 주거이탈을 일삼는다. 그즈음에는 식사를 거부하거나 일부러 적게 먹는 짓을 멈추었다. 점차 탈출에 대한 기대와 열정이 사그라진 곳에 끈질기게 제 몫을 찾으려고 노리고 있던 본능이 제자리인 양

슬그머니 들어앉았다. 나중에는 그동안의 굶주림을 보상받기라도 하려는 것처럼 식탐을 내었다. 이런들 저런들 어차피 기억은 쇠퇴해져 간다.

어느 날 드디어 그들이 마각을 드러내었다. 밥과 함께 내어온 모든 음식에 조금씩 들어있던 약이 효과를 드러낼 때가 되었다고 판단한 모양이다.

"우리가 누군지 아십니까?"

전에는 내가 누구인지 묻더니 이제 말이 바뀌었다. 내가 어느 만큼이나 약에 중독되었는지 확인하려는 수작이다. 결코 이들의 술수에 넘어가지 않겠다는 결연한 의지는 잠시뿐, 내 의지를 비웃듯이 머릿속이 멍해진다. 전에는 의도적인 침묵이었지만 이젠 불가항력의 침묵이다. 어떤 말? 무슨? 이게, 다 뭐지? 단편적인 의문들만 섬광처럼 번뜩일 뿐 어떤 언어도 제대로 구사할 여력이 없다. 이건 그토록 본능에만 충실했던 것에 대한 벌이다.

"아버지, 저 모르시겠어요? 아버지 아들, 휘건이라고요."

"아버님, 저 좀 보세요. 며느리 모르세요? 아버님이 그렇게 아껴주시던 며느리잖아요?"

아무리 정신을 잃어간다고 하지만 이런 거짓부렁이에는 조금도 동조하고 싶지 않다. 어디서 아들의 이름까지 알아왔는지 모르지만 정말 이건 천륜을 어기는 일이다. 자신들의 목적을 이루기 위해 내 마지막 그리움까지 이용하려는 수작에는 정말 화가 난다. 그러나 내가 할 수 있는 일이라곤 기껏 고개를 좌우로 젓는 것밖에 없다. 이런 내게 저들이 더 화를 내어 감당치 못할 화를 입게 된다고 해도 어쩔 수 없다. 아들의 이름까지 들먹이다니, 있을 수 없는 일이다.

하지만 내 보잘것없는 항거는 그들의 철저한 준비 앞에서 맥없이 허물어진다. 그들이 뭔가 서로 눈짓을 주고받더니 미리 준비해온 듯 사진첩을 펼쳤다.

"자, 여기 보세요. 제 결혼식 사진에 아버지가 앉아있는 것 보이시죠?"

사내가 손가락으로 사진 속 조그만 얼굴을 가리킨다. 그래, 니들이 꾸며온 수작 한번 보자. 닮은 사람을 잘도 찾아내었구나. 하지만 이런 조그만 얼굴 따위 얼마든지 조작할 수 있다는 걸 모를 내가 아니다. 내 속을 들여다본 듯이 이번에는 더 큰 사진을 들이민다. 그들은 스스로 발등을 찍었다. 큰 사진 속의 영감님은 명백히 내가 아니다. 분명히 닮기는 했다. 하지만 진실을 왜곡하고 인간의 근본을 어기려는 짓은 여기까지다. 제발 아들을 만나게 해줘! 어금니를 깨물었다. 분노와 그리움이 뒤섞여 왈칵 눈물이 솟구친다.

그들이 말없이 사진첩을 치웠다. 역효과를 가져오는 방법을 두 번 다시 쓰지는 않으리라. 얼마나 많은 사람들이 이런 회유와 협박과 고문 앞에서 비참하게 무너졌을까? 이건 인간에 대한 최소한의 존엄성조차 무시한 처사다. 더구나 자신들의 목적조차 말하지 않은 채로 영문도 모르는 나를 가두어놓고 자신들의 주장을 믿고 받아들이라는 게 말이나 되는 소린가!

그들의 어처구니없는 짓이 오히려 죽어가던 내 지성을 흔들어 깨웠다고 믿었지만 그야말로 그건 잠시에 불과했다. 순간 일어났던 격정은 내 얼마 남지 않은 생명의 불꽃을 한꺼번에 태워버린 것이었나 보다. 이젠 기억이나 지각의 문제가 아니다. 걸음을 걷는 것은 고사하고 몸을 좌우로 비트는 것조차 힘겹다. 목적이 없는 인간은 나약해진다고 했던가. 아들이 보고 싶다는 열망이 없었다면 난 어떻게든 스스로라도 목숨을 끊고 말았을 것이다. 이들이라면 내 죽음 정도야 아무도 모르게 처리할 수 있겠지. 상상을 초월하는 일까지 벌이는 놈들이다. 이제 이들의 심기를 한껏 건드려 놓았으니 그나마 점잖았던 여태까지의 방법을 전적으로 바꾸어버릴지도 모른다. 뭔가를 각오해야 한다는 건 뼈아픈 일이다. 사랑하는 이를 위한 희생이라면 숭고한 각오가 되겠지만 이건 감수해야 할 고통에 대한 것이다.

참으로 알 수 없는 것은, 처음으로 이곳에 잡혀 들어온 날에 대한 기억이 전혀 나지 않는다는 것이다. 아마도 마취되었거나 항거불능의 상태로 들어왔으리라. 의식이 조금이라도 남아 있었다면 그날의 기억은 매우 중요한 단서가 될 수 있을 터이지만 마치 도려낸 것처럼 아무것도, 단 한 가지도 생각나지 않는다.

싸울 때는 왜 싸우는지 알고 싸워야 한다. 명분이 있는 쪽이 싸움에 전력투구하기가 쉽다. 명분도 없고 이유도 모르는 이런 상황에서는 제대로 된 싸움이 될 수 없다. 이들은 나에 대해 다 알고 있는 눈치다. 하지만 내가 저들에 대해 아는 것이라고는 대충 짐작되는 나이가 서른 후반 정도라는 것과 한 명은 남자이며 다른 하나는 분명 여자라는 것, 그리고 어떤 이유로 둘은 부부 행세를 한다는 것 정도가 전부다.

그 어느 것도 싸움에는 별 도움이 되지 않는다. 너무나 일방적으로 불리한 상황이다. 이들과 싸울 기력도 없을뿐더러 싸워 이긴다한들 이 공간을 빠져나가는 것은 내게는 불가능하다. 처음부터 싸움이 안 되는 것이다.

탈출을 포기하고 나서는 오랜 시간 잠을 잔다. 적어도 잠을 자는 순간만큼은 여기에 묶여 있지 않아도 되는 것이다. 어느 날, 금방 잠에서 깨어 눈을 비비고 있을 때 어디선가 나지막이 나를 부르는 소리가 들렸다.

"아버지, 들리세요? 이쪽이에요. 이쪽을 보세요."

깜짝 놀라 고개를 돌려 보았으나 아무도 있을 리 없는 방 안이었다.

그때 다시 부르는 소리가 들렸다.

"이쪽이라니까요. 여기, 이 문을 열어보세요."

분명 소리는 방 안에 비치되어 있는 가구 안에서 들려오고 있다.

심장이 뛴다. 게다가 어딘가 낯익은 목소리다.

가구의 문을 열어젖히니 놀랍게도 그 안쪽은 동굴이었다. 그 안에서 강렬한 손전등의 불빛이 튀어나와 눈을 쏜다. 왼손으로 불빛을 가리며 눈을 가늘게 뜨고 물었다.

"거기 누구요?"

"아버지, 저예요."

"응? 그럼, 휘건이? 네가 날 찾아온 거냐?"

"오빠 말고요, 저 휘진이예요. 아빠 딸, 휘진이!"

"휘진이라니? 네가 살아있었단 말이냐?"

"아빠도 참, 내가 그럼 언제 죽기라도 했단 말이에요? 그것보다 빨리 이리 들어오세요. 난 거기 들어가기 싫어요. 아빠가 이쪽으로 몇 발자국만 더 들어오세요. 여기까지 파고 들어오느라 많이 힘들었어요.

"그래, 그래. 자세한 사연은 천천히 듣자꾸나. 내가 여기 있다는 걸 어떻게 알았니?"

"2년을 찾아 헤맨걸요. 자, 제 손을 잡으세요. 다리에 힘이 없을 거예요. 아버지는 정말 무서운 조직에 잡혀 있는 거예요. 이 조직에서 쓰는 약은 사람을 무기력하게 만들기로 악명이 높아요. 의지도 근력도 모두 물처럼 흘러나가는 거죠. 그러다가 나중에는 환각에 시달리게 돼요. 그러다 급기야 자신의 이름도 나이도 모르는 식물인간이 되는 거죠. 아버진 원체 의지가 강한 분이라 그나마 덜한 거예요."

휘진이가 나를 부축한 채로 바쁘게 발걸음을 옮긴다. 포기하고 있던 의문들이 일제히 고개를 쳐든다.

"그렇게까지 해서 이 조직에서 원하는 게 뭔데?"

"조직에서 원하는 일을 하게 된다고 알고 있어요. 꼭두각시를 만들기에 앞서 철저히 개체성을 파괴하는 거죠."

"무섭구나. 정말 무서운 일이야. 그나저나 저렇게 뒤가 열려 있으면 저들이 뒤쫓아 오지 않을까?"

"바로 쫓아오지는 못할 거예요. 아버지는 모르시겠지만 저들은 오늘 다른 일로 정신없이 바쁠 거예요. 아버지에게 눈 돌릴 틈이 없어요."

"그렇구나. 네가 치밀하게 준비를 하고 온 것 같아서 마음이 좀 놓인다."

한참을 정신없이 걷다보니 조금씩 다리에 힘이 되살아났다. 그러다가 문득 성장한 딸에 대한 기억이 없다는 게 머릿속에 떠올랐다.

"나는 네가 죽은 줄로만 알았단다. 말하자면 내 기억에는 이렇게 성장한 네 모습이 없어. 얼굴을 보니 분명 휘진이가 맞기는 하다만……."

"그러니까요. 그 외에 다른 것도 조작된 게 있을 거예요."

"정말 무서운 사람들이야. 그나저나 오빠는 잘 지내고 있지?"

"아빠! 차라리 아빠의 기억을 왜곡된 채로 놔두는 게 좋을까요?"

"그게 무슨 말이니?"

"정말 기억이 안 나세요? 아깐 저더러 죽었다고 하시더니……. 뭔가 뒤바뀐 것 같아요. 오빠는 제가 어릴 때 벌써 폐렴으로 죽었잖아요. 그때 아빠가 슬퍼하시던 모습을 잊을 수가 없어요. 내겐 오빠를 잃은 일보다 아빠의 눈물이 더 큰 아픔이었어요."

"그럴 수가… 휘건이가 벌써 그렇게 떠났다니, 정말 믿을 수가 없구나. 그러고 보니 저들이 내 아들과 며느리라고 억지 주장을 한 일과 연관이 있는 듯하구나."

"그렇다면 아버지를 세뇌하기 위해 기억을 미리 조작해놓은 거예요. 제가 아버지의 기억을 다 되살려 드릴게요. 이제 안심하셔도 돼요. 저만 믿으세요."

"그래, 네가 있어 정말 다행이다. 그런데 이 길은 얼마나 더 가야 되는 거지?"

딸아이가 밝은 불빛이 쏟아져 나오는 통로를 가리키며 말했다.

"이제 다 왔어요. 저기 불빛이 보이죠? 저리로 가면 돼요."

딸아이의 손에 이끌려 들어간 곳은 조그만 방이었다. 딸아이를 돌아보며 물었다.

"여긴 어디지?"

"안전이 보장된 곳이에요. 아빠와 제가 지나온 통로는 이미 폐쇄 작업에 들어갔어요. 여기서 먼저, 조작된 기억을 되돌려야 해요. 그 다음에 집으로 돌아가는 거예요. 아시겠죠?"

"그래, 그래. 알았다. 그럼 내가 어떡하면 되지?"

"여기 누우시면 돼요. 여기 이 사람들이 다 알아서 해줄 거예요."

눈이 시리도록 하얀 침대에 누웠다. 흰 옷을 입은 사람 셋이서 마스크를 낀 채로 나를 내려다본다. 그 중 검은 뿔테안경을 낀 사내가 말을 건넨다.

"고생 많으셨습니다. 먼저 오래도록 차곡차곡 체내에 쌓인 독을 풀어내야 합니다.

말과 함께 팔에 바늘을 꽂는다. 무언가 알 수 없는 액체가 몸속으로 흘러들어온다. 나른한 기분이 들지만 이상하게도 잠이 오지는 않는다. 의식은 오히려 점점 명료해진다. 지루해질 무렵 안경 낀 사내가 다시 말을 걸어온다.

"해독이 제대로 되었는지 확인하기 위해서 몇 가지 여쭈어보겠습니다. 당신은 누구십니까? 이름과 나이를 정확히 말씀해주십시오."

"난, 난……. 아, 난 누구죠?"

"아직 회복이 덜 되셨군요. 조금 도움을 드리도록 하겠습니다. 당신의 이름은 정필재, 나이는 57세입니다. 기억나십니까?"

"그런 것 같기도 하고… 아마 맞을 겁니다."

왠지 확신이 없다. 딸아이를 만나고서 안개 같이 흐릿하던 정신이 맑아졌다고 생각했는데 이제 보니 그런 것도 아니다. 뭔가 이상하다. 난 그토록 원하던 자유를 얻었고 더구나 고마운 사람들의 곁에 있다. 그런데 무언가 빠져있다. 도대체 뭐가 빠져있는 거지? 아! 게다가 휘진이는 어디로 간 거야.

"좀 더 안정을 취하시겠습니까? 필요한 게 있으면 말씀하십시오."

"그것보다… 휘진이는 어디 있나요? 딸을 불러주세요."

"지금 다른 볼일을 보고 있습니다. 따님을 찾으시는 걸 보니 차츰 안정되어 가고 있는 것 같습니다. 자, 다음 질문입니다. 2년 전, 무슨 일이 있었는지 기억하십니까?"

2년 전이라니… 지금으로선 이틀 전의 일도 몽롱하다. 왜 하필 2년 전에 대해서 묻는 걸까?

"아뇨, 기억나지 않아요. 그런데 내 아들이 벌써 죽었다는 이야기는 뭔가요? 난 어른이 된 아들의 모습을 기억하고 있는데요. 어떻게 된 거죠?"

"그건 마치 진짜처럼 세뇌된 가짜입니다. 선생님을 감금했던 조직에서 모종의 목적을 위하여 집어넣은 기억이죠. 좀 더 시간이 지나면 알게 될 겁니다. 자, 그건 차차 이야기하기로 하고 왼발을 위로 들어보십시오."

"아, 왼발."

왼발이 전혀 움직이지 않는다. 사내의 얼굴을 올려다보았다. 사내의 눈동자 위로 얼핏 차가움이 스쳐 지나간다. 결코 따뜻한 시선이 아니다. 입가엔 미소를 띠고 부드럽게 말하지만 눈은 나를 비웃고 있다. 이건 뭔가 단단히 잘못되었다.

"휘진이를 불러주세요."

기껏 숨기고 있던 차가움이 사내의 눈 밖으로 확연히 드러나는 순간, 어떻게든 몸을 움직여보려 했으나 왼발뿐 아니라 몸 어느 부분도 움직일 수가 없다. 발버둥을 쳐보아도 안 된다. 수렁에 빠져든 것처럼 몸이 천근만근 무겁다. 보이지 않는 무엇이 사정없이 내 사지를 휘감고 죄어 온다. 급기야 비정상적인 각도로 비틀기 시작한다. 사지가 틀어지는 상황인데도 고통이 느껴지지 않는다. 다만 답답할 뿐이다. 소리를 질러보려 해도 이젠 목소리조차 나오지 않는다. 완벽하게 마비되어 있다. 그래도 질러야 한다. 마지막 남은 힘을 다해 소리를 지르는 순간, 누군가가 나를 마구 흔든다.

"아버지, 왜 이러세요? 정신 차리세요."

돌아보니 자칭 '아들'이라고 주장하던 사내다. 맥이 풀린다. 탈출에 대한 열망이 불러온 한바탕 꿈이다. 하지만 꿈치고는 너무 선명하지 않은가! 게다가 휘진이는?

"휘진아, 어디 있니?"

"아버지, 휘진이는 제가 일곱 살 때 죽었잖아요. 제발 정신 좀 차리세요."

"아니오, 휘진이는 살아 있어요. 당신은 내 아들이 아니잖소? 휘진이가 내 아들은 이미 죽었다고 했어요. 휘진이를 불러줘요. 도대체 내게 왜 이러는 거요? 왜 알지도 못하는 나를 아버지라고 부르는 거요?"

사내가 누워있는 내 가슴에 갑자기 머리를 파묻는다. 그리곤 자신의 두 손으로 내 배 위에 놓여있는 내 손을 '꼬옥' 쥐고서 아무 말 없이 조용히 흐느끼기 시작한다. 온기가 느껴지는 걸로 봐서 꿈은 아니다. 혼란스럽다. 주위를 둘러보니 사내의 뒤로 여편네까지 눈물을 글썽이며 나를 바라본다. 그리고 그 뒤의 벽에 걸려 있는 달력이 눈에 들어왔다. 아무런 사진도 그림도 없이 숫자만으로 잔뜩 채워진 달력이다. 맨 위를 보니 '2003'이라고 쓰여 있다. 저건 뭔가? 2003이라니, 설마 2003년이라는 말은 아니겠지? 나도 모르게 말이 나오고 만다.

"올 해가 몇 년이오? 저기 왜 2003이라고 쓰여 있는 거요?"

"2003년이니까요."

"그럴 리가 있나. 전쟁 끝난 지 얼마나 됐다고. 말도 안 되는 소리 마시오. 그럼 내 나이가 도대체 몇이란 말이오?"

"아버님, 올해 일흔 넷이예요."

뒤에 있던 여편네가 말을 거든다.

"또 말도 안 되는 소리! 내가 아직 마흔도 되지 않았는데 무슨 소리요? 아니야, 아까 그 사람은 내가 57세라고 말했어. 휘진이가 다 큰 처자였으니 그게 맞는 건가?"

"어릴 때 죽은 휘진이가 어떻게 다 큰 처자가 됩니까? 그러지 마시고 이

거 한번 보세요."

사내와 여편네가 나를 부축해서 일으킨다. 사내가 일어나 어디선가 거울을 들고 와서 내 모습을 볼 수 있도록 했다. 거울 속에는 귀 옆으로 한 움큼씩 백발이 남아 있고 턱과 코밑으로 허연 수염이 길지도 짧지도 않게 달려 있는 노인이 앉아 있다. 그렇구나. 이건 변함없는, 이들의 허무맹랑한 수작이다. 거울처럼 생긴 물건을 들고 와서는 이따위 수작을 하다니. 저 영감이 나일 리가 없지 않은가! 그런데 자세히 보니 어디선가 본 기억이 있다. 어디서 보았지? 아! 저번에 이들이 결혼사진이라며 내민 사진들 중, 이 사내 옆에서 웃고 있던 그 영감이다.

믿을 수 있는 것은 아무것도 없다. 아까 이 방을 탈출했던 것은 분명한 사실이다. 휘진이가 나를 부축해서 저 장롱 안으로 난 길로 나를 데리고 나갔었다. 그러다 해독을 한다며 나를 지켜보던 사내가 뭔가 내 팔에 주사를 놓았었지. 그때 호사다마처럼 모든 것이 틀어진 것이다. 그 사내가 다시 나를 여기다 데려다 놓은 것이다. 그 사내는 이 조직의 한 사람임을 숨기고 휘진이네를 기만하고 있는 것이다. 그런데 휘진이는 도대체 무슨 일을 하기에 나를 구하러 올 수 있었던 거지? 아무리 생각해보아도 알 수가 없다. 아무래도 여기서 살아나가기는 어려울 것 같다. 죽을 때 죽더라도 아들을 보고 죽어야 하는데…….

아무것에도 기쁨을 느낄 수가 없다. 하긴 당연한 일이다. 휘진이를 만나고부터는 사지까지 떨린다. 겨우 걸음을 걸을 수는 있지만 성큼성큼 걷는 것은 불가능하다. 발을 질질 끌며 마치 벌레라도 된 듯이 조금씩 발을 내딛는 게 전부다. 무릎도 제대로 펴지지가 않는다. 게다가 이들이 보여준 사각의 유리 안에서 낯선 노인의 얼굴을 보고부터는 최면에 걸린 듯 서서히 그 얼굴로 바뀌어 가고 있다. 마치 가면이라도 쓰고 있는 기분이다.

어느 날인가 알코올 냄새가 가득한 곳으로 그들이 나를 끌고 갔다. 도망칠 수 있는 절호의 기회인지라 틈틈이 기회를 엿보았지만 그들은 나의 의도를 미리 알고 차단해버린다. 그들이 하자는 대로 따를 수밖에 없다.

복도에서 한참을 앉아 있다가 이윽고 조그만 방 안으로 들어갔다. 이들의 감시는 집요하다. 한 순간도 놓치지 않는다. 사내 녀석은 나를 따라서 옆에 바짝 붙어 서있고 여편네는 바깥의 복도에서 주위를 살피고 있다. 의자에 앉아 있던 젊은 녀석이 내게 의자를 권하며 입을 뗀다.

"자, 여기 앉으시죠."

녀석의 눈은 책상 위의 알 수 없는 물건에 고정되어 있다. 예의라곤 도무지 찾아볼 수 없는 놈이다. 사람과 말을 할 때는 그 사람을 보며 말해야 하는 거란다. 내 마음을 알아차리기라도 한 듯이 젊은 녀석이 내 쪽으로 비스듬히 상체를 돌리고 다시 말을 잇는다.

"영감님, 제 말 알아들으세요? 지금 영감님은 치매의 초기를 넘어 중기로 진행되고 있습니다."

뭐야, 내가 치매 따위일 리가 없지 않은가? 게다가 영감님이라니… 아직 그런 소리 들을 정도는 아니다. 아무리……. 아니, 치매가 뭐지? 아, 다시 혼란스러워진다. 난… 누구지?

"게다가 파킨슨병의 징후까지 보입니다."

사내가 내 대신 말을 받는다.

"그럼 어떻게 해야 하죠? 치료는 가능한 겁니까?"

"완치는 어렵습니다. 다만 더 심해지지 않도록 약물을 투여하여 다소 그 증상을 경감해 나가는 방법을 써야 합니다. 파킨슨은 도파민이 정상 분비되지 않아 생기는 병입니다. 아마도 모든 것에서 흥미를 잃고 무표정과 무기력으로 일관된 모습을 보이실 겁니다. 보통, 치매의 초기에는 파킨슨을 동반하는 경우가 드뭅니다만 이 분은 두 가지 증상을 다 보이고 있습니다. 어쩌면 다른 증상일 가능성도 있습니다만 그건 좀 더 지켜보면서 정밀한 검사를 해보아야 알 수 있겠습니다."

"기억이 4, 50년 전으로 돌아간 것 같아요. 저나 집사람을 전혀 알아보지 못해요. 마치 남인 것처럼 바라봅니다."

"그런 부분에서 많이 힘드실 겁니다. 하지만 어쩌면 환자 본인은 그리 고통스럽지 않을 수도 있습니다. 아무튼 계속 통원하시면서 물리치료와 더불어 꾸준한 약물치료를 해야 합니다. 집에서도 간단한 스트레칭과 걷기 같은 운동을 시켜주면 좋습니다. 여기 지침들을 적어둔 안내책자가 있으니 가져가십시오."

도무지 알아들을 수 없는 말들이다. 내가 왜 이 자리에 앉아 있어야 하는지 정말 기가 찰 노릇이다. 언뜻 사내를 돌아보니 슬픔에 가득 찬 표정을 하고 있다. 이젠 하다하다 별짓을 다한다.

절호의 기회는 그렇게 날아가 버리고 다시 감금당하는 신세가 되었다. 머릿속이 점점 비어져간다. 몸도 마음도 조금씩 하얀 재가 되어 가고 있다. 하지만 가끔씩 신나는 일도 있다. 꿈인지 뭔지는 알 수 없지만 그곳에서는 아들도 딸도 모두 내 손을 잡고 함께 웃는다.

어느 날 아침, 눈을 뜨려 했지만 떠지지가 않는다. 아니, 분명 눈을 떴지만 아무것도 보이지 않는다. 게다가 숨이 머리카락처럼 가늘다. 숨이 차오른다. 어디론가 멀리 떠나야 할 것 같은 생각이 든다. 아무런 미련도 후회도 없다. 다만 한 번이라도 좋으니 아들이 보고 싶다. 너무 오래도록 보지 못했다. 그 세월이 얼마인지 생각조차 나지 않는다. 그때 누군가 내 손을 잡는다. 아! 아들이다.

"아버지, 저 보이세요?"

소리가 들리는 쪽으로 고개를 돌렸다. 아들이 앉아있다. 다른 것은 아무것도 보이지 않지만 아들의 웃는 모습만은 또렷이 보인다.

"그래, 아주 오랜만에 보는구나. 그동안 어떻게 지냈니?"

"저, 늘 아버지 곁에 있었는걸요?"

"그래, 그랬는지도 모르지. 이제 되었다. 마지막으로 널 보게 돼서 기쁘다."

"왜 마지막이라느니 그런 말씀을 하세요?"

아들의 손을 꼭 잡아본다. 따뜻하다. 이제 가야 할 때다. 아들의 모습이 부옇게 흐려지는 것과 함께 마지막 숨을 뱉는다. 모름지기 떠날 때는 숨 한 모금조차 두고 가는 것이다.

*

저 우주로 가버린 영혼은 그대와 같은 시공을 공유하는 듯 보이지만 이미 그 영혼은 다른 우주를 경험하고 있다. 그대와 그의 영혼을 연결할 수 있는 유일한 끈은 사랑뿐이다. 처음 그대와 그대의 아이 역시 이와 같은 방식으로 의사소통을 하였다. 그와 같다. 지금 그의 영혼은 그대가 기억하는 그의 과거와는 무관한 우주를 바라보고 있다. 그의 우주는 이제 새롭게 태어났다. 그대의 아이가 태어난 것과 같다. 사랑으로 바라보라.

'과거'라는 틀로 그를 묶으려 하지 마라. 그는 그저 하나의 영혼일 뿐이다.

(훌륭히 자식을 키우시고 세상 시름을 잊고자 '치매'라는 길을 선택하신 세상의 모든 아버지, 어머니에게 이 글을 바칩니다.)

MY WAY

역 대합실은 오늘따라 평소보다 많은 사람들로 붐빈다. 앞만 보고 성큼 성큼 걸어가는 사람, 누굴 찾느라 두리번거리는 사람, 두 눈 가득 그리움과 설렘을 담고 나오는 길 앞에서 기다리는 사람, 아직 자신이 타야 할 기차 시각이 멀어 냄비우동의 유혹 속으로 들어가는 사람, 몇 시간 동안 동무가 되어줄 책을 고르는 사람.

사람들의 표정이 살아있어서 좋다는 생각이 들었다. 여기까지는 아주 그럴듯한 일상에 불과하다. 난 지금 기로에 서있다. 올 수도 있고 오지 않을 수도 있다. 분명히 이 시간에 도착하겠노라 기다리고 있으라 했지만, 자꾸만 불안감이 엄습해 온다. 내게 생사가 걸린 문제라고 해서 상대 역시 그러라는 법은 없다. 나는 무조건 상대의 손을 잡아야 살 수 있지만 상대는 내 손을 잡아도 그만, 나 아닌 다른 이의 손을 잡아도 그만이다. 경쟁자들보다 나은 조건을 제시했다고 믿지만 이들도 그렇게 생각한다는 보장은 없는 것이다.

입술이 바짝바짝 마른다. 마른 침을 몇 번이나 삼켰는지 모른다. 나는 지금 10년 동안 못 만난 애인을 만나는 것보다 더한 심정으로 기다리고 있다. 상대는 내게 든든한 자본금을 대어줄 펀드매니저다. 그가 정시에 저 문을 통해서 나타난다면 회사는 모든 자금난에서 벗어나게 된다. 그러나 오늘 여기서 그를 만나지 못하게 되면 자금난은 최악으로 치달을 수도 있다. 방법이 아주 없는 것은 아니지만, 그렇게 되면 난 여러 사람들에게 비굴하게 고개를 조아려야 한다. 성장일로에 있을 때는 그들이 허리를 숙이며 투자를 받아주기를 갈망했다. 이제 입장이 바뀌었다. 하지만 그런 것을 두고 따지거나 '개구리, 올챙이 적 모른다.'고 책망할 마음은 없다. 그건 값싼 감상일 뿐이다. 적어도 사업전선에 뛰어든 사람이라면 그런 일로 자존심이 상해서는 안 된다. 자존심은 최후의 최후까지 무너지지 않고 견뎌내는 데 써야 한다.

하지만 쉬운 길을 두고 굳이 험한 길을 가고 싶지는 않다. 쉬운 길이 열리기만 한다면 아무것도 문제될 것이 없다. 내겐 딸린 식구가 많다. 평생 일복이 터졌다고 말하던 어느 철학관의 영감님이 새삼 떠오른다.

"자넨, 정말 일복이 터졌어. 먹여 살려야 할 사람이 너무 많아. 아무리 벌어도 자네 몫은 없어. 자넨 삼시 세끼 굶지 않고 먹는 것으로 만족해야 할 거야. 그래도 다행이지. 일거리는 계속 생길 테니까."

일복이라니… 그것도 정도가 있는 거다. 일을 하면 할수록 돈 들어가는 곳은 점점 늘어난다. 철들고 나서부터는 며칠도 여유롭게 쉰 적이 없다. 숨이 턱밑까지 차오를 때가 한두 번이 아니다. 돌아서면 일이 기다리고 있다. 게다가 피붙이며 친구들까지도 한몫을 단단히 한다. 자신들의 여유를 위해서 나의 시간과 땀과 성의를 허락도 없이 자유예금처럼 마음껏 뽑아 쓰고 있다. 생은 이토록 불공평하다. 왜 내가 자기들의 행복에 대한 희생양이 되어야 하는가? 난 살이 보기 좋게 오른 양이 아니다. 내 삶과 내 가족을 돌아보기에도 벅차다. 일을 할수록 여유가 생겨야 할 판에 오히려 점점 줄어드는 것은 무슨 조화인가?

내 끝없이 이어질 뻔했던 상념은 열차가 도착한다는 안내 방송에 여지없이 끊어졌다. 오기로 했던(안 올 수도 있지만) 양반은 퍽이나 기벽이 있는 사람이다. 얼굴도 모른 채로 인상착의만으로 자신을 알아보라고 한다. 이 정도면 건방을 넘어 거의 엽기적인 수준이다. 하지만 어쩌랴. 목마른 놈이 우물을 판다고 했으니, 목이 마른 정도를 넘어서 목젖이 갈라질 지경인 나로서는 선택의 여지가 없는 것이다. 하긴 그저 그만그만한 얼굴보다 더 알아보기 쉬울 수도 있다. 아래위로 흰 정장 양복에 오렌지색 넥타이를 맨 사람이 그리 흔하지는 않으리라.

나오는 사람들의 면면을 검열이라도 하듯 하나도 빠뜨리지 않고 바라본다. 열차가 도착하고 나서 자리에서 줄지어 나오는 시간과 계단을 올라오는 시간을 감안하면 3, 4분은 지나야 하건만 내 눈은 방송이 나온 그 시간부터 출구에 붙박이처럼 못 박혀있다. 눈알이 빠져라 쳐다보지만 흰 양복은 고사하고 흰 옷을 입은 사람조차 눈에 띄지 않는다. 오렌지색 넥타이라도 혹시나 하는 마음에 눈여겨보았으나 오늘따라 여행객들의 패션은 평범하기 짝이 없다. 마지막이라고 여겨지는 사람이 나오고도 거의 이 10분을 기다렸으나 끝내 구세주는 모습을 나타내지 않았다. 일방적인 올인이다. 본전을 찾을 길은 없다. 잠시나마 희망을 품었던 내 자신이 한없이 초라하게 느껴진다. 아무도 알 리 없는 씁쓸함을 마치 알아볼 사람이라도 있는 것처럼 도망치듯 역사를 빠져나왔다. 들어갈 때는 산뜻하게 보이던 조경들이 이젠 혐오스러운 흉물로 보인다. 넋이 반쯤 나간 채로 의무처럼 인파에 섞여 나오다가 문득 오래도록 숨겨두었던 오기가 솟구치는 것을 느꼈다.

도대체 이건 무슨 경우란 말인가! 결국 자기들의 펀드에 이익을 가져다 주는 것은 나 같은 사람이 아닌가. 오히려 자기네들이 내게 매달려야 하는 거다. 아니면 최소한 동등한 입장으로 테이블에 앉아야 한다. 이건 아무리 생각해도 억지라고 생각하는 순간 내 발걸음이 반항이라도 하듯 나오던 길을 다시 거슬러 올라가기 시작했다. 무작정 가장 빨리 출발하는 표를 끊었다. 5분 후 출발이다. 이런 제길, 반항조차도 쫓기듯 하는 내가 가엽다. 그러나 지금은 여길 떠나서 어디로든 떠나고 싶다.

다급히 내려가자 이미 기차가 그 육중한 몸을 세우느라 비명을 지르고 있다. 좌석번호는 28번, 예상대로라면 창밖을 볼 수 있는 안쪽 자리다. 겨우 50%의 확률을 두고도 살짝 기분이 좋아진다. 늘 기차를 탈 때마다 생각했던 것이다. 그리 볼만한 경치도 없건만 왠지 창가에 앉으면 파노라마처럼 지나가는 풍경들이 정겹다. 때로는 고즈넉한 숲이나 호숫가를 보고 내려서 찾아가고픈 생각이 드는 곳도 있지만 이미 과거의 추억처럼 '휙' 하고 지나가버리고 만다. 기차는 어느 것에도 집착하지 않는다. 하지만 멈추어야 할 곳에서는 정확히 멈춘다. 지나쳐야 할 때와 멈추어야 할 때를 아는 기차는 정녕 달관자다.

뻔뻔스럽게 창가를 차지하고 있는 초로의 신사를 정중히 물러나게 하고선 그리 달가울 것도 없어하는 무심한 자리에 가서 앉았다. 온기가 남아있는 자리에 등을 대자 잔뜩 긴장했던 몸이 녹으면서 잠이 쏟아졌다.

오렌지색 넥타이를 맨 사내를 만났다. 알아보고 악수를 청하자 활짝 웃으며 손을 내민다. 괴팍할 거라던 억하심정은 어느새 도망가고 없다. 한걸음 앞서 주차장으로 가고 있는데 누군가가 뒤에서 내 어깨를 잡아 끌어당긴다. 돌아보니 역무원 복장을 한 사내가 손을 내민다.

"고객님, 표를 주고 가셔야죠."

"어? 난 기차에서 내리지 않았어요. 방금 내린 사람은 내가 아니라 이분… 어라? 어디로 갔지?"

"무슨 말씀을 하십니까? 기차에서 내려서 나오시는 걸 제가 봤는데요."

"아뇨, 정말 난 기차를 타지 않았다니까요? 그보다 제 옆에 있던 사람 못 보셨나요? 흰 양복을 입고 오렌지색 넥타이를 맨 사람 말입니다."

"그런 사람이 있었으면 눈에 띄었겠죠. 딴청 부리지 말고 빨리 표 내놓으세요."

역무원의 얼굴이 험악해진다. 이건, 또 뭔가? 억지도 정도껏 부리라고 소리치는 순간 잠이 깼다. 돌아보니 옆 좌석의 신사가 물끄러미 나를 바라보고 있다. 뭔가 소리를 질렀나 보다. 잠깐 사이에 꿈을 꾼 것이다. 그 몇 분조차 쫓기는 꿈을 꾸다니. 내가 여기서 왜 이러고 있지? 쓴웃음이 입가로 새어나온다.

고개를 흔들어 잠을 깨운다. 허튼 꿈을 꾸며 잠든 몇 분이었지만 그나마 휴식이 된 모양으로 몸이 조금은 가뿐한 것 같기도 하다. 차창 밖으로 시선을 돌리다가 문득 앞좌석 뒤에 신문 따위를 넣어둘 수 있는 주머니에 책 한 권이 들어 있는 것이 눈에 띄었다. 책을 꺼내 펼치면서 옆 좌석을 흘끔 보았으나 아무런 동요가 없는 것으로 보아 옆 사람이 보던 책은 아니다. 겉표지에 크레파스 글씨체로 '어른들을 위한 동화'라는 제목이 씌어있다. 책을 펼치니 소제목들이 열두어 개 씌어있다. 아래로 훑어보다가

'My Way'에서 시선이 멈추었다. My Way? 아무리 어른들을 위한 거라고는 하지만 왠지 동화의 제목으로는 좀 어울리지 않는다고 생각하며 페이지를 찾아 펼치니 만화처럼 그려진 그림들과 글이 보였다.

*

My way (어른들을 위한 동화)

전기가 길을 간다.
전구가 한 푼 달라고 구걸을 한다.
선풍기가 넓적한 얼굴을 들이대고 삥을 뜯는다.
이른바 통행세라는 것이다.
어차피 지나가야 하는 길이니 한 푼 내놓지 않을 수가 없다.

전기가 생각한다.
'왜 나를 나눠줘야 하지?'
다음 날부터 전구 거지도 선풍기 깡패도 없는 길로 다녔다.
아무도 전기의 앞을 가로막지 않는다.
그와 더불어 전기는 차츰 기억이 흐려져 간다.
자신이 왜 살아가는지를 잊어 가고 있다.
'난 왜 사는 거지?'

한 가닥 기억을 더듬어 다시 예전의 길로 돌아가 보았다.
골목 어귀에선 변함없이 전구가 불을 밝힐 힘을 달라고 한다.

으슥한 곳에선 선풍기가 더위를 날려 버릴 힘을 내놓으라고 으른다.
이젠 군입들이 더 늘었다.
전자레인지는 '간편한 식문화 모임'에 기부하라고 통을 내민다.
게임기는 아이들에게 위협당하고 있으니 살려 달라고 떼를 쓴다.

지친다.
하지만 흐려졌던 기억이 되살아난다.
'그래, 난 원래 이렇게 하기로 하고 태어났던 거였어.'
전기는 스스로의 힘이 위대하다고 느낀다.
'난 너희들과 만나야만 가치가 있는 것이야.
물론 너희들도 나를 만나서 보람을 가지게 되는 거지.
이게 아름다움인 거야.'

전기가 골목을 지나며 콧노래를 부른다.
이제 친구가 되어 버린 골목의 군입들이
한 푼씩 모아 사준 MP3에서
오늘도 'My way'가 울린다.

–『꽃은 누구에게 허락받고 피는 것이 아니다』 중에서

이건 뭐지? 전기가 뭐 어쨌다고? 갑자기 머리가 혼란스러워진다. 다른 이야기들은 읽을 생각도 못하고 책을 덮었다.

가슴이 두근거린다. 이런 동화 따위, 제대로 인생을 알지도 못하는 인간이 쓴 거다. 인간은 누르면 아프다고 하는 거다. 미화시키는 것도 정도가 있는 거다. 뭐가 'My Way'라는 거냐. 나는 뼈 빠지게 일하고 내 주위 사람들은 그런 내게 기대기만 한다. 난 이제 쓰러질 지경인데 쉬운 말로 힘내라고만 하면 되는 거냐? 괜한 억하심정으로 한참을 웅얼거렸다. 혼잣말이 들리기라도 했는지 옆자리의 신사가 흘끔 보았지만 그러거나 말거나.

문득 아버지가 생각난다. 아버지는 정말 좋은 사람이었다, 무책임한 것만 빼면. 아버지와의 기억은 열 살에서 멈춰있다. 내가 열 살 때 아버지는 집을 떠났다. 어머니는 나와 형을 혼자 힘으로 키우시느라 비록 한 번도 내색한 적은 없었지만 많이 힘들어하셨다. 스무 살이 되던 해, 어머니에게 물었다.

"아버지는 왜 집을 나가신 거죠?"

"아버지는 당신이 하고 싶은 일을 하기 위해 세상으로 나갔단다."

"그 일이란 게 도대체 뭔데요?"

"즐거운 일. 아버지는 즐거운 일을 찾아서 나간 거지."

"그게 엄마와 우리를 버리고 나갈 만큼 중요한 거였나요?"

"버리고 간 거 아니야. 아버지가 바라보는 세상엔 나도 너희들도 다 있지. 세상에 버릴 수 있는 것은 아무것도 없단다."

그때 나는 더 말하려다가 어머니의 애잔한 눈빛을 보고는 입을 닫아버렸다. 왠지 그래야만 할 것 같았다. 어머니는 슬픔도 기쁨도 느껴지지 않는 눈빛으로 말없이 나를 바라보곤 하셨다. 그때뿐이 아니다. 형과 내가 뭔가 잘못을 저질렀을 땐 언제나 어머니의 그 눈빛을 봐야만 했다. 두 살 터울의 형과 내가 한창 이유 없는 반항기로 사춘기의 홍역을 치를 때도 어머니는 화를 내지 않으셨다. 어머니의 그 눈빛만으로도 형과 나는 다시 착한 아들로 돌아오곤 했으니 그럴 필요가 없었다고 하는 게 더 정확하겠다. 그러던 어머니가 딱 한 번 화를 내신 적이 있다. 그건 불과 2년 전,

이제는 나이가 들어 머리가 하얗게 세어버린 어머니 앞에서 형에게 핀잔을 주고 있을 때였다.

"형, 도대체 형이 잘할 수 있는 게 뭐야? 성실히 애들 가르치는 일이 좋다고 학교에 나갈 때 좋았잖아? 그런데 뭐 한다고 그걸 때려치우고서 사업을 해? 형이 사업이 체질에나 맞는 사람이야? 사업 아무나 하는 거 아니야. 때로는 간도 쓸개도 다 빼줘야 하는 일이야. 형이 누군가에게 아부할 수나 있어? 형은 옳은 것만 바라보지. 학교에서도 부정한 일을 시키는 교장과 대판 싸우고서 다음 날로 그만뒀잖아? 그래, 형은 잘났어. 하지만 그 잘난 게 세상에 먹힐 것 같아? 형은, 여태 살아있는지 죽었는지도 모르는 아버지와 똑같아. 하긴 큰 아들이니까 아버지를 빼닮은 거겠지. 아버지나 형이나 정말 무능해. 형 때문에 내가 얼마나 힘든 줄 알아? 형이야 어디 가도 좋은 사람이라는 말을 듣지. 그런 형 때문에 난 너무 힘들다고. 제발 정신 좀 차려."

사실 그렇게까지 말하고 싶은 마음은 없었다. 하지만 한번 터져 나오기 시작한 말은 마술사의 입에서 줄줄이 쏟아져 나오는 오색종이 테이프처럼 끝도 없이 쏟아졌다. 내가 대어준 사업자금을 1년도 채 안 돼서 다 떨어 먹은 형에게 넌더리가 나 있을 때였다. 형에게 들어간 자금은 고스란히 내가 상환해야 할 빚으로 돌아왔다. 형에게 뭐라 한다고 될 일도 아니었지만 그날은 화라도 내고 싶었다. 그리하여 어머니 앞이라는 것도 잊어버리고 막말을 했던 것이다. 아무 말 없이 앉아계시던 어머니가 떨리는 음성으로 말했다.

"둘째야, 오늘이 무슨 날이니?"

퍼뜩 정신이 돌아온 내가 황망히 대답했다.

"오늘, 어머니 생신이죠."

"그래, 잘 아는구나. 생일선물 잘 받았다. 이제 이 집에 다시 오지 않으마."

뭔가 변명이라도 늘어놓아야 했지만 아무 말도 입에서 나오지 않았다. 어머니는 조용한 목소리로 말했지만 난 대꾸조차 할 수 없을 만큼 큰 충격을 받았다. 어머니 생신이라고 혼자 사시는 어머니를 집으로 모셔오고, 형과 조카들까지 모두 찾아와 생일상을 막 차리려 할 때였다. 내 아이들은 물론 조카들까지 있는 자리에서 나는 차마 못할 말을 해버린 것이었다. 그날, 내 집은 폭탄 맞은 집이 되었다.

말리는 집사람을 뿌리치고 어머니는 집으로 돌아가셨고 남겨진 자손들도 애 어른 할 것 없이 잠시 후 뿔뿔이 흩어졌다. 벌써 6년 전에 지병으로 세상을 떠나버린 형수를 대신하여 맏며느리 노릇을 하고 있던 집사람이 조심스레 말했다.

"조금만 참지 그랬어요?"

"난 억울해. 왜 나만 죽어라 일해야 하냐고! 내가 잔소리 좀 했다고 다들 이럴 수 있는 거야? 여보! 말 좀 해봐. 내가 잘못한 거야?"

집사람이 아무 말 없이 방으로 들어가 버렸다.

그날 이후, 어머니는 우리 집에 오지 않았다. 매달 생활비는 부쳐드렸지만 아무런 소식도 전해오지 않았다. 전화를 해도 받지 않으시고, 가끔 어머니의 친구 분을 통해 잘 계시다는 소식을 전해 듣는 게 전부였다. 그런 어머니에게 나 역시 바쁜 일을 핑계로 발길을 끊었다. 형은, 어떻게든 자기 빚은 자기가 갚겠다고 여기저기 뛰어다니다 그도 마땅치 않게 되자 체질에도 맞지 않는 막일을 나간다고 했다. 어느 일요일, 형네 집으로 전화를 하니 입시를 앞두고 있는 조카가 받았다.

"여보세요?"

"그래, 삼촌이다. 아버지는?"

"일 나가셨어요."

"일요일에 일할 데라도 있다더냐?"

"네, 삼촌. 아버진 보기보다 잘 적응하시는 것 같아요."

잘 적응한다고 말하는 조카의 목소리가 왠지 서럽게 들렸다.

"네 동생은? 공부 잘하니?"

"아시잖아요? 걘 공부는 완전 꽝이에요. 그림 말고는 잘하는 게 하나도 없어요."

"그렇지! 그놈은 어릴 때부터 그림을 잘 그렸지. 그럼 그쪽으로 진학하면 되겠구나?"

"그게… 돈이 좀 많이 들어야 해요. 다른 과목도 기본 이상은 해야 하고요."

조카는 '돈'이라는 대목에서 뜸을 들였다. 자기 또래에서 해서는 안 되는 말이라고 생각했는지도 모른다.

"그래, 전화 왔다고 전해드리고… 언제 삼촌이 한번 들르마. 그때 보자."

"네, 삼촌도 건강하시고요, 아버지에겐 그렇게 전해드릴게요."

코흘리개 애들까지 휴대전화를 들고 다니는 세상에 그깟 전화비 몇 푼 아낀다고 전화를 해지해? 전화를 끊으며, 일요일조차 쉬지 못하고 일 나가는 형에게 전해질 리 없는 푸념을 했다.

이상스럽게도 내 친구들은 하는 일마다 부도가 났다. 작게는 동네 치킨

집에서 크게는 몇만 평이나 되는 공장에 이르기까지. 난 친구들을 통하여 각양각색의 부도를 겪었다. 그러면 친구들은 약속이나 한 듯이 내게 찾아와 하소연을 했다. 뼈아픈 이야기를 들어주는 몫으로 내겐 '변치 않는 우정'이라는 훈장이 주어졌지만 그건 빛 좋은 개살구였다. 결국 모든 골치 아픈 사연들은 조건 없이 자금을 내어주는 것으로 마무리되기 일쑤였다. 규모는 크지 않았지만 나름대로 탄탄한 입지를 만들어가고 있던 나는, 정작 모든 수익을 언제 돌아올지 알 수 없는 사업들에 다 투자한 꼴이 되어가고 있었다. 그러던 중 내 주위 사람들을 다 먹어치우고 난 '부도'라는 괴물이 내 주위를 어슬렁거리기 시작했다. 그때, 호랑이의 위협 앞에 놓인 남매들 앞에 내려진 동아줄처럼 기사회생의 기회로 펀드회사에서 달콤한 제의가 들어왔다. 회사 지분의 일부를 넘기는 조건으로 충분한 자금지원을 하겠다는 것이었다. 지분을 넘겨주는 일은 살을 베어주는 심정이었으나 당장의 위기를 넘기는 데는 더할 나위 없는 조건이었다. 달리 해결할 방법이 없는 것은 아니었으나 그건 너무나 멀리 힘겹게 돌아가야 하는 길이었다. 무엇보다 나는, 누군가에게 산타크로스 역할을 하는 데 질려있었다. 내가 가진 권한을 포기해서라도 해맑은 얼굴로 벽에 양말을 걸어놓는 사람들이 내게 의지할 기반을 없애고 싶었던 것이다.

항구도시인 종착역에 도착했다는 방송이 내 상념을 걷어냈다. 사람들을 따라 한 발을 땅에 내딛는 순간, 기분 탓인지 벌써 바다 냄새가 밀려오는 것 같았다. 택시에 올라타고 가장 가까운 바닷가로 가자고 말했다. 이윽고 도착한 바다. 바다가 무심을 가장하고 내게 웃고 있었다. 그리고 또 울고 있었다.

멀리 방파제 위로 낚시를 드리운 사람들이 몇몇 보였다. 목적이라도 한 듯 발걸음을 옮겼다. 낚시에는 별 취미가 없었지만 달리 할일이 있는 것도 아니어서, 빨간 조끼를 입고 먼 바다를 바라보고 있는 족히 일흔은 되어 보이는 노인 옆에 가서 조용히 앉았다. 노인은 시선조차 돌리는 법 없이 오로지 바다만 바라보고 있다. 별 소질 없는 오지랖을 떨어본다.

"많이 잡으셨어요?"

노인은 그때서야 옆에 사람이 있다는 걸 알아챈 듯 내 쪽을 한번 돌아보고 나서 입을 열었다.

"50년 전에 떠난 애인을 어찌 잡누……."

"소중한 분이 50년 전에 떠나셨어요?"

"올해로 딱 50년이야. 저 바다가 데려갔지. 내가 젊었을 때만 해도 여긴 이렇게 붐비는 곳이 아니었어. 여기 토박이들만 조가비들이 자갈처럼 밟히는 저기 해변에서 뛰어다니며 놀곤 했지. 그 해 여름, 난 그 사람과 같이 물가를 거닐고 있었어. 그러다 장난기가 동한 내가 파도가 밀려갈 때 바닷속으로 따라 들어갔다가 파도가 밀려오면 뒷걸음질을 치며 깔깔거리고 있었지. 그 사람이 바지가 물에 젖는 것도 아랑곳하지 않고 나를 따라 들어왔어. 우리는 파도가 갑자기 세게 칠 때도 있다는 걸 깜박하고 있었어. 무릎까지 겨우 오던 파도가 허리께를 넘어서는 순간, 우리는 파도에 쓸려 들어가 버렸어. 그때까지도 우리는 웃고 있었어. 정말 장난 같았지."

노인은 잠시 그때를 회상하느라 뜸을 들이고 나서 다시 말을 이었다.

"손을 꼭 잡고 있었어야 했는데……. 그 사람이 순식간에 파도에 휩쓸려 가버렸어. 소리를 지르려고 했지만 목이 잠겨 나오지 않더군. 그 길로 그 사람은 돌아오지 않았어. 바다가 자기 집이 되어버렸지. 아무리 울부

짖어도 소용없었어. 그 사람은 저기 저 바다가 나보다 좋은가 봐. 그 사람 집에서 난리가 났어. 난 소중한 딸을 떠나보내게 한 파렴치한 놈이 되어 버린 거야. 내 아픔 따위는 내놓을 형편이 못 되었어. 아파할 겨를도 없다는 건 정말 슬픈 일이라네. 자식들도 다 어른이 된 지금, 여기 나와 앉아 있는 게 내 유일한 낙이야. 가족들은 내가 그냥 낚시하러 오는 줄 알아. 그러니 낚싯대도 들고 나올밖에. 하긴 내 나이나 된 사람이 하염없이 바다만 바라보고 있으면 청승맞을 거야. 그런 내 사정을 아는지 그 사람이 내 낚시 바늘에 심심찮게 고기를 걸어주곤 해. 헤엄을 못 배운 그 사람이 이젠 물속으로도 잘 돌아다니나 봐. 여기 보게. 오늘도 몇 마리 걸어주었다네."

노인이 가리킨 망태 속에는 이름을 알 수 없는 바다고기들이 대여섯 마리 펄떡거리고 있었다.

"마음이 많이 아프셨겠어요?"

"아프다 뿐인가. 그 사람을 원망한 적도 많아. 왜 그렇게 혼자서만 가버렸는지……. 남겨진 사람의 무게는 겪어보지 않은 사람은 몰라. 남겨진 사람은 떠난 사람의 몫까지 안고 살아야 하지."

문득 형 생각이 났다. 형이 처음 교사가 되던 해, 형의 순박한 모습에 반해 기꺼이 형의 옆자리에 있기를 원했던 형수는 형만큼이나 때가 묻지 않은 사람이었다. 형도 떠나버린 형수의 몫까지 안고 살아왔을 거란 생각이 들었다. 나는 눈시울이 뜨거워지는 걸 들키지 않으려고 먼 바다 쪽으로 눈길을 돌리고 말했다.

"여기 오면 자꾸만 옛날 생각이 나실 텐데 괜찮으세요?"

"아픔이 나를 키워주었어. 난 어쩌면 그 일을 겪고서야 제대로 삶을 살기로 결심했는지도 몰라. 그 일을 겪기 전의 난, 장래에 대한 아무런 대책도 없는 한심한 청춘이었지. 오기가 생기더군. 학업을 포기하고 있었던 내가 그렇게 열심히 공부하게 될 거라고는 그 누구도 상상조차 못한 일이었어. 정신없이 보낸 몇 년 후, 난 항해사가 되어 전 세계를 다니고 있었지. 그날의 그 큰 파도가 내 삶을 바꾸어준 거야."

"파도가 원망스럽지 않으세요?"

"파도치지 않는 바다는 바다가 아니지. 그렇게 되면 바다는 다만 큰물을 가두어놓은 무덤에 지나지 않아. 파도가 있어 모든 생명들을 길러내는 거라네. 요즘엔 슬픔과 기쁨이 그리 다르지 않다는 걸 느껴. 슬픔을 이기려 기를 쓰고 강해질 거라는 말이 아닐세. 파도를 봐. 오를 때와 내릴 때가 두 몸이던가? 아니지. 그건 하나야. 생명은 그래서 영원한 거라네. 난 저 파도가 고마워. 어쩌면 그때 그 파도야말로 내 가장 아름다운 시절을 어떤 얼룩도 없이 간직하게 해준 건지도 모르지. 이제 그 사람을 만날 때가 가까워지는 것 같아. 앞으로 더 살아야 할 해를 세다보면 내 손가락이 남을지도 모를 일이거든.

애써 참았던 눈물이 소리 없이 볼을 타고 주르르 흘러내렸다. 노인이 어떻게 아는지 돌아보지도 않고 말했다.

"자네, 울고 있구먼. 무슨 사연이 있는지는 모르지만 울 수 있다는 건 행복한 거야. 지금은 많이 힘들겠지만 내 나이쯤 돼서 돌아보면 그런 세월이 가장 인생을 진하게 살고 있는 때라는 걸 알게 된다네. 자, 소주 한 잔 할 텐가?"

소주를 한입에 털어 넣고 다시 노인에게 권했다.

"안주는 바다로 함세. 크게 숨을 들이마시면서 바다냄새를 입 안으로 느껴 봐. 정말 일품 아닌가?"

눈물이 다 마를 때까지 노인과 함께 바다를 바라보다 문득 기차 안에서 읽었던 'My Way'가 떠올랐다. 형은 전구가 되었고 친구들은 선풍기가 되었다. 나만 바라보고 사는 아내는 전자레인지가 되었으며 아이들은 게임기가 되었다. 어머니는 언제나 내가 돌아오기를 기다리고 있던 그 골목이었다. 그리고 또 내 삶을 스쳐 지나는 모든 사람들이 MP3가 되어 저 프랭크 시나트라(Frank Sinatra)의 'My Way'를 합창하기 시작했다.

And now, the end is near.
And so I face the final curtain.
My friend, I'll say it clear.
I'll state my case of which I'm certain.

이제 거의 다 왔군.
그래, 마지막 순간이 내 앞에 있어.
친구여, 내 이건 분명히 말하고 싶어.
내가 확고하게 지켜왔던 내 삶의 방식을 말일세.
(중략)

To think I did all that;
And may I say, not in a shy way,
Oh no, oh no, not me,
I did it my way

내 지난날을 생각해보면
난 부끄럼 없이 이렇게 말할 수 있어.
난 두려움 없이 당당하게
내 방식대로 살았다고.

For what is a man, what has he got?
If not himself, then he has naught.
To say the things he truly feels
And not the words of one who kneels.

사람으로 태어나 무어 그리 가질 게 있던가?
자기답지 못하면 아무것도 가진 게 아니라네.
비겁한 자들의 변명은 필요 없어.
진정으로 느끼는 걸 말해보자고.

The record shows I took the blows,
And did it my way!
Yes, it was my way...

내 삶이 말해주듯, 난 어려움을 피하지 않았어.
그것이 바로 나의 길,
나의 인생이었다네.

*

전기(전류)의 입장에서 보면 모든 전기용품들은 기술용어로 '저항'이 된다. 말 그대로 가는 길을 가로막는 존재들인 것이다. 하지만 이 저항이 없다면 전기는 아무런 소용없는 것이 되고 만다.

삶을 살다보면 갖가지 저항에 부딪히게 된다. 살아가는 일이 버겁다. 왜 내가 이렇게 살아야 하는가 하며 탄식할 때도 있다. 하지만 바로 그것이 없으면 우리의 삶도 없다. 순탄하기만 한 삶이 무슨 소용이란 말인가? 저항의 한 가운데에서 삶의 이유를 찾아보면 어떨까? 번뇌가 축복이 될 수 있음을 안다면 우리 모두 고난 속에서도 즐거운 도리를 다할 수 있을 것이다.

보고 싶은 건 만들어서라도 본다

미연은 누구나 찬탄할 만큼 얼굴도 마음도 아름다운 여자였다. 하지만 어찌된 일인지 그녀는 남편인 재호가 별로 달갑지 않았다. 대학에서 만나 좋은 친구로 사귀다 재호의 적극적인 청혼으로 결혼에 이르게 되었지만, 사실 미연은 자신이 재호를 사랑하는 마음이 있는지 확인해볼 겨를조차 없이 부랴부랴 결혼하게 되었던 것이다.

미연을 좋아하는 사람은 많았고 그녀도 그런 사실을 어렴풋이 알고 있었다. 그러나 일찍이 캠퍼스 커플로 소문나버린 그녀에게 적극적으로 마음을 보이며 접근하는 남자는 없었다. 미연은 성가시지 않아서 좋다고 생각했다. 하지만 가끔씩, 자신이 너무 일찍 누군가의 소유가 되어버렸다는 생각에 울컥하기도 했다. 딱히 재호가 싫은 건 아니었다. 그는 적극적인 성품이어서 모든 활동에서 두드러지는 사람이었다. 장래에 대한 진지한 계획도 가지고 있었고 누구를 만나든 넉넉한 인품을 보여주는, 그야말로 괜찮은 남자였다. 그런 그에게 그녀도 호감을 가지고 있었기에 몇 년간이나 사귈 수 있었던 것이다.

하지만 남녀의 만남이란 건 미묘한 데가 있는 법이다. 싫지 않은 것과 좋은 것은 그 경계가 모호함에도 엄연히 다른 것이다. 더구나 사랑이라는 감정은 좋은 것과는 또 다른 것이지만 그녀는 그런 자신의 감정을 잘 모른 채 그를 만나고 있었던 것이다.

어느 날 재호가 미연에게 자연스럽게 청혼했다.

"미연아, 우리 결혼하자. 석 달 후쯤이 어떨까?"

"응? 뭐, 그럴까?"

그녀는 좀 더 그럴듯한 청혼을 원했는지도 모른다. 좀 더 진지하게 청혼을 했더라면, 어쩌면 그녀는 거절할 수도 있었을 것이다. 하지만 지난 세월의 관성으로 내밀어진 그의 손은 그녀가 뿌리치기에는 너무나 자연스러운 것이었다. 그녀는 그의 손을 뿌리칠 아무런 명분도 찾을 수가 없었다.

그녀의 친구들은 그녀의 결혼 소식에 그다지 놀라워하지 않았다.

"응, 그래. 이제 하기로 한 거니?"

그런 친구들의 반응은 그냥 치러야 할 의식을 때가 되어서 치른다는 생각이 들게 했다. 그녀는 서글픈 마음마저 들었다. 요란스러운 축하를 받고 싶었던 것은 아니지만 마치 '오늘 저녁은 뭐 먹을까?' 정도로 자신의 결혼 소식이 받아들여지는 것에는 낙담할 수밖에 없었다.

하지만 딱 한 친구만은 다른 반응을 보였다.

"너, 정말 그 사람 사랑하니?"

"그럼, 그러니까 결혼하는 거지."

"그럴까? 네가 정말 그렇다면 네 대답은 그래선 안 돼."

"그게 무슨 말이니?"

"그러니까 결혼한다는 말은 어울리지 않아. 사랑에는 수식어나 조건이 붙으면 안 돼. 그럼 사랑은 그 빛을 잃어버려."

미연은 친구의 말을 이해할 수 없었다. 누구보다 미연의 앞날을 축복해 줄 거라고 믿었던 친구가 하는 말은 미연을 당혹스럽게 했다.

"너, 그 사람이 마음에 들지 않는 거구나? 하지만 5년 동안이나 별말 없지 않았니?"

"그런 뜻이 아니야. 나도 재호 씨 좋은 사람이라고 생각해. 남자로서도 넘칠 만큼 매력이 많지. 어쩌면 네게 과분할지도 몰라. 하지만 내가 마음에 들고 안 들고는 중요하지 않아. 난, 네 마음을 묻는 거야. 그 사람과 결혼하는 건 내가 아니라 너니까."

미연은 끝내 별다른 대답을 하지 못했다. 누구나 당연히 받아들이는 것이 속상했지만 막상 그런 식으로 물어오는 친구에겐 어떤 말을 해야 할지 혼란스럽기만 했다.

그날 미연은 집에 돌아오고 나서도 계속 친구가 했던 말이 머릿속에 맴돌았다. 하지만 다음 날부터 이미 혼사는 일사천리로 진행되고 있었다. 양가에 결혼 승낙을 받는 일은 이미 말이 있었던 터라 승낙이랄 것도 없었고 따로 날을 잡아 양가의 가족들이 상견례를 하기로 했다. 전세로 얻을 신혼집을 구하러 다니면서 이제는 예비남편이 되어버린 재호는 미연을 옆에 끼고 다니며 연신 입가에 미소를 머금고 있었다. 미연은 그런 재호에게 차마 한번 더 생각해보자는 말을 할 수가 없었다. 처음 결혼 이야기가 나왔을 때 말을 꺼냈어야 했는데, 하고 후회해 보았으나 이미 어찌할 수 없는 일이었다.

재호의 친구들이 오징어 탈을 쓰고 함을 팔러 왔을 때만 해도 그저 장난같이 느껴지는 미연이었다. 그러다 결혼식 초대장을 인쇄소에서 받아들고 일일이 전하러 다닐 때에야 비로소 현실감이 들었다.

드디어 결혼식 날, 사람들의 축하 속에서 둘은 부부가 되었다. 부케를 던지며 미연은 생각했다. 뭐, 별난 것 있으려고. 재호는 내 짝이야. 이만큼 기분이 잘 통하는 사람도 없을 거야. 이제부터 난 좋은 아내가 되는 거야. 그럼, 이렇게 축하해주는 친구들의 마음을 외면하면 안 되지.

교통 경찰관이 뭐라 하건 말건 요란한 소리를 내는 깡통을 차 뒤에 매달고 신혼여행지로 가면서 미연은 행복하다고 생각했다. 이런저런 미연의 상념들은 모두 새로운 날들에 대한 기대에 묻혀버렸다.

신혼여행을 다녀와서 제법 사위 노릇을 잘하는 재호를 보고 미연은 한번 더 자신의 알 수 없는 감정을 지워버렸다. 동갑내기라 늘 친구로만 생각했던 재호는, 결혼이라는 중대사를 겪으며 눈에 띄게 어른이 되어있었다.

신혼집은 시댁이 있는 아파트 바로 옆 동으로 구했다. 한 집에서 살아도 될 일이었으나 오히려 시어머니가 '난 아직 젊은 걸, 니들 눈치 보며 살고 싶지 않아.' 하며 따로 살 것을 주장했던 것이다. 하지만 너무 멀리 두는 건 미덥지가 않았던지 바로 옆 동의 아파트를 전세로 얻어주었다.

처음 몇 달은 거의 매일 시댁에 가서 살림 배우랴 이제는 남편이 되어버린 재호와 밤마다 열정을 불태우랴 정신없이 지나갔다. 그러다 거의 1년이 지날 즈음에서야 미연은 자신이 그다지 재호를 사랑하지 않고 있다는 걸 깨닫게 되었다. 아무리 생각해도 뚜렷한 이유는 없었다. 재호는 누구나 고개를 끄덕일만한 모범신랑이었다.

재호는 졸업하자 바로 취직한 직장에서는 인정받는 대리로, 집에서는 모든 일에 믿음직한 아들로, 그리고 미연에게는 각종의 기념일마다 언제나 깜짝 이벤트를 열어주는 자상한 남편이었다. 담배는 결혼과 더불어 아내와 장래 자식들의 건강을 위하여 아예 끊어버렸다. 늦은 귀가는 가끔 있는 회사의 회식일로 한정되어 있었다. 그런 날조차도 꼭 있어야 할 시간 동안만 자리를 지키고 술은 입에도 대지 않은 채 바로 집으로 돌아왔다. 모든 경제권은 두말 하지 않고 아내인 미연에게 주었고 자기는 최소한의 용돈만 타서 쓰고 그것마저 아껴서 미연에게 소소한 선물을 사들고 오곤 했다.

간혹 친구들을 만나보면 남편들 흉을 보느라 정신없었고 미연은 그런 친구들의 이야기를 들으며 자신이 무척 행복한 아내라고 생각했다. 그럼에도 마음 한구석에 남아있던 알 수 없는 감정은 여전히 미연에게 손짓하고 있었다. 하지만 너무나 성실한 남편에다가 시집살이는커녕 오히려 이것저것 챙겨주시는 시어머니와 몰래 맛있는 것 사먹으라며 용돈을 챙겨주는 시아버지까지, 미연은 자신이 호강에 받쳐 그런 거라고 생각했다. 무엇이든 배우려 하는 미연을 보고 시어머니는 언제나 어깨를 토닥이며 '예쁜 며느리'를 연발하곤 했다. 미연 역시 어느덧 모범적인 주부가 되어가고 있었다. 재호의 건강을 위해서 아침마다 녹즙을 가는 것은 물론 퇴근한 재호가 피곤한 기색을 보이면 전문가 못지않은 솜씨로 재호의 몸을 주물러주었다. 미연은 천성이 착한 여자였다. 시부모는 말할 것도 없었고 시가의 친척들이며 시부모의 지인들에게도 미연은 '참한새댁'으로 통했다.

결혼 1주년이 지난 며칠 후 미연은 첫 아이로 재호를 꼭 빼닮은 아들을 낳았다. 시댁과 친정 식구들의 축하를 받으며 행복감에 젖어있어야 할 미연이었지만 마음 깊은 곳에서 알 수 없는 슬픔이 밀려왔다. 누구보다 행복해야 할 시간에 느껴지는 슬픔은, 자신에게도 그 누구에게도 드러낼 수 있는 것이 아니었기에 미연은 아무도 모르게 조용히 묻어버리고 말았다.

아이가 커나가면서 재호와의 대화는 거의 아이에 대한 것으로 이어졌다. 여느 아이처럼 한 번씩 열이라도 오를라치면 재호는 하루에도 몇 통씩 아이의 안부를 묻는 전화를 걸어왔고 좀 증상이 심해진다 싶으면 둘다 잠을 설치며 아이를 바라보곤 했다. 누구나 처음은 있다. 모든 사람들이 다 겪는 일이라고 해서 그것이 대수롭지 않은 일이 될 수는 없는 것이다. 어느덧 아이가 돌을 지나 미연을 엄마라고 또렷이 부르게 되었을 때였다. 미연은 변함없는 일상 속에서 또다시 알 수 없는 위화감을 느끼고 있었다. 처음에는 그저 며칠 지나면 괜찮겠거니 생각했지만 정체모를 느낌은 날이 갈수록 조금씩 심해졌다. 미연은 어느 날 청소기를 돌리다 말고 주저앉아 생각했다. 도대체 뭐가 문제지? 알 수가 없다. 모든 것이 제자리에서 할일을 다하고 있다. 아이는 아무 문제없이 잘 크고 있다. 간혹 하는 잔병치레쯤이야 문제될 것이 없다. 시댁의 어른들도 여전히 잘 해주신다. 그런 만큼 나도 내 할 몫은 빈틈없이 하고 있다. 그런데 우울하다. 뭔가가 내 삶 속으로 벌레처럼 스멀스멀 기어들어온다.

하지만 아무리 생각해보아도 미연은 원인을 알 수 없었다. 그러던 어느 날 미연은 알고 싶지 않았던 진실을 알게 되었다. 재호의 눈 속에 미연이 없었다. 함께 있을 때는 언제나 미연을 따라다니던 재호의 눈이 어느 순간부터 다른 곳을 바라보기 시작했던 것이다. 그렇다고 해서 그리 특별한 곳으로 눈이 가는 것도 아니었다.

재호는 아이와 놀아주는 시간 외에는 TV나 책 아니면 컴퓨터를 보고 있었다. 어찌 보면 트집을 잡는 것이 이상할 정도로 평범한 일상이었지만 미연은 재호가 더 이상 자신을 찬양하는 눈빛으로 바라보지 않는다는 것을 알게 되었다.

미연은 좀 더 노력이 필요하다고 생각했다. 재호의 관심사가 무엇이든 간에 미연도 관심을 가지려고 했다. 하다못해 컴퓨터 게임을 할 때조차도 미연은 손뼉을 치며 재호의 편을 들었다. 하지만 그야말로 한 손으로 손뼉을 칠 수는 없는 노릇이었다. 재호는 그런 미연에게 별다른 관심을 두지 않았다. 싫어하는 것은 아니었지만 그렇다고 해서 기뻐하는 것 같지도 않았다. 그때서야 미연은 자신의 노력과 재호의 행동은 무관하다는 것을 알게 되었다. 하지만 딱히 잘못을 저지르는 것도 아니고 여전히 가정에 충실한 모습을 보이는 재호에게 뭐라고 말을 할 수도 없었다. 미연이 "당신, 나 얼마나 사랑해?" 하고 물으면 재호는 늘 많이 사랑한다고 대답했다. 답답한 노릇이었지만 더 이상 미연이 할 수 있는 것은 없어보였다.

시간이 지나면서 재호의 무관심한 태도는 다른 식구들의 눈에도 띄게 되었다. 처음에는 미연만이 알 수 있는 것이었으나 차츰 주위 사람들도 눈치 채기 시작했다. 사람들은 언제나 좋은 일보다는 나쁜 일을 말하기 좋아한다. 부지런한 사람을 칭찬하기보다는 게으른 사람을 질타하기 좋아하고 가정적인 가장을 칭찬하기보다는 밖으로 방탕하며 다니는 가장을 욕하기를 좋아하는 법이다.

재호의 알 수 없는 태도에 드디어 가족들까지 입을 대기 시작했다. 하지만 미연은 언제나 재호를 감쌌다. 일이 많아져 피곤해서 그런 거라고, 늘 반복되는 일에 좀 지쳐있는 거라고 대신 변명을 했다. 그런 미연의 노력을 알 법도 한 재호였지만 미연을 바라보는 눈빛은 다시 예전의 열정으로 돌아가지 않았다.

게다가 그즈음부터 재호는 입에 잘 대지도 않던 술을 마시기 시작했다. 늦게 배운 도둑질에 밤새는 줄 모른다고, 재호가 꼭 그 짝이었다. 회사 사람들이며 친구들이며 인터넷의 무슨 동호회에서 만난 사람이며, 재호의 술친구는 줄어드는 법이 없었다.

재호의 귀가는 언젠가부터 자정을 넘기기 시작하더니 어느 날엔가는 급기야 새벽녘이 되어서야 들어왔다. 그런 날이면 미연은 몸을 가누지 못하는 재호를 깨끗이 씻겨 재워주었다. 미연은 다그치며 묻지 않았다. 그런 것이 알 수 없는 재호의 방황을 더 가속시킬 거라고 생각했는지도 모른다. 미연은 그저 그럴 때가 있겠거니 하고 기다리면 언제 그랬냐는 듯이 돌아올 줄로 믿었다. 하지만 재호의 알 수 없는 방황은 점점 도를 넘어서고 있었다.

사람은 상대가 자신을 어떻게 보는가에 민감하다. 더구나 부부끼리라면 더 말할 것도 없는 것이다. 미연은 재호가 자신을 왜 무표정하게 바라보는지 아무리 생각해도 알 수가 없었다. 재호는 점점 미연뿐 아니라 한참 재롱을 부리는 아이에게까지도 별 관심을 보이지 않았다. 집에만 들어오면 늘 피곤하다는 말을 입에 달고 살았다. 게다가 재호는 뭔가 미연에게 감추고 있었다. 컴퓨터를 켜놓고 뭔가 쓰다가 미연이 들어가면 후다닥 화면을 바꾸는 일이며 정체불명의 향수 냄새를 묻히고 들어오거나 아무리 변명해도 있을 수 없는 곳에 화장품 자국 따위를 묻혀 들어오는 일은, 미연으로서는 화가 난다기보다 슬픈 일이었다.

세상 사람들이 모두 재호를 욕하기 시작했다. 급기야 사람들은 참고만 있는 미연을 질타하기 시작했다. '그런 남편도 남편이라고 떠받들고 사는 거니? 참, 못났구나.' '정말 안됐다. 너 같은 애가 어쩌다 그런 남자를 만났니? 다 네가 너무 무른 탓이야.' 사람들은 미연에게 남편을 미워하라고 말했다. 사람들은 미연에게 재호를 밀어내라고 말했다. 처음에는 그나마 재호를 이해하라고, 잘 이야기해보라고 말하던 시어머니며 시누이조차도 결국 그런 아들을, 오빠를 외면하기 시작했다. 끝끝내 버티던 미연이 드디어 남편을 미워하기 시작했다. 하지만 그녀의 의도는 아니었다. 어디까지나 세상 사람들의 바람이었고 요구였다.

미연 씨가 아는 언니의 소개로 상담실로 찾아왔을 때는 추위가 한창 기승을 부리는 한겨울이었다. 장갑을 끼고도 손이 시린 듯 손을 호호 불며 들어오는 미연 씨는 얼굴 가득 근심을 드리우고 있었다.

"날씨가 많이 쌀쌀하죠?"

"네, 바람까지 불어서 더한 것 같아요."

"따뜻한 차 한잔 하시면 몸이 좀 녹을 겁니다. 몸이 얼면 마음도 얼거든요."

그녀는 자기가 내어오겠다며 몸을 일으켰다. 현모양처의 기질이 드러난다. 어디서든 남을 배려하는 습성이 몸에 배인 것이다.

김이 모락모락 나는 찻잔을 사이에 두고 앉았다. 그저 바라보는 것이다. 슬픈 눈 속에 감추고 있는 사연이 쏟아져 나올 때까지.

"언니 소개로 왔어요. 혹시 전화받으셨나요?"

"네, 아침 일찍 전화받았습니다. 언니가 뭐라고 소개해주던가요?"

"언니가 힘들 때 많은 도움을 받았다고요. 형부가 바람을 피워서 많이 힘들어했거든요."

"네, 그랬을 거예요. 요즘은 좀 어때 보여요?"

"언니는 이제 아파하지 않는 것 같아요. 그것만이 아니에요. 언니는 뭔가 더 성숙해버렸어요. 원래도 늘 어른스러운 언니였지만 요즘은 좀 더해졌다고 할까. 아무튼 뭐라고 꼭 집어서 말하기는 어렵지만 언니는 많이 변했어요. 한층 편안해진 것 같다고 할까요. 맞아요. 사람을 바라보는 눈이 더 깊어진 것으로 보여요."

"그렇군요. 언니의 변화를 알아보았다는 건 미연 씨의 안목도 보통이 아니라는 거죠."

"그럴지도 모르지만… 전 지금 너무 힘들어요. 어느 순간부터 사는 게 사는 것 같지가 않아요."

"이유를 물어봐도 될까요?"

"도움을 받으려면 다 털어놓아야 하겠죠?

"언제나 답은 자신 안에 있습니다. 전 그런 사실을 일러주는 것에 불과해요. 하나의 질문이 태어났다는 건 곧 하나의 답도 태어났다는 겁니다. 질문과 답은 쌍둥이니까요. 미연 씨에게 하나의 질문이 생겨났다면 이미 그 답은 미연 씨의 안에 당연히 있는 거죠. 다만 어디에 있는지를 몰라 찾지 못하고 있는 것일 뿐이에요."

"솔직히 무슨 말씀인지 잘 모르겠어요. 하지만 답이 어딘가 있다는 것으로도 조금은 마음이 가벼워질 것 같아요."

"그럼 이제 말씀해 보세요."

"저는 남편을 이해할 수가 없어요. 왜 그런 방황을 하는 건지……."

흐린 그녀의 말끝으로 원망과 안타까움이 함께 묻어났다.

"어떤 방황을 한다는 거죠?"

"사람이 변했어요. 저를 어느 순간부터 '소 닭 보듯'해요."

"결혼하신 지는 얼마나 됐죠?"

"꼭 2년 됐네요. 오늘이 결혼기념일이니까요. 하지만 남편은 기억 못할 거예요. 연애할 때는 누구보다 기념일이며 생일이며 잘 챙겨주던 남편이었는데 이젠 그저 제 시간에 집에 들어오기만 하면 좋겠다는 생각이 들어요."

그녀의 눈에서 체념이 묻어났다. 체념은 위험한 미덕이다. 평화를 가져다주는 대신 열정을 앗아가 버리는 위험한 안녕이다.

"어떻게 하고 싶은가요?"

그녀는 내 말의 의도를 몰라 고개를 갸우뚱하더니 말없이 차만 홀짝였다. 침묵을 마다할 내가 아니다.

침묵(沈默)

침묵은 가장 아름다운 음악이다.
침묵은 가장 뛰어난 웅변이다.
침묵은 그대가 그대의 내면에 가장 가까이 머무는 순간이다.
침묵은 그대가 가장 정확히 우주를 표현하는 순간이다.

감정을 숨긴 채 침묵해선 안 된다.
가슴을 닫은 채 침묵해선 안 된다.
그것은 올바른 침묵이 아니다.

그것은 단지 도피에 불과한 것이다.
진정한 침묵은 그런 것이 아니다.
생명을 담고 침묵하라.
사랑이 되어 침묵하라.

그대의 침묵은 더 이상 무지가 아니다.
그대의 침묵은 더 이상 방어가 아니다.
이제 그대의 침묵은 향기를 가진다.
사랑이 되어 침묵하는 그대여…
참으로 아름답다.

-『꽃은 누구에게 허락받고 피는 것이 아니다』 중에서

침묵의 승부에선 먼저 깨트리는 사람이 지는 것이다. 침묵을 깨트린 대가로 진실을 털어놓아야만 한다. 그녀가 먼저 입을 떼었다.

"남편의 속을 알 수가 없어요. 도대체 왜 그러는 건지 모르겠어요. 연애할 때부터 신혼 초까지 5년 동안을 한결같이 나만 바라보던 사람이에요. 그러던 남편이 왜 변한 건지 알고 싶어요."

"그건 어려울 것 같은데요?"

"왜요?"

"사람의 마음이란 건 자신도 잘 알 수 없는 것인데 어떻게 제가 남의 마음을 알 수 있겠어요?"

"그렇지만 언니는, 선생님이 특별한 분이라고 했거든요."

"허헛 참, 그 '특별한 능력'이란 것 나도 한번 가져보고 싶네요. 전 다만 사람들이 스스로 가진 가치를 잘 알아볼 수 있게 도와주는 역할만 할 뿐입니다."

"그럼 알 수 없다는 말씀인가요?"

"남편 분의 마음은 알 수도 없고 알고 싶지도 않아요. 전 미연 씨의 마음을 알려주고 싶어요."

"제 마음은 제가 잘 알고 있는데 뭘 또 알려줄 게 있을까요?"

"지금 미연 씨는 소크라테스에게 한 방 먹인 건데요?"

"무슨 말씀이세요. 소크라테스가 '너 자신을 알라.'라고 한 건 궤변을 늘어놓는 소피스트들을 꾸짖으려고 한 말이잖아요?"

"그건 꾸짖은 말이 아니에요. 답을 일러준 거죠. 어떤 복잡한 문제라도 그 모든 답은 자신을 아는 것에서 찾아야 하는 거라고 말이죠. 미연 씨는 자신의 마음이니 당연히 안다고 생각하고 있겠지만 과연 그럴까요? 사람의 마음은 층층이 달라요."

"몇 층이나 되게요?"

"하루에 열두 번도 더 변하는 게 사람 마음 이랬으니 최소한 12층은 넘는다고 봐야겠죠?"

"그럼 도대체 진짜 마음은 몇 층에 있는 건데요?"

"모든 층에 다 있기도 하고 아무 층에도 없기도 하지요."

"정말 알쏭달쏭한 말씀만 하시네요. 그러지 마시고 쉽게 말씀해주세요."

"정말 쉽게 말씀드리고 싶긴 한데 그게 그렇게 단순하지가 않아요. 한 사람의 진심만으로 세상이 굴러가는 건 아니거든요. 사람과 사람의 진심이 만나 어떤 작용을 일으킵니다. 그러고 나서야 어떤 일이 생기죠. 상대팀 없이 하는 축구 보셨나요?"

"그거야 한 팀이 편을 갈라서 하면 되는 거 아니에요?"

"물론 그러면 되죠. 제 말은, 어떤 식으로든 상대를 나누지 않고 한 팀만 축구를 하는 경우 말이에요. 물론 한쪽 골대엔 골키퍼도 없을 거구요."

"그건 말도 안 되죠. 만약 그런 경기가 있다면 재미없어서 어떻게 보겠어요?"

"그렇죠. 바로 그거예요. 미연 씨가 일으키는 마음만으로 미연 씨의 남편… 참, 남편 분의 이름이 뭐죠?"

"재호, 정재호요."

"아, 그래요. 미연 씨가 일으키는 마음만으로 재호 씨의 행동이 결정되는 건 아니라는 말입니다."

"그렇다면 굳이 제 마음을 들여다보아야 하는 까닭이 뭔데요?"

"그럼에도 불구하고 '나'로부터 시작하지 않으면 우린 아무것도 못하게 돼요. 자신을 들여다보아 세상을 바로잡는 거랍니다. 흔히들 '수신제가치국평천하(修身齊家治國平天下)'라고 하면 행위의 자격이나 순서로 인식하지만 저는 다른 해석을 합니다. 수신이 곧 제가가 되게 하며 또 치국이 되게 하며 결국 평천하를 이룬다고 말이죠. 한 개인이 어떠한 절차를 거쳐 궁극에는 천하를 평안케 한다는 해석도 가능하지만 그것보다는 모든 개인이 수신을 하게 되면 천하는 절로 평안케 되리라고 해석하는 겁니다. 곧 미연 씨의 성찰이 우선이라는 겁니다. 남편인 재호 씨의 성찰은 그분의 몫이겠지요."

"너무 야박한 말씀 아닌가요? 게다가 수신이니 어쩌니 하는 이야기들은 별로 와 닿지 않는걸요?"

"좋아요. 그럼 다른 이야기 하나 해드리죠. 석가부처님이 태어나자마자 바로 말했다고 전해지는 '천상천하유아독존(天上天下唯我獨尊)'은 들어보셨나요?"

"천상천하는 모르겠지만 유아독존은 들어봤어요. 독선적인 사람을 일컫는 말 아닌가요?"

"그렇게들 알고 있고 실제로 그렇게 쓰입니다. 하지만 원래의 뜻은 그런 게 아닙니다. 갓 태어난 아기가 사방으로 일곱 걸음을 걸었다느니 말을 했다느니 하는 건 분명 전설에서만 가능한 과장된 이야기일 겁니다. 그렇지만 왜 하고많은 석가모니의 말씀 중에서 유독 이 말을 처음에 두고 싶어하는 걸까요? 그건 이 말 한 마디에 석가모니가 전하고자 했던 모든 진리가 함축되어 있기 때문입니다."

"공자님 말씀에서 이제는 부처님 말씀까지 가는 건가요?"

미연 씨가 짐짓 얼굴을 찌푸리며 엄살을 떨었다.

"하하, 제 말이 좀 딱딱하죠? 그래도 끝까지 들어야 해요. 미연 씨에게 나쁜 말은 아닐 테니까요."

"알았어요. 들으라면 들어야죠. 제가 가질 수 있는 미덕은 수용하는 것뿐이었으니까요. 그래서 그게 뭐 어쨌다는 건데요?"

"이 우주엔 오직 하나만 존재하며 그것은 절대적 가치를 가진다고 말하는 겁니다. 너와 나로 나누어진 세상에 던져진 너무나 아름다운 말씀이죠. 퍼즐 같은 이야기지만 '외롭다' 또는 '혼자'라는 뜻을 가진 영어인 'alone'에다가 'l'하나만 더 붙이면 'all one', 즉 모두 하나라는 뜻이 되죠? 모든 것이 하나이니 그 하나는 외롭지 않겠어요? 그건 바로 절대 고독을 뜻합니다. 우리가 흔히 느끼는 감정과는 다른 거죠. 사실 '천상천하유아독존' 뒤에는 하나의 문장이 더 있습니다. '삼계개고아당안지(三界皆苦我當安

之)'라는 건데요, 모든 세상이 고통으로 보이지만 너와 내가 하나인 '나'임을 깨달을 때 모든 것은 당연히 편안해진다는 뜻입니다. 사람들은 흔히 이 말에서 '我'를 석가모니라고 해석합니다. 하지만 그렇게 되면 불교의 정체성은 오히려 흔들리게 됩니다. 석가모니가 모두들 편안하게 만들어버리고 중생은 중생으로만 남을 수밖에 없다면 성불하기 위한 과정을 사람들에게 가르칠 이유가 없는 것이죠.

말이 좀 어려웠나요? 아무튼 진정 너와 내가 하나가 아니라면 우린 상대에 대해서 그 어떤 것도 궁금해할 필요가 없습니다. 결코 소통할 수 없는 것을 붙들고 씨름할 필요는 없는 것이죠. 그러니 이제부터 미연 씨의 마음속에 오랫동안 묶여있었던 것들을 꺼내보기로 합시다. 어때요, 준비됐나요?"

"그렇게 말씀하시니 왠지 좀 무서운데요?"

"무서울만한 게 있기나 할까요?"

"갑자기 여기 괜히 왔다 싶은 생각이 들어요."

괜한 농담만은 아닌 것 같다. 하지만 진실은 용기 있는 자에게만 그 신비한 자태를 드러내는 법이다.

"겁내지 말고요. 그냥 그간 있었던 일들을 말해봐요. 언니가 설마 무서운 사람을 소개해주기야 했겠어요?"

미소를 보낸다. 그저 그런 것만으로도 사람을 편하게 해줄 수 있는 것이다.

잠시 망설이던 미연 씨가 남편인 재호 씨를 처음 만난 일부터 결혼을 하게 된 일, 아이를 낳고 즐거웠던 일, 이유 없이 재호 씨가 변해버린 일까지 상세하게 털어놓기 시작했다. 이야기를 듣다가 갑작스럽게 브레이크를 걸었다. 미연 씨의 이야기가 '끼이이익' 소리를 내며 멈췄다.

"잠깐, 미연 씨에게 확인하고 싶은 게 있어요. 미연 씨는 남편을 정말 사랑했나요? 싫지 않은 것과 사랑하는 것은 분명히 다른 것인데요?"

"아! 그 말… 벌써 오래 전에 제 자신에게 물어보았어야 할 질문이에요. 너무 늦게 물어보게 된 것 같아요. 예전에 물어보았어야 했어요. 남편이 제게 청혼하기 전에……."

미연 씨의 얼굴에 안타까운 빛이 떠오른다. 진실로 가는 징검다리가 놓이고 있다.

"늦게라도 물어봐야 할 것 같군요. 대답해 주세요."

"사랑하지 않았어요. 하지만 그 사람을 실망시키고 싶지 않았어요. 전 그 사람의 청혼을 거절할만한 이유를 가지고 있지 않다고 생각했어요."

"그래요. 미연 씨가 잘못한 것은 없어요. 그것 역시 하나의 선택이니까요. 계속 이야기해보세요."

"전 최선을 다했다고 생각해요. 사람에게 최선이라는 게 가능할지는 모르지만 나름대로 할 만큼 했다고 생각하는 게 제 오만인가요?"

"아뇨, 그렇지 않아요. 훌륭히 잘하셨어요. 그렇지만 결과는 어떤가요? 제 말이 이상하게 들릴지 모르지만, 전 지금 재호 씨의 이상한 행동이 참 다행스럽다는 생각이 들어요. 그냥 모든 것이 좋게만 흘러갔다면 미연 씨는 아마도 자신의 진실을 알 기회를 가지지 못했을 겁니다.

"잘된 일이라고 말씀하시는 거예요? 전 괴롭기만 한데요?"

"물론 괴로운 일이죠. 하지만 '성장통'이라고 생각하세요."

"남의 일이라고 쉽게 말씀하시는 건 아니죠?"

"그럴 리가 있나요. 그것보다 미연 씨는 누구나 창조력을 가지고 있다는 걸 어떻게 생각하세요?"

"창조력? 무얼 창조한다는 건데요?"

"누구나 자신이 바라는 현실을 스스로 창조한다는 거죠."

"그렇지만 오히려 현실에선 그렇지 않은 경우가 더 많지 않나요? 스스로 창조할 수 있다면 뭣 하러 절이나 성당에 가서 기도하겠어요?"

"그건 결국 자신의 힘이죠. 이 우주는 거울과 같아서 그대로 비추어줄 뿐이거든요. 게다가 창조력을 쓴 결과가 당장 눈에 보이지 않는다고 해서 그 힘이 사라지는 건 아니랍니다. 그리고 사람들은 자신이 무얼 원하고 있는지를 모르고 있는 경우가 많아요. 겉으로 원하는 것과 속으로 원하는 것이 다를 수 있다는 것도요."

"왜 겉과 속이 달라야만 하죠? 선생님 말씀은 모순 아닌가요?"

"사람들은 자기가 원하는 것이 자신이 옳다고 믿는 가치관에 위배될 때 자신을 속이게 됩니다. 단순히 속이는 거라면 '위선자'라는 말을 듣는 것으로 그치겠지만 실제론 그리 단순하지 않아요. 자신이 옳다고 믿는 것을 자신이 원하는 거라고 믿어버리고서 그 안에 숨겨진 자신의 진짜 의도는 외면하는 거죠."

"지금 이 말씀을 하시는 이유가 뭔지 궁금해지는데요?"

"그래요. 미연 씨는 자신이 비난받지 않을 방법으로 내심 원하는 것이 드러나게 하기 위하여 창조력을 쓴 거랍니다. 보고 싶은 건 만들어서라도 보는 거죠."

"아! 갑자기 혼란스러워져요. 그렇다면 제가 재호 씨를 그렇게 만들었다는 거잖아요?"

"못 박고 싶지는 않지만… 그렇습니다. 옳은 것과 원하는 것은 이토록 달라질 수 있는 겁니다."

"그럼, 재호 씨는 나의 그런 생각들을 다 알고 있다는 건가요?"

"그럴 수도 있고 그렇지 않을 수도 있어요. 하지만 재호 씨의 영혼은 분명히 알고 있다고 생각해요."

"재호 씨의 영혼이라고요?"

"영혼이라고 하니 좀 이상하죠? 재호 씨의 잠재의식이라고 말하면 될까요?"

"그렇다면, 사람들은 누구나 잠재의식에선 다른 사람들의 마음을 알고 있다는 말씀이세요?"

"그렇습니다."

"그건 말이 안 돼요. 정말 그렇다면 서로를 오해할 필요가 없잖아요? 그런데 사람들은 서로에 대한 오해 때문에 깊은 상처를 받는걸요."

"사람들은 자신의 잠재의식을 믿지 않아요. 누구나 자신의 내면에 위대하고도 순수한 힘을 가지고 있지만 인지하지 못하는 거죠. 그러면서 그것보다 표면에서 일어나는 생각만이 자신의 것인 줄 알아요."

"그럼 재호 씨는 내가 자신을 진심으로 사랑하지 않는다는 걸 알고서 그렇게 행동하는 거란 말이죠?"

미연 씨의 얼굴이 어느새 벌겋게 달아오르고 있었다. 받아들이기 어려운 말인지도 모른다. 곧 눈물이 쏟아질 것 같은 눈은 진실이 멀지 않았음을 말해주는 것이다.

"아뇨, 그렇지 않아요. 재호 씨는 미연 씨를 많이 사랑해요. 그렇기에 미연 씨의 바람이 이루어지도록 행동하는 거랍니다. 미연 씨의 속내를 그의 영혼이 알고서 복수하는 게 아니에요."

"그럼 난 뭐가 돼요? 그런 재호 씨를 사랑하지 못한 나는 뭐가 되냐고요. 나만 나쁜 사람이 되는 거 싫어요. 그 사람이 나쁜 거잖아요? 왜 저를 이렇게 몰아붙이세요?"

"사랑하지 않는다고 해서 죄가 될까요? 그렇다면 그 사랑은 완전한 것이 아니죠. 진실한 사랑에는 조건도 반대급부도 없어요. 사랑하던 부부나 연인이 헤어졌다고 해서 나쁜 걸까요? 그렇게 못 박을 수는 없어요. 그건 다만 역할이 달라질 뿐인 겁니다. 사랑은 좋거나 나쁘거나의 상대적 개념으로 나뉘는 게 아닙니다. 선호와 사랑은 엄연히 다른 건데 사람들은 혼동하죠."

하지만 이미 내 말은 미연 씨에게는 들리지 않는 것 같았다. 미연 씨는 두 손으로 얼굴을 감싸고 염치도 체면도 필요 없이 소리 내어 흐느끼기 시작했다. 이럴 땐 그냥 두는 게 좋다. 브레이크는 함부로 쓰면 추돌을 당하는 것이다. 울고 있는 미연 씨를 뒤로 하고 조용히 담배를 꺼내 물고서 상담실 한쪽의 창문을 열고 그 앞에 섰다. 담배 연기가 차가운 대기 속으로 빨려 들어가는 걸 보며 생각했다. 수많은 사실들이 있다. 하지만 진실은 그 모든 사실들을 받아들이고도 의연하다. 내가 뿜는 담배 연기를 모조리 받아들이고도 눈 하나 깜짝 않는 저 허공처럼.

미연 씨의 어깨가 더 이상 흔들리지 않는 것을 보고 다시 그 앞에 앉아서 말을 이었다.

"어때요?"

"난 내가 원하는 것을 이루기 위해 너무나 오랜 세월을 돌아온 것 같아요. 진즉에 거절했으면 좋았을 테지만, 이젠 그 사람에게도 내게도 상처만 남은 것 같아요. 난 원하지도 않는 사랑이 떠나가는 걸 못 견뎌한 욕심쟁이랍니다. 좀 더 가치 있는 것으로 사람들에게서 정당성을 인정받으려 했다면 얼마나 좋았을까요. 내가 그 사람을 미워할 수밖에 없는 이유를 남들의 시선에서 찾았던 거예요. 그리고 난 이렇게 말했겠죠. '난 최선을 다했어요. 내가 이 사람을 사랑하지 않은 게 아니에요. 이 사람이 사랑받지 못할 행동을 하고 있으니 어쩔 수 없지 않겠어요?'라고 말이죠. 이제 어떡해요? 재호 씨를 어떻게 봐요? 그의 상처를 어떻게 바라봐야 하죠? 저를 믿어준 많은 사람들은 또 어떡하고요?"

"미연 씨는 아름다운 영혼을 가졌어요. 그 영혼이 무얼 원하는지 바라보세요. 다시, 아니 처음이 될 수도 있겠지만 그를 사랑할 건지 말건지 선택하세요. 어쩌면 미연 씨는 재호 씨의 사랑을 바라보느라 그동안 자신의 사랑을 못보고 있었을 지도 몰라요. 사람은 사랑받고자 하는 욕망에 지배되는 것 같지만, 알고 보면 사랑하고자 하는 욕망을 더 많이 가지고 있거든요. 어느 쪽이든 괜찮아요. 지금이라도 진실을 보게 된 것이 중요해요. 이제 도망치지 마세요. 세상 어느 누구도 '나'를 대신해서 살아주지 않아요. 모든 것은 내 안에서 이루어지는 겁니다."

"궁금한 게 있어요. 아까 선생님은 분명히 재호 씨의 마음은 모른다고 하시지 않았나요? 그런데 지금 선생님은 재호 씨의 마음을 다 알고 계신 것 같은걸요?"

"분명히 말씀드리지만 저는 아무것도 모릅니다. 다만 미연 씨의 마음에 비추어지는 그림을 본 것에 불과합니다. 이 모든 것은 각자의 몫이에요. 매정한 이야기로 들리겠지만 그렇지 않아요. 다만 하나하나의 진실이 모여 더 큰 사랑을 만들어 내리라는 것은 말할 수 있어요."

"선생님, 진실이란 건 도대체 뭔가요?"

"자, 여기 한번 보세요, '사실과 진실'이라는 제목 아래로."

사실과 진실

그대의 눈에 보이는 모든 것은 사실일 수는 있지만
그 사실이 곧 진실일 수는 없다.

사실은, 겉으로 드러난 모습일 뿐이다.
진실은, 그 모습 깊은 곳에 감추어져 있는 의미이다.
사실은, 연극에서 주어진 배역이며
진실은, 배역을 선택한 영혼의 의지이다.
그대가 '행복'이라는 이름의 연극을 시작했고
그 안에서 어려움과 고독을 헤쳐 나가는 배역을 맡았다면
어려움과 고독은 사실이며
행복은 진실이 되는 것이다.

부디 사실과 진실을 혼동하지 말라.
단지 눈에 보이는 사실을 가지고
그 내면에 숨어있는 진실의 가치를 외면해서는 안 된다.
그대의 가장 깊은 곳에 있는 진실은 사랑이다.
그와 같이
그대의 아름다움과 즐거움과 기쁨과 행복 역시 진실이다.
진실을 알게 되는 과정에서
수많은 사실들이 그대에게 나타날 수 있다.

그대가 사실 너머에 있는 진실을 볼 수 있을 때
그대의 삶은 사랑의 빛으로 가득하게 될 것이다.

–『꽃은 누구에게 허락받고 피는 것이 아니다』 중에서

“정말 제 삶이 사랑의 빛으로 가득할 수 있을까요, 선생님?”

“그럼요. 그걸 믿지 않는다면 전 이 자리에 앉아 있을 자격이 없는 거죠.”

창밖의 나뭇가지에 앉아 여태 열심히 미연 씨와 나의 이야기를 듣고 있던 겨울새 한 마리가 쪼르르 가지를 박차고 날아갔다. 어딘가에 전해 줄 곳이 있는 모양이다.

그해 겨울이 가고 이듬해 봄이 되었을 때, 미연 씨가 남편 재호 씨와 함께 다시 찾아왔다. 재호 씨는 맑은 눈을 가진 사람이었다. 참 잘 어울리는 사람들이라고 생각하고 있을 때 미연 씨가 그동안 익힌 타심통으로 먼저 말을 꺼냈다.

“우리, 잘 어울리죠? 선생님이 소개해주셨잖아요, 지난겨울에?”

“헛! 제가 오늘 첨 뵙는 분을 미연 씨에게 미리 소개해주었군요? 그러고 보면 내 재주도 보통은 넘는데요?”

“저를 미연이에게 소개해주셨다고요?”

재호 씨가 눈을 동그랗게 뜨고 물었다.

미연 씨와 나는 그 말에는 대답하지 않고 그냥 마주보고 웃었다.

이런저런 이야기로 한참 수다를 떨던 미연 씨가 갈 때가 되어서 조그만 서류 묶음을 내밀었다.

"이게 뭐죠?"

"제게 들킬까 봐 화들짝 놀라며 감추던, 우리 재호 씨 일기장이에요. 보시면 재미있을 거예요. 왠지 선생님에게 보여드려야 될 것 같아서 들고 왔어요. 심심할 때 보세요."

"그래요? 아, 벌써 심심해지는데."

"참! 부탁드릴 게 있어서 왔는데 깜박할 뻔했네요. 저, 둘째 임신했어요. 이제 겨우 8주밖에 안 됐지만요. 둘째 이름 지어주세요."

"아기 이름을요? 이거 어떡하나. 그럼 지금부터 한 반년은 작명 공부를 좀 해야겠는데요?"

"보나마나 딸이니까 예쁜 공주님 이름으로 지어주세요."

"어떻게 알아요, 딸인지?"

"호호, 제가 딸을 원했으니까요. 그리고 이 사람도요."

미연 씨가 재호 씨를 가리키며 해맑게 웃었다. 그때 겨울새가 제대로 소식을 전하긴 한 모양이다.

부부가 돌아가고 나서 서류를 들춰보니 컴퓨터에 짤막짤막하게 저장했던 일기를 발췌해서 인쇄한 것이었다.

Jaeho' s diary

미연에게 청혼을 했다.

좀 더 그럴듯하게 하고 싶었지만 너무 쑥스러웠다.

꽃다발 하나조차 없이 당연한 듯 말해버린 내 소박한 청혼을 미연이 웃음으로 받아주었다.

미연이를 더 행복하게 해주어야겠다고 다짐했다.

오늘 미연이와 부부가 되었다.
친구들이 모두 부러워하는 것 같다.
녀석들, 미연이 만한 마누라 구하기 어려울 거다.
처가에선 잘 보이려 좀 과식한 것 같다.
배가 좀 나온 것 같기도… 아직 이럴 나이가 아닌데

미연이는 착한 며느리다.
부모님도 미연이도 참 고맙다.
회사에선 아직 말단이라 힘들지만 집에만 오면 피곤이 사라진다.
나의 소중한 sweet home!!!

미연이가 나의 아이를 가졌다.
드라마에서만 보던 일이 내게도 생긴 것이다.
왜 저렇게 호들갑을 떨까 생각했는데 나도 어쩔 수가 없다.
팔불출이 되어도 좋은 하루다.

드디어 아빠가 되었다. 아들이다. 둘째는 딸이면 좋겠다.
수고한 미연이에게 한 아름 꽃을 들고 갔다.
손을 꼭 잡아주었다.
괜히 눈물이 나서 헛기침을 하며 아닌 척 했다.
난 참 행복한 놈이다.

첫째 녀석 돌이다.

1년을 무사히 보냈으니 세상에 나온 신고식은 제대로 치른 셈이다.
이제 더 무럭무럭 크겠지.
내가 해줄 수 있는 일은 무엇일까? 고민해보는 것도 행복이다.
그런데 미연이의 표정이 어둡다. 왜 그럴까? 알 수가 없다.
손님들을 맞이하느라 좀 피곤했던 것일까?
집안의 이런저런 일을 치르면서도
한 번도 이런 적이 없었는데 이상하다.

새로 들어온 직장 후배가 좀 꼴통이다.
막무가내로 술을 사달라고 한다.
도대체 몇 차까지 간 거야? 처음으로 자정을 넘기고 집에 들어왔다.
골이 흔들린다.
미연이는 별 타박을 하지도 않는다.
착한 건지 아니면 내게 관심이 없는 건지…….

미연이의 눈 속에 내가 없다.
언제나 따뜻하게 맞아주지만 사랑이 느껴지지 않는다.
투정을 부려볼까?

어쩌면 예전부터 미연이는 날 사랑하지 않았는지도 모른다.
워낙 착한 성품이라 내가 이끄는 대로 끌려온 건지도…….
취미에도 없는 아가씨를 불러 놀았다.
재미없다.
이딴 걸 왜 돈 써가며 하는 거지?

오늘도 의미 없는 방랑.
분명 다른 여자의 화장품 냄새가 조금 배어있을 텐데도 미연은 아무 말도 하지 않는다.
책망하는 건지, 모르는 건지, 관심이 없는 건지.
갈수록 내가 미연이를 억지로 묶어두고 있다는 생각이 짙어진다.

지금이라도 보내주어야 한다.
가정을 지켜야 하겠지만 미연이에겐 미연이의 삶이 있다.
어쩌면 대학 다닐 때 가고 싶어했던 유학에 대한 미련이 있는 건지도 모른다.

아무것에도 행복을 느낄 수가 없다.
오늘은 회사로 어머니에게서 전화가 왔다.
미연이 좀 잘 챙기라는 말씀.
네 어머니! 그런데 어쩌죠? 미연이는 날 싫어해요.
나만 좋다고 잡아둘 수는 없다고요!

미연이는 혼자서는 아무것도 결정하지 못할 것이다.
내가 먼저 떠나는 모습을 보여주어야겠다.
그러면 미연이가 마음 편하게 떠날 수 있겠지.
더 이상 미연이를 잡아 둘 수는 없다.

일기는 그즈음에서 멈춰있었다. 미연 씨가 왜 보여주었는지 알 것 같았다. 각각 다른 곳을 바라보던 두 사람이 이제 같은 곳을 바라보기 시작했다. 사실만으로 두 사람의 진실을 가두어 두기에는 두 사람의 사랑이 너무 크다. 두 사람의 행복한 모습을 보고 싶다. 보고 싶은 건… 언젠가 꼭 보게 되는 것이다!

차세대 통신

"여보세요?"

"아범이냐? 나다."

"네, 아버지. 잘 계시죠?"

"그럼, 잘 있지. 넌 어떻게 지내냐? 애들 많이 컸지?"

"그럼요, 애들 바꿔드릴까요?"

"잘 있는 거 아는데 뭐 하러… 그럴 거 없다."

"그럼 좀 있다 애들 운동회하는 동영상 보내드릴게요."

"좋지. 요즘은 입체영상이라 여간 생생한 게 아니야. 세월 참 많이 좋아졌어."

"어머니는 좀 어떠세요?"

"말도 마라. 자꾸만 너희들 곁으로 돌아가고 싶다고 말해서 성가셔 죽겠다."

"참, 어머니도. 아버지가 잘 달래주셔야죠. 어쩌겠어요?"

"그렇긴 하다만 그게 하루 이틀이라야 말이지. 바가지는 장소를 가리지 않나 봐. 여기 오면 좀 좋아지겠거니 생각했는데 그렇지도 않아. 오히려 더 심해진 것 같기도 해. 철들 때도 됐는데 말이야."

"하하, 어머니는 지금 친구 분들 모임에 가셨다고 하셨죠?"

"그래, 그래서 내가 마음 놓고 통화하는 거 아니냐. 옆에 있으면 전화요금 많이 나온다고 맘 편하게 통화하게 놔두겠니?"

"정말 별 걱정을 다 하세요. 전화요금 걱정 하지 마시고 언제든지 전화하세요. 어차피 요금은 다 이쪽에서 내는 거니까요."

"그렇지. 이쪽으로 요금 받으러 오긴 좀 어렵지."

"네, 그럼 다음엔 제가 전화드릴게요."

"아무나 하면 어떠냐. 편하게 하려무나. 오늘은 시간이 나서 한번 해본 거다."

"하하, 네. 늘 건강하셔야 돼요."

"오냐, 늘 건강하고 행복해야 한다."

"네, 아버지. 그럼 이만 끊을게요."

재호가 전화를 끊는 걸 기다리던 미연이 바로 거들었다.

"어머님 때문에 아버님이 고생이신가 봐?"

미연은 걱정스러운 말투와는 달리 얼굴은 웃고 있었다.

"왜, 나이 들수록 어린애가 된다잖아."

"어머, 그럼 나도 나이 들면 어린애가 되는 걸까?"

"아니."

"그렇지? 난 나이 들어도 응석부릴 것 같진 않지?"

"그게 아니라, 당신은 지금도 어린애인 걸?"

"그런 뜻이었어? 그렇게 말하면 어린애 아닌 사람이 어디 있어? 당신은 뭐 어린애 아닌 줄 알아?"

"난 아니라고 말한 적 없어요. 진정하세요. 혜민이 엄마!"

"흥, 은근슬쩍 넘어가려고? 그렇겐 안 되지."

미연이 뒤에서 재호의 양 겨드랑이에 손을 넣어 간질였다.

"이거 봐. 진짜 못 말린다니까!"

그때 열 살 난 혜민이가 들어오면서 말했다.

"엄마! 선생님이 엄마 좀 만나고 싶대."

"왜? 너 뭐 잘못한 거 있니?"

"아이 참! 그런 거 아냐. 학급행사 때문에 상의할 일이 있다고 하셨어. 엄마 혼자만 부른 거 아니야."

"그래, 오빠는 어디 갔니?"

"응, 잠깐만. 오빠 어디 있는지 검색해볼게."

혜민이가 스마트폰을 두드리더니 금세 웃으며 말했다.

"헤헤, 오빠는 요 앞 게임센터에 있는 걸? 내가 가서 데려올게."

"너! 데려온다고 해놓고 같이 놀려고 그러는 거지?"

"간 김에 같이 놀다가 저녁 시간 전에 데리고 올게."

"그럼 저녁 전에 꼭 와야 한다. 알았지?"

"응, 알았어. 걱정 마! 오빤 엄마 말보다 내 말을 더 잘 들어."

혜민이가 날듯이 집을 나갔다.

미연이 어깨를 으쓱하며 말했다.

"잰 누구 닮아 저렇게 씩씩할까? 당신 어릴 때 저랬어?"

"모르지. 궁금하면 나중에 어머니한테 한번 물어봐."

"흐흐, 당신은 대답이 궁하면 언제나 어머님께 미루지?"

"모르는 것 있을 때마다 물어보는 건 당신이잖아?"

"하긴 내가 시집 올 때 뭐 아는 게 있었어야지."

"요리하는 건 장모님한테 물어보는 게 더 나을 것 같은데? 분명 장모님이 해주신 음식이 더 맛있었거든. 아! 그립다. 장모님이 차려주는 밥상."

"그러지 말고 우리 엄마한테도 자주 전화 좀 드려."

미연이 재호에게 곱게 눈을 흘겼다.

"알았어. 장모님 멀리 가시고 나니 장모님 얼굴보다 장모님이 차려주시던 밥상이 더 아른거려."

"사람이 왜 그러냐. 엄마가 여기 계실 때 당신 얼마나 예뻐하셨는지 몰라?"

"알지 이 사람아, 내가 왜 모르겠어. 당신이 몰라서 그렇지, 나 혼자 있을 때 자주 전화한다고."

"여보, 그러지 말고 지금 전화 한번 해볼까?"

"그래, 미룰 거 없지."

재호가 전화를 걸었다. 몇 번 울리지 않아 바로 목소리가 들렸다.

"여보세요?"

"어머님, 접니다. 잘 계시죠?"

"아이쿠, 정 서방! 그렇잖아도 좀 전에 영감하고 자네 이야기 하고 있었다네. 애들은 잘 크지?"

"그럼요, 그나저나 곧 김장철인데 큰일입니다."

"왜 그래? 배추가 또 금값이야?"

"그게 아니고요. 혜민이 엄마 솜씨가 아직 어머님을 못 따라가요. 전 세상에서 어머님 김치가 제일 맛있거든요."

"그래? 사돈부인 들으시면 기분 나빠하시겠네. 그래도 난 기분이 좋은걸?"

"괜히 하는 말 아니에요. 제가 어머님 댁에 갈 때는 항상 한두 끼 굶고 간 거 모르시죠?"

"그랬나? 내가 좀 손이 커서 밥을 좀 많이 펐지?"

"아뇨, 그게 아니라요. 맛있는 밥 먹으려면 속을 비워둬야 하잖아요? 근데 미연인 남의 속도 모르고, 왜 밥을 굶느냐고 타박이 심했어요."

"그 애가 자네 깊은 속을 다 헤아리지 못한 게지. 속 넓은 자네가 좀 이해해줘!"

옆에서 같이 듣고 있던 미연이 끼어든다.

"엄마는 무슨 말을 그렇게 해? 혜민이 아빠 속 버릴까 봐 그런 거지."

"알았다, 알았어. 아휴, 언제나 예쁜 우리 딸!"

"아빠는?"

"얘는 애 둘을 낳고도 아직 아빠라니?"

"뭐, 어때. 평생 그렇게 불렀는걸 뭐. 이제 와서 바꾸기 싫은데?"

"맘대로 하려무나. 아빠는 요새 좀 특별한 취미생활을 시작한 거 같아. 처음 여기 왔을 때는 심심하다고 난리치더니 이젠 그런 말은 쑥 들어가 버렸잖겠니?"

"무슨 취미? 요즘도 바둑 두시나?"

"아니, 뭘 좀 짓는다는구나."

"지어? 뭘? 집이라도 지으시는 건가?"

"집도 짓고, 성도 짓고, 탑도 쌓고, 별의별거 다 지어."

"너무 무리하시는 거 아니야?"

"별로 힘들어하지는 않는 거 같아. 그런 걸 그렇게 좋아하는 줄 몰랐지. 어쩌면 거기 있을 때 못해본 것들이니 '소원풀이'하는 건지도 모르지."

"하긴… 아빠는 어쩌면 공무원 체질이 아닌 것 같아. 좀 더 신나는 일을 원하신 것 같기도 해."

"네 말처럼 요즘은 아주 신이 났어. 같이 작업하는 사람들도 꽤 많은가 봐."

"그런데 그렇게 지어서 뭐해? 누가 쓰는 건가?"

"그런 건 아니고, 그냥 지었다 뭉갰다 하는 거 같아. 어쩌면 다 만들어 놓고 뭉개는 재미로 그러는 것 같기도 해."

"흠, 재밌다. 엄마도 뭐 재미난 거 좀 하지?"

"난, 정 서방 말마따나 요리가 취미이자 특기잖니? 여긴 재료가 다양해서 좋아. 행복한 마음으로 만드는 요리는 색깔도 향기도 너무 좋거든. 정 서방에게 좀 보내주고 싶지만 그건 좀 어려울 거 같구나."

"안 돼. 보낼 수 있다 해도 보내면 안 돼. 그렇잖아도 엄마 음식만 찾는데 그러면 내가 만든 건 잘 안 먹을 거 아니야?"

"호호, 엄살은 여전하구나."

"만든 음식은 다 어떡해?"

"여럿이서 각자 만들어서 서로 품평회를 하지. 맛보다는 담긴 정성과 사랑을 우선해서 봐."

"그래도 요리는 일단 맛이지!"

"정성과 사랑이 담긴 요리는 맛이 없을 수가 없거든!"

"나도 정성과 사랑을 듬뿍 담는데 엄마가 한 것만큼 맛이 나지 않는 걸?"

"거기선 그럴지도 모르지. 여기선 정확히 드러나 버려. 속일 수가 없지. 하긴 속일 사람도 없지만 말이야."

"맞아. 여긴 어쩔 수 없이 속여야 되는 일도 있어. 그럴 땐 참 슬퍼."

"괜찮아. 말은 속일 수 있지만 마음까지 속일 수 없다는 거 너도 잘 알 거야. 넌 누구를 마음속으로 속일 애가 아니야."

"그렇지만 상대방은 그런 거 다 모르더라고. 그냥 겉으로 들리는 말만 듣지."

"그러는 데는 다 이유가 있을 거야. 모든 것을 알고도 사랑 속에 있을 수 있을 때만이 거짓말이 설 자리를 잃어버리겠지. 어쩌면 거기선 필요한 건지도 몰라. 나도 거기선 그랬는걸 뭐."

"다 알고도 용서할 수 있다면 말이지?"

"그래, 그런데 넌 용서가 뭐라고 생각하니?"

"죄를 벌하려 하지 않는 거잖아?"

"그렇게들 알고 있지. 하지만 진정한 용서라는 건 '받아들임'이야. 용은 받아들인다는 뜻의 용(容)이거든."

"뭘 받아들인다는 건데?"

"상대를 '나'로 받아들이는 거지. 그러면 죄란 것은 사라져버려."

"모두가 '나'가 되면 죄가 사라진다고?"

"그래. 요리하다보면 실수로 손을 베는 경우가 있지? 그럴 때 칼을 든 손이 베인 손에게 죄를 지은 걸까?"

"그걸 죄라고 하지는 않지."

"그래, 맞아. 아프기는 하지만 죄라고 하지는 않아. 왜냐하면 한 몸이니까. 그런데 다른 사람이 실수든 고의든 네 손을 베었다고 생각해봐. 그건 죄지?"

"실수로 그런 거라면 죄라고 하긴 좀 그렇지."

"그럼 실수로 사람을 죽이면 어때?"

"흠, 그건 죄가 될 것 같긴 한데 좀 어렵다. 그럼 자기 손가락을 일부러 베면 어떻게 돼?"

"역시 그건 죄라고 하긴 어렵지. 다만 아픔이 있을 뿐이야."

"아픔이 있다는 건 죄가 있다는 말과 같은 거 아닌가?"

"그렇지 않아. 아프다는 건 '나'니까 아픈 거야. 죄는 너와 내가 나누어져 있을 때만 가능한 거지. 아픔은 성찰을 하도록 만들어. 하나라는 걸 확인하는 거지. 상대의 아픔을 '나'의 아픔으로 느낄 때, 아프게 하는 일은 더 이상 되풀이 되지 않아. 되풀이 할 수가 없는 거지. 하지만 죄는 증오를 낳고 복수를 낳고 점점 더 '너'와 '나'로 나누게 될 뿐이지."

"엄마 좀 달라진 것 알아? 꼭 선생님 같아."

"여기 와서 요리 말고도 하는 게 있거든. 존재의 깊은 내면에 무엇이 있고 그 가능성을 어떻게 활용하는지에 대해 수업을 들어. 거기 있을 때도 많은 교양강좌에 참석했지만 차원이 달라. 여기선 수업과 환경이 일치하지. 바로바로 시험해 볼 수가 있거든. 이론과 실습을 겸하니까 좀 빨리 알아듣게 되는 거 같아."

"실습?"

"사람들은 자신이 무얼 원하는지 모른단 말이야. 이건 너도 아는 이야기야. 정 서방 때문에 힘들다고 생각했을 때 넌 이미 교훈을 얻었잖아?"

"그땐 너무 몰랐지."

곁에서 듣고 있던 재호가 미연을 꼭 안아주었다. 벌써 10년도 더 지난 일이다. 그 일은 두 사람 모두에게 더 성숙할 수 있는 계기가 되었다. 그리고 서로가 진심으로 소통하는 법을 배운 것으로 두 사람은 행복의 뿌리를 깊이 내릴 수 있었다.

재호가 짐짓 밝은 목소리로 말했다.

"어머님! 우리 많이 사랑하고 있어요. 염려하지 않으셔도 돼요."

"아, 정 서방! 알아. 느낄 수 있어. 그런 걸로 염려하지 않아."

"그런데 10년 전의 일을 어떻게 아세요? 집사람이 말씀드렸나 봐요?"

"아니, 미연이는 아무 말도 하지 않았네. 그렇지만 알 수 있지. 아까 말했지? 모든 것을 다 알고도 사랑 속에 있을 수 있을 때, 말로 하지 않아도 설사 거짓말을 한다 해도 그 내면의 진실을 알 수 있는 거거든."

"엄마, 내가 그걸 몰라서 많이 아팠었어."

"넌 네가 만들어낸 것이 한참 후에나 네 앞에 나타났으니 누군가가 일러주지 않았더라면 잘 모르고 지나칠 수도 있었지. 하지만 여기선 생각한 것이 바로 나타나버려. 나도 처음엔 적응하는데 애먹었어. 하지만 막상 적응을 하고 나니 모든 게 분명해지더라고. 감추어야할 것도 감출 수 있는 것도 없어. 투명하지."

"우와, 그럼 거기가 더 살기 좋은 거네?"

"어디든 어떨까. 거기 있을 땐 거기가 좋고, 여기 있을 땐 여기가 좋은 거지. 이런 투명한 생활이 따분해질 때도 있거든."

"왜?"

"우린 언제나 즐거움을 찾아가도록 만들어진 존재니까. 누군가의 그럴듯한 계획 속에 묶여 있는 게 아니거든."

"누군가?"

"그래, 너희들이 '신'이라고 이름붙인 존재 말이야. 느끼지 못하던 그곳에서는 그런 억측이 가능하지만 모든 것에서 신의 음성을 듣는 여기에선 따로 숭배하거나 그러지 않아. 이것도 아까 말한 것과 똑같아. '너'와'나'로 나뉘어져 있을 때는 숭배하거나 의지하거나 할 수 있지만 하나가 되어버린 느낌 속에서는 숭배할 것이 없어. 자기 손가락에게 존경받고 싶은 사람은 없는 것과 마찬가지지."

"와우! 엄마 정말 제대로 수업을 듣고 있나 봐. 여기 있을 땐 언제나 아빠에게 그런 부분은 맡겨두지 않았어? 엄마는 다소곳이 듣는 쪽이었잖아?"

"그런 역할을 맡았던 거지. 듣는 사람이 있으니 말하는 사람도 있고, 배우는 사람이 있으니 가르치는 사람도 있는 거야. 역할은 달라도 본질은 같아."

"거기선 다들 엄마처럼 그런 건가?"

"아니, 떠나온 거기를 그리워하느라 적응을 못하는 사람들도 많아."

"그럼 어떻게 되는 건데?"

"그들은 '삶'이라는 강렬한 연극에서 빠져나오는데 어려움을 느껴. 배역에 너무 충실하다 보니 정작 자신이 배우라는 걸 잊어버린 거지. 그들은 이미 끝난 연극에 관여하고 싶어하지."

"왜?"

"아쉬운 거지. 제대로 못 해냈다고 생각하는 거야. 멋지게 배역을 소화시키고 싶었는데 그럴 수 없었음에 대한 좌절감을 느끼는 거, 이해되지 않아?"

"그렇지만 이미 끝난 연극을 붙들고 있어서 될 일은 아니잖아?"

"그렇지. 이번에 아쉬웠던 모든 부분에 대해서는 다시 새로운 연극을 하게 될 때 새로운 감성과 영감으로 표현할 수 있는 기회가 주어지지만 많은 사람들이 그걸 몰라. 연극이 한 번뿐이라고 생각하는 거지."

"잘은 모르겠지만 안타까운 마음이 들어."

"괜찮아. 언젠가는 다들 알게 될 거야. 나는 그렇게 믿어."

"엄마는 예전보다 훨씬 더 빛나는 느낌이야. 아니, 원래 그랬는데 내가 몰랐던 것 같기도 하고."

"눈에 보이는 게 다는 아니지. 사람은 어차피 자기가 볼 수 있는 만큼만 보거든. 똑 같은 책을 읽는다고 해서 다 같은 게 아니잖아? 읽는 사람에 따라서 달라지겠지. 또 열 살 때 읽는 것과 스무 살 때 읽는 것, 마흔에 읽는 것이 다 다를 거야. 결국 책을 읽어도 아는 만큼만 보게 되는 거야. 책뿐이 아니라 모든 게 다 그렇지?"

"음, 그런 것 같아. 고등학교 때 수학 선생님이 '너희들이 모르는 건 아무것도 가르칠 수 없다.'고 했거든. 그땐 무슨 말인지 아리송했는데 이제 이해가 될 것 같기도 해."

"정말이야. 모르는 건 아무리 해도 가르칠 수 없지. 애들이 말을 익히는 걸 봐. 한 단어의 뜻도 모르는 아이에게 어떻게 가르치는 게 가능할까? 하나의 단어를 설명하자면 다른 여러 개의 단어를 써야만 하잖아? 그리고 그 단어들을 설명하기 위해서는 또 엄청나게 많은 단어들을 설명해야만 해. 그러다가 나중엔 사전에 있는 모든 단어들을 동원해야 할 거야. 어때, 재미있지? 결국 모르는 건 가르칠 수 없다는 거지."

"그렇지만 다들 말을 익히잖아?"

"그렇지. 그게 중요한 거야. '이미 알고 있는 것이다.'라는 것! 그런데 정

서방은 조용하네?"

"좀 전에 자기 방으로 갔어. 질투하나 봐."

"편하게 통화하라고 배려한 거겠지."

"헤, 그런가? 오늘 엄마하고 별 이야기를 다 하게 되네. 여기 있을 때는 이런 이야기 한 번도 안 했던 것 같아. 아빠한테도 안부 전해줘."

"그래, 잘 지내렴."

통화를 마친 미연이 재호가 있는 방으로 가서 물었다.

"왜 여기로 왔어?"

"응, 이야기를 너무 심각하게 하는 것 같아서 끼어들 수 없겠던데?"

"심각한 건 아니고. 암튼 엄마 아빠는 잘 지내시나 봐. 그런데 당신 표정이 왜 그래? 당신이 심각해 보이는데?"

"아니, 어머님 말씀 듣다보니 이것저것 생각하게 돼서 그래. 정말 우리도 어머님 계신 데로 가면 그렇게 될까?"

"뭘?"

"한층 성숙하거나 아니면 과거를 못 잊고 살거나 둘 중 하나겠지?

"나도 잘 몰라. 하지만 결국 즐거움이란 건 '지금 여기'를 바라보는 게 아닐까 싶어. 과거를 추억하는 건 아름답지만 우린 결국 현재를 살 뿐이잖아? 그래서 난 당신과 내가 함께 바라보고 있는 이 순간 여기, 그리고 이 세상이 좋아. 그냥 그럴 뿐이야."

"그래, 당신 이야기가 옳아. 지금을 열심히 살지 않으면 추억해야할 아름다운 과거도 있을 수 없는 거겠지. 아쉬움이 남게 하지 않으려면 지금을 열심히 살아야 할 것 같아. 그렇지?"

"맞아. 그러면 여기서든 저기서든 언제나 즐거울 것 같아. 저기든 거기든 내가 있게 되는 곳이라면 이미 그곳은 '여기'일 테니까."

"그건 그렇고… 장인, 장모님 가신지 벌써 3년이나 됐지? 잘 지내시고 계신 것 같아 다행이다. 그런데 어머니가 걱정이야. 아버지가 잘 해주시겠지만."

"걱정하지 마. 아버님이 계시잖아. 그리고 어머님은 이제 거기 가신지 석 달 밖에 안 된 것 치고는 잘 적응하시는 거야. 몇 년씩 지나도 정을 못 붙이는 사람들도 많다던 걸?"

"그래, 찾아뵙지는 못하더라도 자주 전화라도 드려야겠다. 그렇지, 여보?"

미연은 대답 대신 키가 훨씬 큰 재호를 까치발을 한 채로 안아주었다. 그때 우당탕 하고 누군가 집 안으로 뛰어 들어오는 소리가 들렸다.

"어머, 저녁때나 돼서 온다던 애들이 일찍 오나보네?"

미연은 재호를 안고 있던 팔을 내리며 현관 쪽으로 몸을 돌렸다. 재호가 아쉬운 듯 말했다.

"그러게. 좀 더 있다 오면 좋을 텐데."

"애들이 배가 고픈가 봐. 아쉬워하지 마. 나중에 많이 안아줄게."

"언제?"

"좀 있다가. 일단 애들 좀 챙겨주고."

*

이승과 저승을 이어줄 통화가 가능해질 때는 과연 언제일까? 하루가 다르게 발전해가는 통신기술로 보면 언젠가 현실로 나타날 수도 있지 않을까? 어쩌면 많은 사람들이 이미 마음속으로 이런 소통을 수십 번도 더 해보았는지도 모른다. 언제나 발명품은 우리의 마음속에 이미 있었던 것이기에, 우리가 상상하지 않았던 것이 발명되기란 불가능한 것이다. 대륙 간 통신망이 생겨나면서 지구는 '지구촌'이 되었다. 달에 발자국을 남기면서 지구는 '우주시대'로 접어들었다. 이제 남은 곳은 어딜까?

우리는 죽음을 단절이라고 알고 있다. 하지만 정확히 말해서 통신의 단절일 뿐이다. 우리가 죽음을 슬프게 받아들이는 건 더 이상 소통할 수 없는 데서 오는 것이다. 다시 말해서 소통되는 한 죽음을 슬프게 받아들일 필요는 없는 것이다.

지금도 꿈속에서는 많은 무리들이 저마다의 방식으로 이미 세상을 떠난 사람들과 통신을 하고 있다. 꿈뿐이 아니다. 개인통신망을 구축하고서 차원 간 통신을 대리해주는 사람들도 있다. 무당들이나 영매들이다. 물론 통신 내용의 정확도는 보장할 수 없다. 어차피 직접 통신하는 것이 아니니 어쩔 수 없는 것이다. 정식으로 차원 간 통신망이 생겨난다면 불법 통신(?)을 자행하는 무리들은 상당한 과태료나 벌금을 물어야 될지도 모르겠다.

불세출의 발명가 에디슨이, 영혼과 대화가 가능한 전화기를 만들려고 많이 노력했다는 사실은 보너스로……

약관

용석 씨는 이미 결정내린 속내를 감추고 상대의 눈치를 살폈다. 주저하는 기색을 보이면 뭔가 유리한 조건을 내걸지도 모른다는 생각이었지만 상대는 분명 인내심이 강해 보였다.

"충분히 생각하셔도 됩니다. 우린 단순히 상품을 파는 것이 아닙니다. 고객의 행복과 보람을 우선으로 생각하죠. 그럼, 다음에 결정하실 건가요?"

"아니, 뭐 그렇게까지 할 필요는 없고."

용석 씨는 하다못해, 결단력 있는 사람이라는 찬사라도 듣고 싶었다.

"지금 결정하죠, 뭐."

"약관은 충분히 읽어보셨나요?"

"그야… 다른 보험과 크게 다른 게 있나요?"

"상품의 범위에 대한 것과 해지에 관한 몇몇 조항 외에는 거의 같다고 보시면 됩니다."

"좋습니다. 계약하죠. 그런데 언제부터 유효한 거죠?"

"정확히, 계약서에 서명하는 순간부터 유효합니다."

상대는 그야말로 프로였다. 용석 씨는 찬사를 듣기는 고사하고 오히려 그 철두철미한 직업정신에 박수라도 쳐주고 싶은 심정이었다. 용석 씨가 제법 두툼한 계약서의 마지막 빈 공간에 멋지게 서명했다. 날렵하게 그어진 서명이 썩 마음에 들었다.

"저희 회사의 고객이 되신 것을 진심으로 축하드립니다. 저는 이 순간부터 하루 24시간 언제라도 최용석 고객님의 부름과 요구에 성실히 응할 것입니다."

보험을 이용할 기회는 보름 후쯤 갑자기 찾아 왔다. 지난 달 팔았던 사무기기에 대한 반품 요청이 들어온 것이다. 자주 있는 일이었지만 용석 씨는 구매자의 얼굴을 떠올리며 인상을 찌푸렸다. 분명 물건에 하자가 있을 수는 없었다. 다만 용석 씨의 마진을 양보해서라도 가격을 깎아 달라던 말에 불쾌함을 무릅쓰고 계약했던 것이 생각났다. 당연히 회사에서는 어떻게든 반품은 받아주지 않을 거였다. 생트집을 잡아 이미 계약된 액수를 깎아보자는 수작이 틀림없었다. 어떻게든 식사대접 정도로 무마하려 생각하고 있을 때 전화가 울렸다.

"안녕하십니까? HF보험의 강현웅입니다. 별일 없으신지요?"

묘하게도 별일 있으란 소리로 들리는 억하심정을 꾹 누르고 상냥하게 대답했다.

"예, 전화 주셔서 고맙습니다. 잘 지내시지요?"

"물론입니다. 다시 한 번 더 상기시켜드리는 거지만 어떤 상황에서건 의뢰하실 일이 있으면 흔쾌히 전화 주십시오."

"그야, 뭐. 하지만 의뢰가 많아지면 보험료가 오르는 것 아닙니까?"

"그렇긴 하지만, 지금 최용석 고객님은 내시는 보험료에 비해서 이용 빈도가 오히려 낮은 편입니다. 다른 고객님들은 월 3회 정도 평균적으로 이용하거든요. 처음 설계된 금액도 평균이용 빈도에 맞춘 것이니 참고하시기 바랍니다."

"그래요? 그럼 이런 것도 됩니까?"

"예, 말씀하십시오. 어떤 일이 고객님을 괴롭힙니까?"

"제가 영업직이란 건 잘 아실 테고, 지난 달 팔았던 물건에 대해서 반품요청이 들어왔는데 아무래도 물건에 하자가 있어서가 아니라 억지를 쓰고 있는 것 같습니다."

"그렇습니까? 그렇다면 저희 HF보험을 이용하실 때가 된 것 같습니다. 방금 말씀하신 내용을 팩스나 문자로 제게 보내주십시오."

"그럼 처리되는 겁니까?"

"물론입니다. 처리 결과는 문자로 보내드리겠습니다. 그동안 느긋하게 식사라도 하십시오."

문자메시지로 전후 상황을 적어서 보내고 나서 정확히 2시간 후에 답이 왔다.

'처리함. 최고의 행복을 전해드리는 HF보험 강현웅.'

메시지를 확인하고 핸드폰을 덮는데 뒤에서 영업소장이 불렀다.

"최용석 씨, 많이 늘었는데? 오전에 왔던 반품요청은 없었던 걸로 해달라고 전화가 왔네. 좋아, 그런 정신으로 일하게. 거봐, 직접 부딪히니 다 해결되지?"

"예? 아, 예. 뭐, 잘 되었군요."

"사람, 남의 일처럼 말하긴."

그 뒤에도 소장이 뭐라 중얼거렸지만 별로 귀에 들어오지는 않았다. 외근을 핑계대고 사무실에서 나온 다음에야 어떻게 처리했을지 의문이 들었다. 강현웅에게 전화를 걸었다.

"고맙습니다. 그런데 어떻게 처리하셨죠, 그렇게 짧은 시간에?"

"죄송합니다만 처리 여부만 알려드리고 처리 과정에 대해서는 일체 말할 수 없도록 되어 있습니다. 저희 HF보험의 사규이니 양해해 주시기 바랍니다."

"그렇지만 누구나 궁금해할 텐데요?"

"그렇겠죠. 하지만 자칫 과정과 연관하여 고객님께서 불쾌한 기억을 떠올리신다면 저희들로서는 무척 죄송한 일이지요. 그러다 같은 일에 대해서 두 번 의뢰하여 보험료가 올라가는 일도 있을 수 있으니까요. 분명히 말씀드릴 수 있는 건, 저희들은 어떤 불법적인 수단도 동원하지 않는다는 겁니다. 다만 저희 회사가 보유한 각 분야의 최고 전문가에게 의뢰해서 처리하는 것이니 처리 후에 불협화음이 일어나는 일은 절대로 없을 것입니다. 이건 단순한 자신감이 아닙니다. 사실 회사 창립 이래로 그런 일은 한 번도 없었으니까요. 오해 없으시기 바랍니다."

"그렇군요. 다시 말하자면 내가 직접 가는 것보다 훨씬 낫다는 말이군요?"

"죄송하지만 그렇습니다. 모든 분야에는 전문가가 있게 마련이니까요."

"그럼 오늘 제 건을 처리하신 분은 영업에 오랜 경력을 가지고 있는 거군요?"

"꼭 그렇지는 않습니다. 저희들은 저희 나름대로 처리하는 기준이 있습니다. 그런 분야에 전문가라는 거죠. 하여간 만족하셨기를 바랍니다."

"저야 대만족입니다."

"그럼 언제라도 주저하지 마시고 이용해주시기 바랍니다. 최대 주 2회를 이용하실 수 있으며 우수고객에게는 보너스 이용 기회도 주어집니다."

"우수고객이라고요?"

"그렇습니다. 처리방식에 대해 묻지 않는 고객님에게 포인트를 드리며 그 포인트는 일의 난이도에 따라서 다릅니다."

"그렇다면 오늘 난 이미 포인트를 놓친 거군요?"

"그렇지 않습니다. 오늘은 처음이니 의문을 가지시는 게 당연하죠. 그럼 안녕히 계십시오. 다음에 또 뵙겠습니다."

강현웅의 전화가 왠지 좀 쌀쌀맞게 느껴졌다.

흐음, 이런 게 바로 깔끔한 일처리로군. 절대로 핵심에서 벗어나지 않는다. 그렇지!

편하게 결론지었다. 신경 쓰기 싫어서 보험을 이용해놓곤 다시 그 일에 대해 연연하는 건 분명 어리석은 일이었다.

그날 이후 껄끄러운 반품 요청은 언제나 HF보험의 몫이었다. 반품을 막기 위한 수고와 금전적 손해를 생각하면 보험료는 오히려 싼 것이었다. 현명한 선택에 내심 쾌재를 부르면서도 비결을 묻는 동료들에게는 일절 함구했다. 행복을 공유하기 싫은 것 보다 자신의 비밀이 밝혀지는 게 더 두려웠다.

용석 씨의 월급은 갈수록 불어났다. 반품 걱정 없이 영업을 하니 자신감이 붙었고 그런 용석 씨의 모습은 고객들에게 믿음을 주기에 충분했다.

그즈음 용석 씨는 차츰 새로운 세계에 눈을 뜨고 있었다. 새로운 여자들에게서 맛보는 달콤함은 민혜와 비길 바가 아니었다. 예전엔 눈길조차 주지 않을 것 같던 아름다운 여자들이 용석 씨에게 눈길 뿐 아니라 손길이며 몸 길까지 내주었다. 자신과는 무관하게만 보이던 세계가 속속 용석 씨의 앞에 무릎을 꿇었다. 늘 당당하고 여유로운 자신의 모습은 스스로 생각해도 대단한 발전이었다. 다소 과장된 웃음으로 소심한 속내를 위장해야 했던 과거와는 비교할 수 없었다. 실적이 늘어감에 따라 차츰 HF보험의 손을 빌 기회도 많아졌지만 늘어난 보험료는 별 문제될 게 없었다. HF보험은 적게 먹고 많은 것을 내어주는 고장 난 자동판매기 같았다.

여자의 육감은 언제나 치타보다 빠른 법이다.

"용석 씨, 요즘 왜 그래?"

"무슨 말이야, 바쁜 사람 불러놓고?"

"바쁜데 억지로 나왔단 말이야?"

"그걸 말이라고 하니? 수입이 늘면 그만큼 바빠지는 건 당연한 거지."

"전엔 정말 바쁠 때도 내가 보자면 안 바쁘다고, 괜찮다고 했는데."

"또 시작이네. 도대체 뭐가 불만이야? 지난 달 생일에도 근사한 선물 사줬잖아?"

민혜의 눈빛이 갑자기 싸늘해졌다. 움찔한 용석 씨가 꼬리를 급하게 내렸다.

"아니 뭐, 선물이 중요한 게 아니라 네게 그만큼 신경 쓰고 있다는 거지."

"선물을 말하는 게 아니잖아. 마음을 이야기하는 거지."

"너, 사람을 구속하려 하는구나?"

"구속이라니?"

"사랑은 그런 게 아니지. 네 애인이 잘 나가는 게 싫어? 내가 하는 일에 좀 더 박수쳐주고 믿어주면 안 돼?"

"잘나가는 건 좋은데 내게서도 나가려 하니깐 하는 말이잖아."

"네 안에 들어앉아 있으면 뭐든 다 저절로 되니? 사람이 세상에 나올 땐 다 자기 할 일이란 게 있는 거야."

"가두려는 게 아냐. 지칠 때 내 곁에서 쉬게 해주고 싶은 거지."

"그래, 날다가 결국 네게로 돌아가고 말이지?"

용석 씨는 마음과는 다르게 민혜의 말을 비꼬고 있었다.

"정말 왜 그러는 거야? 돈 많이 버는 게 그렇게 좋아?"

불쌍한 듯 바라보던 민혜의 얼굴은 용석 씨의 손바닥에 불의의 일격을 당하고 붉어졌다.

이런, 이게 아닌데… 용석 씨는 곧바로 후회했지만 이미 엎질러진 물이었다.

두 사람은 더 이상 아무 말도 할 수 없었다.

용석 씨는 차라리 잘된 거라고 생각했다. 실망스러운 모습을 보여줬으니 민혜의 사랑도 식으리라고 생각했다. 하지만 민혜는 생각이 깊은 여자였다.

"미안해, 그런 말을 하는 게 아닌데. 용석 씨가 얼마나 화가 났으면 그랬겠어."

민혜가 용석 씨를 측은하게 바라보았다. 예전 같으면 용서를 구하며 민혜의 가슴을 안아주었을 용석 씨였지만 더 이상 용석 씨는 과거의 그가 아니었다.

“오늘은 그만 갈게. 같이 있을 기분이 아니야.”

용석 씨는 뒤 꼭지가 몹시 근질거렸지만 돌아보지 않았다.

민혜는 슬픈 눈으로 낮 태양에 길게 늘어진 용석 씨의 그림자를 물끄러미 바라보다가 놓칠세라 발로 밟아 보았지만 그림자는 그림자일 뿐이었다.

그날 이후 용석 씨는 민혜의 전화를 피했다. 나중엔 아예 전화번호를 바꿔버렸다. 고객들에겐 일일이 새 명함을 배포했다. 새 명함은 까칠한 감촉이 그럴듯한 제법 비싼 것이었다. 하지만 민혜는 용석 씨의 집으로 찾아왔다. 용석 씨의 어머니에게도 스스럼없이 ‘어머님’이라 부르며 따르던 민혜였고 그런 그녀를 용석 씨의 어머니는 당연한 듯 받아들이고 있었다. 민혜는 용석 씨가 미안해서 그러는 거라고 생각했다. 외면한다고 될 일이 아니었다. 용석 씨는 강현웅에게 전화를 걸었다.

“오늘은 어떤 도움이 필요하십니까?”

“이런 일도 될지 모르겠습니다만.”

“불법적인 일을 제외하고는 그 어떤 것도 다 처리할 수 있습니다. 부담없이 말씀하십시오.”

“오래된 애인이 있는데…….”

“그만 헤어지고 싶다는 말씀이죠?”

강현웅의 앞지르는 말은 분명 불쾌한 것이었지만 또한 그런 점이 용석 씨의 부담을 덜어주었다.

“잘 아시는군요. 하지만 그녀에게 상처를 주고 싶지는 않습니다.”

“여부가 있겠습니까.”

문득 강현웅이 차갑게 비웃고 있다는 생각이 들었다.

"이런 일을 의뢰하는 고객도 있나요?"

"다른 고객의 일은 비밀입니다. 최용석 고객님 역시 자신이 의뢰한 일이 어떤 경우에든 남에게 밝혀지는 건 싫으실 테지요?"

"그야……."

"애인, 아니 애인이었던 분의 인적사항과 연락처를 보내주십시오."

"얼마나 걸리겠습니까?"

"그 여성분의 성격에 따라 다르겠습니다만 그리 오래 걸리지는 않을 겁니다. 마찬가지로 처리결과는 문자로 보내드리겠습니다."

강현웅의 목소리는 명쾌했다. 분명 강현웅의 목소리는 용석 씨가, 상처가 될 거라는 생각을 가질 여유조차 주지 않았다. 전화를 끊고 나서 문득 후회가 일었으나 다시 전화를 걸어 철회하려고 하니 번거로운 생각이 들었다. 만약 그녀를 다시 만나고 싶은 생각이 든다면 먼저 연락하면 될 거라고 믿고 용석 씨는 애써 다른 일로 생각을 돌렸다. 오후 내내 오전에 의뢰한 일의 답변을 기다리며 메시지 수신음을 기다렸으나 허사였다. 하루, 이틀 시간이 지나면서 초조히 기다리던 용석 씨의 감각은 무디어져 갔다. 그러다 일주일이 지나고 나서야 문득 다시 생각난 용석 씨가 전화를 걸었다.

"아, 안녕하세요? 저번에 의뢰한 건 때문에 말이죠."

"예, 그 건은 아직 처리 중에 있습니다. 고객님을 초조하게 만들어서 죄송합니다. 하지만 적어도 의뢰한 날로부터 상대에게서 연락이 오거나 하지는 않았을 겁니다. 일단 그런 루트는 모두 차단했으니까요. 조금만 더 기다리시죠. 곧 처리 결과를 알려드리겠습니다."

매번 듣는 말이었지만 '처리'라는 말이 그만큼 비인간적으로 들린 적은 없었다. 도대체 뭘 어떻게 처리한다는 걸까? 용석 씨는 구토가 나오려는 걸 억지로 참고 국어사전을 뒤졌다.

처:리(處理) 1. 사무나 사건을 정리하여 치우거나 마무리를 지음.
2. 어떤 결과를 얻으려고 화학적, 물리적 작용을 일으킴.

분명 2항과는 무관해 보였다. 용석 씨의 눈에 들어오는 글자가 심하게 흔들렸다. 명사형 어미로 마무리되어진 문장의 끝부분이 용석 씨의 가슴을 시리게 했다. 마치 더 이상의 여지가 없다는 것처럼 단호하게 느껴졌다. 그렇게까지 해서 민혜를 정리해야 하는 건지 확신이 서지 않았다. 이치에 맞게 제 자리에 두는 게 정리라면 민혜의 자리는 어디란 말인가!

자기혐오와 자기모순을 반복하던 중, 드디어 메시지 수신을 알리는 신호음이 울렸다. 물론 다른 사람으로부터의 메시지이거나 하루에도 수차례씩 들어오는 광고일 수도 있었다. 확인할 가치도 없는 광고메시지가 그렇게 기대된 적은 없었다. 하지만 수많은 업체들은 절호의 광고기회를 놓치고 있었다. 차라리 광고이기를 바라는 용석 씨의 마음은 그 누구에게도 감동을 주지 못했다. 분명 강현웅의 메시지였다.

'처리함. 최고의 행복을 전해드리는 HF보험 강현웅.'

글자 하나 칸 하나 틀리지 않는 강현웅의 메시지였다. 문득 심한 혐오감이 들었다. 하지만 그것이 강현웅에 대한 것인지 자신에 대한 것인지 그도 아니면 HF보험에 대한 것인지 판단할 수 있을 만큼 여유로운 용석 씨는 아니었다.

그날 용석 씨는 밤늦도록 술을 마셨다. 하지만 혐오인지 아니면 분노일지도 모를 감정은 대상이 누구인지도 모호한 채로 정체를 알 수 없는 괴물이 되어 점점 강해져 갔다. 괴물을 이길 수 있는 방법은 두 가지가 있었다. 다소의 알코올로 무장한 채 강인해진 자신을 느끼며 정면 돌파하는 방법과, 그보다 더 진한 알코올에 몸을 송두리째 담그고 나서 더 이상 상대에게 적대감을 느끼지 않는 방법이었다. 용석 씨는 두 번째 방법을 선택했다.

직장은 용석 씨의 번민이나 감상 따위에는 아무런 가치도 부여하지 않았다. 주마가편(走馬加鞭)은 오로지 용석 씨를 위해 태어난 말이었다. 가능성 없는 영업사원보다 용석 씨에게 한 마디 더 거드는 것이 전체 실적에 도움이 된다는 사실을 용석 씨의 상관들이 깨닫는 데는 시간이 그리 오래 걸리지 않았다.

용석 씨의 실적은 창사 이래 최고라는 신화들을 나날이 갈아치우며 그야말로 하늘 높은 줄 모르고 치솟았다. 기본 실적을 채우느라 매달 마지막 주만 되면 진땀을 흘리던 용석 씨는 이미 먼 과거로 쓸려가고 없었다. 용석 씨의 은행잔고는 숫자가 커지는 게 아니라 아예 단위가 나날이 달라지고 있었다. 그즈음에는 회사를 용석 씨가 먹여 살린다는 말까지 나올 정도였다. 바야흐로 용석 씨는, 1군은커녕 2군에도 못 끼어 거저 데려가래도 손사래를 치며 싫어했을 선수가 이제는 스카우터들이 날마다 찾아와 조르는 입장이 된 상황이었다.

용석 씨는 항시 취해 있었다. 낮에는 일에 취했고 밤에는 술에 취했다. 취한 몸을 추슬러 눈을 떠보면 항상 용석 씨의 옆에는 사춘기 때 수음(手

淫)의 대상이 되었을 법한 요염한 여자들이 부끄러움도 없이 알몸으로 누워 있었다. 물끄러미 내려다보는 용석 씨의 시선에 잠이 깬 여자들은 저마다 용석 씨에게 뭔가를 요구했다. 하지만 그녀들에게는 율 브리너에게 '기타 등등'을 외치며 요구하던 데보라 카의 순수를 닮을 생각은 애시 당초 없는 듯했다. 용석 씨는 사랑받지 못하는 왕이었다.〔작가 註 1956년, 월터 랭(Walter Lang) 감독이 만든 영화 '왕과 나(The King And I)'를 보면 시암왕국의 왕을 맡은 율 브리너(Yul Brynner)에게 영어교사 역을 맡은 데보라 카(Deborah Kerr)가 뭔가를 요구할 때마다 '기타 등등'을 외치는 장면이 자주 나온다.〕

용석 씨는 점점 HF보험의 우수고객 명단의 상위 랭커가 되어갔다. 이용할수록 HF보험은 여간 편한 게 아니었다. 용석 씨는 체면상 얼굴을 드밀어야 할 일로부터 점점 자유로워졌으며 곤란한 마음으로 만나야 할 수많은 사람들의 부담스러운 시선으로부터도 해방되었다. 차츰 용석 씨는 익명의 인간이 되어가고 있었다. 분명 같은 하늘 아래 숨 쉬고 있지만 만나보기는 어려운 인간. 불필요한 인간관계는 HF보험의 놀라운 처리능력에 힘입어 깨끗이 정리되고 있었다.

용석 씨는 꿈꾸어오던 여성들의 한결같음에 싫증이 났다. 환심을 사려 뜻밖의 사건을 일으킬 필요도 없었으며 중요한 날을 기억하기 위한 메모도 더는 필요치 않았다. 문득문득 민혜의 해맑은 미소가 떠올랐으나 그것은 건드릴 수 없는 뇌관이었다. 건드리지 말아야 할 것을 건드리면 다시는 헤어 나올 수 없는 불행 속으로 빠질 거란 걸 너무나 잘 아는 용석 씨였다. 대신 민혜를 닮은 여자를 찾기로 했다. 그건 위험한 뇌관을 건드리지 않고도 용석 씨를 다시 과거로 돌아가게 할 수 있는 유일한 방법이었다.

막상 다른 곳으로 눈을 돌리자 의외로 쉽게 상대가 나타났다. 용석 씨는 다시 설레는 마음으로 꽃다발을 살 수 있었다. 용석 씨는 조그만 인형 하나에 감동하는 그녀를 바라보며 잊었던 행복을 부활시켰다고 믿었다. 그녀는 그의 부와 자신감보다 소주 한잔에 수다쟁이가 되는 그를 더 사랑했다. 그가 가진 부를 싫어하지는 않았지만 그것이 목적인 양 행동하지는 않았다. 하지만 한번 비틀어진 운명은 그의 외도(?)를 순순히 허락해 주지 않았다. 용석 씨는 그녀를 의심하기 시작했다. 내가 빈털터리라도 그녀는 나를 사랑할 수 있을까?

한번 시작된 의심은 모질게 용석 씨를 괴롭혔다. 그녀를 만나 사랑의 밀어를 나눌 때에도 가슴 한 구석을 이미 장악해버린 의심은 하얀 이를 드러내고 용석 씨를 비웃었다.

그녀를 만날 때에는 일부러 가난뱅이가 되고자 했다. 지갑을 여는 일을 금기시 했으며 먼저 지불하겠다는 말은 아예 '발설금지언어 목록'에 올려버렸다. 하지만 용석 씨의 치졸한 시험에도 그녀는 굴하지 않았다. 그다지 넉넉하지 않은 그녀였지만 용석 씨의 행동에 의아해하거나 따지지 않았다. 그녀는 어쩌면 민혜 이상으로 순수한 여자일지도 몰랐다. 대상 없는 의심은 차츰 퇴색되었다. 용석 씨는 그녀에게 메말라버린 가슴을 보여주며 사랑을 고백했고 그녀는 기꺼이 그에게 단비가 되고자 했다. 또한 그녀는 그의 희망이 되었으며 그의 목적이 되었다. 모든 것은 순조로웠다. 여전히 HF보험의 이용 횟수는 상향 곡선을 그렸지만 그건 더 이상 용석 씨를 자기혐오로 빠뜨리지 못했다. 드디어 그녀는 자신의 어머니에게 용석 씨를 소개하고 싶다고 말했다.

"엄마가 말이죠, 빨리 데려오래요. 뜸 들여서 좋은 건 밥뿐이라고."

다섯 살 아래인 그녀는 용석 씨와 마주한 세월이 1년 가까이 되었음에도 여전히 용석 씨에게 존대를 했다.

"흠, 어머님은 역시 현명하신 분이야. 딸은 묵힐수록 값이 떨어진다는 걸 잘 아시는 것 같단 말이야."

"그런 말이 어디 있어요? 술도 잘못 묵히면 썩을 수 있죠. 그리고 갈수록 향기 나는 딸도 간혹 있다는 걸 모르세요?"

그녀가 곱게 눈을 흘겼다. 그리 화려하게 예쁜 얼굴은 아니었지만 그녀의 하얀 얼굴은 용석 씨의 유일한 행복이었다. 여태 쌓아온 모든 부와 지위는 그녀를 위해 준비된 것임에 틀림없다고 생각했다.

"또, 엄마가 뭐랬는지 아세요?"

"뭐라고 하셨는데?"

"그 사람 돈 잘 버냐고 물어요. 우리 엄마 너무 우습죠?"

행복은 그리 홀홀하지 않았다. 용석 씨는 자신의 귀를 의심했다. 아무런 대꾸도 아무런 말도 생각나지 않았다. 결국 그녀는 엄마를 핑계로 슬그머니 자신의 속내를 드러낸 거라는 생각만이 머리에 맴돌았다. 용석 씨는 거의 마비되기 직전인 혀를 놀려 슬픈 대사를 뱉었다.

"결국… 그런 거였어?"

그녀는 용석 씨의 말을 이해하지 못했다.

"예? 무슨 말이죠? 결국이라뇨?"

그녀는 용석 씨의 싸늘한 침묵 앞에서 한동안 아무런 두뇌작용도 일으키지 못한 채 멍하니 있다가 급기야 말도 안 되는 오해를 받고 있다는 생각에 눈물부터 흘렸다. 평소 같으면 농담하지 말라고 웃으며 넘겼을 그녀였지만 용석 씨의 표정은 이미 그녀와는 별세계에 존재하고 있었다.

그녀와 말도 안 되는 이별을 하고나서 용석 씨는 한동안 넋을 잃은 채 행동했다. HF보험의 힘을 빌지 않고도 용석 씨는 훌륭하게 그녀를 처리해버렸다. 그럴 즈음 용석 씨의 끝을 모르고 치솟던 영업실적마저 주춤거리기 시작했다. 아무런 이유도 있을 수 없었다. 여전히 고객들은 용석 씨의 자신감에 믿음을 보였으며 불합리한 반품은 철저히 HF보험에 의해 처리되고 있었다. 일시적인 현상으로 보였던 하향 곡선은 어느새 가파르게 바닥으로 곤두박질 쳤다. 용석 씨는 며칠 지나지 않아 우연한 기회에 그 원인을 알게 되었다.

"최 선배, 요즘 영 기운이 없는 것 같아요. 실적 때문인가요?"

"아니, 실적이야 원래 나쁘다가도 좋고 그런 거지. 그나저나 넌 좀 어떠냐?"

"요즘처럼 일할 맛 나는 건 이 바닥에 들어오고 첨이에요."

"그래? 하긴 넌 언제나 열성적이었지."

"나도 처음엔 열성만 있으면 될 줄 알았죠. 그런데 그 열성이란 게 뒷받침 해줄 뭔가가 있을 때 빛을 발한다는 걸 알게 되었어요."

"왜? 좋은 여자라도 생겼냐?"

"여자야 이젠 고르는 입장이죠. 예전엔 눈길도 주지 않던 여자들이 요즘엔 서로 전화 좀 해달라고 난리예요."

용석 씨의 머릿속에서 천둥이 쳤다. 분명 후배는 누군가가 이미 지났던 길을 가고 있었다.

"너, 혹시?"

"에이, 그런 거 아니에요. 난 부당한 방법으로 실적 올리는 짓은 못해요. 그런 건 '제살 깎아먹기'라고 선배가 말했잖아요? 내가 처음 입사했을 때 선배가 해준 말을 지금도 명심하고 있는 걸요."

"그럼 뭐란 거지? 도대체 뭐가 네 열성을 뒷받침 해준다는 거지?"

용석 씨는 초조한 심정을 눈에 띠게 드러냈으나 후배는 그런 표정을 읽을 만큼 약지 못했다. 늘 마음만 좋아서 별 수입도 안 되는 뒤처리 따위에 정성을 쏟던 후배였다.

"내가 이런 말해도 될지 모르겠지만, 요즘 선배 실적이 좀 떨어졌잖아요? 선배에게만 일러줄게요. 내가 석 달 전쯤에 보험에 하나 들었거든요."

용석 씨의 침묵을 궁금증으로 알아들은 후배가 시키지도 않은 말을 신이 나서 늘어놓았다.

"HF보험이라고요, 아마 Happiness Forever일 거예요. 거기서 반품을 다 막아주거든요."

후배는 그 다음 말을 이을 수 없었다. 용석 씨가 갑자기 어디론가 사라져버렸기 때문이다.

용석 씨는 거리로 나와 한참동안 멍하니 바쁘게 달리는 차들을 바라보았다. 사태는 명백했다. 어리석게 보일만치 순진하던 후배가 HF보험을 알고 가입했을 때는, 다른 동료들도 웬만큼 HF보험에 대한 정보를 알고 있을 것 같았다. 얻어맞은 것 같은 충격에서 쉽사리 회복되지 않았다. 충격은 쌓아올린 부를 나누어야 한다는 데서 오는 게 아니었다. 달콤한 수렁 속의 삶을 살면서도 누군가에게 권유하지 않았던 것은 한 가닥 남은 용석 씨의 양심이었다. 그것마저 저버리면 모든 게 무너질 거라고 생각했던 것이었다.

용석 씨는 급하게 수첩을 뒤져 오래도록 연락하지 않았던 친구에게 전화를 걸었다. 친구는 바뀐 용석 씨의 전화번호를 몰랐기에 목소리를 듣고도 용석 씨를 알아보지 못했다.

"야, 오랜만이다. 잘 지내냐?"

"……."

"목소리 잊어버렸구나. 나야, 용석이."

"어, 그래. 어쩐 일이냐, 네가?"

"그놈, 말 한번 인정머리 없이 하네. 오늘 시간 있냐? 간만에 한 잔 하자. 다른 녀석들 더 불러도 좋고."

"좋긴 한데 내가 오늘 좀 바빠."

"공무원이 바쁠 게 뭐 있냐. 잔소리 말고 시간 잡자."

"진짜 바쁘다니깐 그러네. 우리 부서에 허가신청한 사람과 저녁 약속이 있거든."

"너, 민원인하고 만나면 '공직자 부정방지법'에 위배되는 거 모르냐?"

"내가 뇌물이라도 받는단 소리냐? 암튼은 오늘 시간 없으니 나중에 보자."

"야야, 농담이다. 그러면 저녁 먹고 만나면 되겠네. 몇 시면 되겠냐?"

"……."

"아홉 시면 되겠지?"

"그래, 그럼 어디서 볼까?"

친구가 체념한 듯 장소를 물었다.

"전에… 그러고 보니 벌써 2년 지났네. 암튼 매번 모이던 호프집 알지?

거기서 보자."

"알았어. 아홉 시에 보자."

오래도록 친구들을 외면하며 보낸데 대해 일말의 죄책감을 느끼며 밤을 기다렸다. 오랜만에 친구들과 한바탕 떠들고 나면 속이 후련해 질 것 같았다. 친구들과 함께 했던 그 시절의 여름, 살을 너무 태워 온통 껍질이 일어나던 기억이 떠올랐다. 팔뚝에 비늘처럼 허옇게 돋아난 껍질을 친구와 서로 벗겨대며 낄낄거리던 기억도 새삼스러웠다. 뒤늦게 시작한 한 달간의 아르바이트에서 민혜를 만난 것도 바로 그해 여름이었다. 유난했던 여름태양의 뜨거움도 민혜를 처음 만나 심하게 뛰던 심장만큼은 아니었다. 용석 씨의 뺨으로 갑자기 눈물이 주르르 흘러내렸다. 다시는 돌아갈 수 없는 시절에 대한 그리움. 돌아갈 수 있다면 그리움이 아닌 것이다.

용석 씨는 자신이 아직도 눈물을 흘릴 수 있다는 사실이 놀라웠다. 오로지 일만이 인생의 목표가 되어 살았던 순간들이 주욱 스쳐지나갔다. 잊고 살았던 그리움을 다시 꺼내보며 낮에 받았던 충격이 슬슬 가실 때쯤 자리에서 일어났다. 시계는 벌써 8시 20분을 가리키고 있었다.

약속 장소에 도착한 것은 9시 5분 전이었다. 시끄러운 음악 대신 조용히 흘러간 노래를 틀어주는 주인의 배려에 괜히 코끝이 시큰해졌다. 물을 가져다주는 웨이터에게 다정하게 고맙다는 인사를 하며 오랜만에 맛보는 나른한 행복감에 몸을 맡겼다. 한 모금 물을 마시고 조용히 눈을 감았다. 귀로만 들리던 음악이 슬금슬금 용석 씨의 가슴까지 넘보며 아련한 음조를 한껏 뽐내었다. 정확히 5분 후 용석 씨를 현실로 돌려놓은 것은 낯선 사람의 목소리였다.

"실례합니다만 혹시 최용석 씨 되십니까?"

몸에 착 붙는 세련된 정장을 입은 상대는 더할 나위 없이 매끄러운 말투였다.

"그렇습니다만, 절 아십니까?"

"틀림없으시군요. 여기 좀 앉아도 되겠습니까?"

"그러시죠."

"제 소개를 먼저 하겠습니다."

사내가 명함을 꺼내어 정중히 용석 씨에게 건넸다. 무심코 받아든 명함에는 놀랍게도 HF보험사의 로고가 찍혀있었다. 그 아래에 있는 이름은 눈에 들어오지도 않았다. 용석 씨는 더 이상 상대를 보고 있을 마음이 없었다. 심하게 메스꺼움을 느끼며 쫓기듯 거리로 뛰쳐나온 용석 씨는 그때서야 지난 일을 떠올렸다.

그날 친구는 분명 다급해 보였다. 갑자기 어머니 수술비가 필요하다며 며칠만 좀 빌려주면 안 되냐고 애원하던 친구에게 미심쩍은 대답을 늘어놓다가 끈질기게 걸려오는 전화가 성가셔 강현웅에게 의뢰했었다. 그래놓고는 까맣게 그 일을 잊어버리고 있었던 것이다.

친구가 어떻게 HF보험에 의뢰했는지는 궁금하지도 않았다. 분노는 친구에게 향한 것이 아니라 용석 씨 자신을 향한 것이었다. 오랜만에 추억담을 나누며 차가워진 가슴을 풀어 헤치고 마음껏 웃고 마음껏 울어보려 했던 바람이 너무나 허무하게 부서졌다.

용석 씨의 절망은 실적의 내리막길을 더욱 가속화시켰다. 1년 넘게 전국 1위를 하던 실적은 마침내 영업소 안에서도 하위권으로 밀려났다. 언제나 불행은 갑작스럽게 다가오는 것이다. 놀랍도록 수척해져버린 용석 씨에게 그나마 걱정스럽게 안부를 묻곤 하던 동료들도 며칠 지나고부터는 아예 외면했다. 그건 '불행'이란 이름의 바이러스에 감염된 사람으로부터 자신을 지키기 위한 처방이었다.

분위기로 보아 HF보험에 가입한 사람이 한둘이 아니라는 걸 알 수 있었다. 용석 씨는 그들의 비웃음이 두려웠다. 따지고 보면 그리 비열한 수를 쓴 것도 아니고 강현웅의 말처럼 불법적 수단을 동원한 것도 아니었건만 합리적인 생각은 이미 불가능한 용석 씨였다. 차츰 부끄러움도 절망도 무디어갔다. 용석 씨가 자신을 불행의 구렁텅이에서 꺼내줄 유일한 사람으로 강현웅을 떠올린 것은 그로부터 2주일의 시간이 지난 후였다.

"언제나 최고의 행복을 전해드리는 HF보험의 강현웅입니다."

"이런 것도 됩니까?"

용석 씨의 말은 지극히 단조로웠다. 복잡하고 세련된 언어를 구사할 기력이 그에겐 남아 있지 않았다.

"실적에 관한 것이군요? 물론 됩니다. 반품에 대역을 보내었듯이 가능 고객의 명단만 있으면 그 분야의 전문가를 보내드리죠."

강현웅은 언제나처럼 용석 씨의 사정을 다 알고 있었다. 생각해보면 기이한 일이었지만 그걸 따질 형편은 아니었다.

"그렇다면 내일 아니, 오늘부터라도 의뢰하고 싶군요."

"그야, 언제라도 가능합니다. 다만 알려드리고 싶은 것은 최용석 고객님의 보험료가 많이 상향되었다는 것입니다. 기존의 보험료에 지금 의뢰하시는 건까지 합쳐지면 부담하시기가 만만하지 않으실 것 같습니다만."

그런 걸 예상 못할 용석 씨는 아니었지만 수입보다는 잃어버린 1위를 탈환하고 싶었다.

"그런 건 아무래도 좋습니다. 그런데 하나 물어보고 싶은 게 있군요. 요즘 HF보험과 계약하는 사람들이 부쩍 늘어가는 것 같던데, 다른 고객들은 이런 식의 의뢰를 하지 않나요?"

"다른 고객들에 대해서 말하는 건 금지되어 있습니다만 특별히 일러드리죠. 저희 HF보험에서는 고객들과의 신뢰도에 따라 의뢰할 수 있는 일에 제한을 두고 있습니다. 분명히 말씀드립니다만 오늘과 같은 건에 대해서 의뢰할 수 있는 고객은 흔하지 않습니다. 보험료가 비싸기도 하지만, 그것보다 신뢰도 평가에서 최용석 고객님과 같은 점수를 얻는 사람은 거의 없기 때문입니다."

"좋습니다. 그럼 부탁드립니다."

"자료를 넘겨주십시오. 처리 결과는 문자로 보내드립니다."

용석 씨는 자신이 하는 일이 무엇을 의미하는 건지 모르고 있었다.

의뢰한 달로부터 용석 씨는 재기했다. 급격히 하락했던 실적은 그보다 더 가파른 상향 곡선을 그리며 용석 씨를 위로해주었다. 하지만 용석 씨의 주머니는 날로 가벼워졌다. 실적이 늘어갈수록 막대한 보험료를 물어야 했다.

처음 월 2회로 시작했던 의뢰는 이제 일 2회로 바뀌었다. 용석 씨의 수입은 대부분 보험료로 납입되었다. 그럼에도 외양으론, 용석 씨는 '불행바이러스'로부터 용감히 떨치고 일어선 사람으로 보였다.

동료들은 다시 갈채를 보내기 시작했다. 이미 HF보험에 가입했을 몇몇 동료들의 의아한 시선도 더 이상 신경 쓰이지 않았다. 하지만 용석 씨는 자신의 일을 통째로 HF보험에 의뢰한 꼴이 되었다는 걸 모르고 있었다.

알려고만 하면 언제든 알 수 있는 지극히 당연한 사실이었지만 용석 씨는 끝내 외면했다. 다시 갈채를 받고 어디서든 성공한 사람으로 대우받을 수 있는 걸로 만족했다.

용석 씨의 의뢰는 날로 영역을 넓혀갔다. 용석 씨는 마치 자신이 든 칼이 무서워 함부로 칼을 휘두르는 사람처럼 보였다.

반년이 지났다. 용석 씨는 필사적으로 건강과 그에 상응하는 세련된 외모를 가꾸기 위해 노력했지만 나날이 비싼 남성용 화장품 안에 가려진 얼굴은 생명력을 잃어갔다. 용석 씨의 유일한 친구이며 동료는 HF보험뿐이었다. 눈물 나도록 정겨운 어머니의 밥상을 받아본 지도 오래되었다. 자꾸만 수척해지는 아들을 염려하는 어머니의 관심이 용석 씨의 분노를 유발시킨 것은 다섯 달 전이었다. 급기야 그날 용석 씨의 어머니는 깔끔하고 한 치 빈틈없이 예의를 갖춘 낯선 사람의 방문을 받아야 했다. 용석 씨는 '후회'라는 걸 아예 '지각불능정서목록'에 추가했다. 이미 그의 목록에는 여러 가지가 있었다. 사랑, 우정, 책임, 희망, 양심 등등.

어느 날 아침, 지나치게 푹신한 침대에서 시체처럼 자던 용석 씨는 찌르는 듯 아픈 허리 때문에 잠에서 깨었다. 날로 늘어가는 진통제에도 불구하고 통증은 갈수록 용석 씨를 괴롭혔다. 하지만 육체의 통증은 오히려 눈물겨운 것이었다. 용석 씨의 마음은 통증조차 느끼지 못하고 있었다. 용석 씨가 '마음'이란 걸 가지고 있었다는 유일한 증거는 이따금 밀려오는 답답함이었다. 멍하니 지내다보면 그마저도 흐릿해졌지만 그날 아침은 답답함이 마지막 몸부림을 치는 듯 쉽사리 물러가지 않았다. 어쩌면 그건 용석 씨의 마음이 죽어가며 외치는 단말마의 비명일 수도 있었다.

용석 씨는 단축버튼을 누르지 않고 일일이 번호를 눌러 강현웅에게 전화했다.

"예, 강현웅입니다. 그렇잖아도 이번 달 최우수 고객으로 선정되신 것을 알려드리려던 참이었습니다."

"갑자기 이런 이야기해서 죄송합니다만 이제 그만 계약을 해지하고 싶군요."

놀라운 일이었다. 용석 씨는 자신이 하는 말을 스스로도 믿을 수 없었다. 거의 죽음 문턱까지 갈던 용석 씨의 마음이 다시 뒤돌아 주인에게 뛰어오기 시작했다.

"보험료가 부담되시는 모양입니다만 다시 한 번 생각해보시죠?"

"아뇨, 지금 말하지 않으면 영원히 못할 것 같군요. 처리해 주십시오."

"죄송합니다만 계약서를 가지고 계시는지요?"

"계약서라면 언제나 내 방 서랍 안에 보관되어 있습니다."

"다행이군요. 그렇다면 약관을 한번 읽어 보시죠. 특히 3조 1항의 계약 해지에 대한 것과 동조 2항의 계약 유지에 대한 것을 유의하시면서 읽어 보십시오. 그 후에 다시 전화주시면 고맙겠습니다."

강현웅의 전화는 언제나 그랬던 것처럼 차갑게 끊겼다.

서랍에서 계약서를 꺼내보았다.

제3조

1. 계약 해지에 대하여.

본 계약은 종신계약이며 한번 이루어진 계약은 해지할 수 없다.

……

3. 계약 유지에 대하여.

고객이 계약을 유지할 의사가 없어 최근 3개월간의 평균 의뢰 건수에 못 미치는 의뢰를 할 시에는 자체 분석 프로그램으로 고객의 의뢰 성향을 분석하여 자동으로 의뢰받은 것으로 한다. 그 횟수는 최근 3개월간의 의뢰 건수의 평균치 이상으로 한다. 고객이 더 이상 보험료를 납입할 의지나 능력이 없다고 판단될 때에도 계약은 그대로 유지되며 미납된 보험료는 당사에 대한 고객의 채무로 조정한다.

용석 씨의 마음이 마지막 힘을 짜내어 주인에게 호소했다. 하지만 용석 씨가 취할 수 있는 방법은 아무것도 존재하지 않았다. 답답함이 극에 달했다. 용석 씨는 답답함이라도 느낄 수 있는 자신에게 그나마 위안을 얻고자 했지만 그렇게 생각하기엔 너무도 심하게 가슴이 죄어왔다. 어쩌면 그것은 오래도록 주인에게 철저히 외면되어진 사랑과 인정과 어머니의 눈물이 용석 씨를 애타게 찾는 아우성이었는지도 모른다. 다시 강현웅에게 전화를 걸었다.

"예, 강현웅입니다. 약관은 잘 읽어보셨습니까?"

"그보다 지금 답답해 미칠 지경인데 날 좀 처리해주십시오."

"잘 알겠습니다. 오늘은 의뢰 건에 대한 정보는 필요 없겠습니다. 그런데 처리 결과는 누구에게 알려드리면 됩니까?"

"……."

용석 씨가 대답도 없이 전화를 끊고는 스르르 그 자리에 쓰러졌다.

용석 씨가 사는 오피스텔 맞은 편 건물의 대형 전광판에 사람들을 설레게 하는 문구가 지나가고 있었다.

'최고의 행복을 전해드리는 HF보험은 여러분을 사랑합니다.'

내기

석구 씨는 그날도 술을 마셨다. 장 목수의 협박(?)에 못이긴 척했지만 애초에 항거할 마음은 없었다. 한나절 질통을 메고 그 질통의 부피만큼 땀을 쏟고 나면 웬만한 물로는 달아난 수분을 채울 수 없었다.

"어이, 석구 씨! 한잔 할 테야?"

"허구한 날 술 마시면 집에서 쫓겨난다니깐."

"객쩍은 소리 하고 있네. 여우같은 마누라도 없는 사람이 집에 가면 뭔 낙이 있나? 잔말 말고 따라와. 내가 한잔 살 테니."

"아따, 그러는 형님은 뭐 별 수 있소?"

"남의 아픈 데 건들지 말고 따라와!"

장 목수는 석구 씨보다 아홉 살이나 많았지만 언제나 석구 씨를 친구처럼 대했다. 어쩌면 홀아비로 살아가는 아픔을 같이 삭일 수 있었기 때문인지도 모른다.

늘 가는 포장마차에서 꼭 한 병만 먹자던 술은 어느새 세 병을 넘기고 있었다. 시켜놓은 고갈비가 뼈만 앙상하게 드러낸 채로 난자당하고 나면 언제나 한바탕 볼멘소리가 등장했다.

"깡으로 먹으면 속 버릴 거니 조거, 조거 좀 시켜보시오."

석구 씨가 유리 진열대 안에서 유혹하고 있는 안주거리들을 손으로 가리켰지만 장 목수는 빈틈이 없었다.

"살 깎아 버는 돈을 그리 낭비할 순 없지. 보소, 아줌마. 거, 국물이나 한 사발 주소."

"아따, 술만 먹지 말고 안주도 좀 거하게 시켜봐."

아주머니가 은근히 석구 씨를 편들며 재빠른 손놀림으로 어묵 서넛을 밀어 넣은 국물을 내놓았다.

"고춧가루도 좀 뿌려주면 좋지요."

"찾을 건 다 찾네. 거기 통에 있으니 마음대로 뿌려 드시구랴."

"좀 기다려보시오. 내가 떡하니 용역회사라도 하나 차리면, 그땐 매일 여기 와서 회식을 할 테니깐."

"제발 그러면 좀 좋아."

국물마저 동이 나면 그때서야 장 목수는 석구 씨를 놓아주었다.

집으로 가는 길은 언제나 좋았다. 가로등마저 퇴색한 골목길을 힘겹게 거슬러 올라가노라면 훌쩍 떠나버린 아내가 생각났다. 아들, 딸 하나씩 남겨놓고 바쁘게 갈 길로 가버린 아내가 못내 야속했지만 기다림에 지쳐 옷 입은 채로 잠들어 있을 아이들을 생각하면 세상시름이 절로 잊혀졌다. 집으로 가는 어귀엔 붕어빵 아저씨가 골목을 지키고 있었다. 더러 늦게 귀가하는 사람들에겐 더할 나위 없이 따뜻한 곳이었다. 잠시나마 뜨거운 가스 불을 쬐고 나면 가는 길이 제법 훈훈했다. 게다가 갓 구워낸 붕어빵의 온기도 만만찮았다. '천 원어치'라는 말이 목구멍에서 나오다 말았다. 쓸쓸한 골목을 지켜주는 붕어빵 아저씨에게 까닭모를 미안함을 느끼고 언제나 튀어나오는 소리는 '이 천원어치'였다. 팽팽하게 낚시 줄을 끌어당기는 맛은 아니었지만 봉투 안 빽빽이 느껴지는 붕어의 손맛도 그럴듯했다.

달이라도 훤히 비치는 날이면 금상첨화였다. '달 아래 비척거리는 나그네 손 안엔 붕어가 여덟 마리라.' 기가 막힌 시상을 떠올리며 바라본 하늘엔 그날따라 달이 두 개나 떠 있었다. 게다가 그중 하나가 점점 석구 씨에게로 가까이 다가오는 것이 아닌가!

게슴츠레한 석구 씨의 눈 속으로 여태 본 적 없는 하얀 빛이 가득 파고들었다.

석구 씨가 눈을 뜬 것은 한참 시간이 지난 후였다. 유리로 된 덮개가 석구 씨의 온 몸을 감싸고 있었고 주위엔 낮은 기계음이 들렸다. 석구 씨가 혼자서 상황을 파악하는 것은 처음부터 무리였다. 옆에 서있던 외국인(석구 씨에겐 그렇게 보였다.)이 놀랍게도 명백한 한국어로 물었다.

"괜찮습니까? 잠시 정신을 잃으시더군요."

그와 함께 석구 씨의 몸을 가리고 있던 유리가 반으로 갈라지며 흔적도 없이 어디론가 빨려들어 갔다.

"누구십니까? 여긴 어디죠?"

"지금 난 음성 변환기로 말하고 있습니다. 내가 하는 말은 자동으로 당신이 알아들을 수 있는 언어로 변환됩니다. 한국어는 무척 아름답지만 배우기가 어렵더군요. 많이 놀라셨을 겁니다. 여긴 당신들이 UFO라고 부르는 물체의 내부입니다. 우린 당신에게 어떤 해도 끼칠 생각이 없으니 안심하기 바랍니다."

"UFO? 애들 만화에 나오는 거 말입니까?"

벌떡 일어난 석구 씨의 눈에 보이는 것은 만화에 비길 바가 아니었다. 도무지 정체를 알 수 없는 기계와 계기판이 가득한 실내는 너무나 이질적인 것이었다. 그나마 석구 씨의 눈에 가장 익숙한 모습은 옆에서 미소짓고 있는 두 명의 외국인이었다.

UFO라니… 말이나 될 법한 소린가. 이건 뭔가 날 놀리는 것임에 틀림없다. 분명 좀 있으면 모든 게 연극이라고 말할 것이고, 난 방송을 타게 되는 거겠지. 그렇다 하더라도 정말 그럴듯하게 꾸며놓았군. 잘하면 속겠는데…….

"당신은 지금, 이 모든 일이 꾸며낸 일이라고 생각하고 있군요. 불행인지 다행인지 모르지만 지금 당신이 보고 듣고 있는 일들은 모두 명백한 현실입니다. 거듭 말하지만 당신을 곤혹스럽게 하고 싶은 생각은 없습니다."

"허, 정말 한국말을 잘 하시네. 한국에 온 지 꽤 되었나 봅니다."

두 외국인이 서로 눈짓을 교환하더니 어깨를 으쓱했다.

"좀 시간이 지나면 현실을 인정하게 될 겁니다. 지금 당신은 지구로부터 78.256광년 떨어진 우리 별로 가고 있습니다. 우리별은, 지구 식으로 발음하자면 '메타페론'입니다. 지구보다 약 2,000년 앞선 문명이지요. 우리 외에도 지구에 관심을 가진 우주인은 많습니다. 태양계 안의 다른 혹성에서 날아드는 비행체도 있지요. 하지만 그들 역시 우리처럼 지구와는 조금 다른 차원에 존재하기에 지구에서 띄운 탐사선엔 발견되지 않습니다. 우린 당신의 지능을 벌써 측정해보았습니다. 당신은 주위 사람들이 생각하는 것 보다 훨씬 뛰어난 지능을 가지고 있더군요. 그래서 우리가 하는 말을 다 이해하게 될 거라고 기대합니다."

"이거, 좀 지나치군요. 내가 어떻게 반응하길 바라는 겁니까? 무서워하며 소리라도 질러야 되는 겁니까?"

"말로 해서는 아무리 지능이 높다하더라도 현실로 받아들이기에 무리가 있겠죠. 자, 당신의 오른 손 옆에 세계지도 모양의 계기판이 있죠? 아무 곳이나 손가락으로 건드려보세요."

옳아, 바로 이거로군. 흠, 이건 중요한 일이다. 어디를 누르느냐에 따라서 상품이 달라지는 것이다. 혹시 누르는 곳을 여행시켜주는 건 아닐까? 그렇다면 경비는 물론이고 그 기간 동안 내가 벌 수 있는 정도는 보장해주겠지. 흠, 어디가 좋을까? 아마도 한두 명 정도는 같이 보내 줄 것이다. 아들 녀석이 좋아하겠는데. 그래, 언제나 아프리카에 가보고 싶다고 했지. 초원을 달리는 사자나 기린이 보고 싶다고 했어. 그렇다면 어디, 아프리카를…….

석구 씨가 아프리카를 손으로 건드렸다. 그러자 좀 더 확대된 지도가 나타났다.

옳아, 이건 GPS니 뭐니 하는 그런 기술이로구만. 암튼 세월 참 좋아. 그나저나 어느 방송사인지는 몰라도 너무 투자를 많이 하는 것 아냐?

"계속 눌러보십시오."

석구 씨가 누를 때마다 지도는 확대되어 갔다. 몇 번을 누르자 드디어 최종 장소에 도달한 듯 화면 가득 초원이 나타났다.

"자, 여기를 보시죠."

잠잠히 옆에 서있던 다른 외국인이 석구 씨에게 말을 건넸다. 석구 씨가 고개를 들자 방처럼 느꼈던 공간은 온데간데없이 사라지고 대신 끝이 보이지 않는 넓은 초원이 석구 씨의 눈앞에 생생하게 펼쳐져 있었다. 아무리 보아도 실제의 풍경이었다. 풍경은 주위의 모든 방향으로 펼쳐져 있었고, 애석하게도 사자도 기린도 찾아볼 수 없었지만 분명 아프리카의 어느 장소처럼 보였다. 석구 씨는 너무나 생생한 광경에 잠시 자신의 처지를 잊고 사방을 두리번거렸다.

"엇, 이건!"

"놀랍죠? 이건 현재 지구의 과학수준으론 불가능한 거죠. 지구에선 적어도 30년은 더 있어야 겨우 흉내정도 낼 수 있을 겁니다. 물론 홀로그램(Hologram)이라고 해서 이와 유사한 기술이 개발되어 있긴 하지만 이정도로 사실감을 주진 못하죠. 어떻습니까?"

석구 씨의 머릿속이 하얗게 변했다.

"그렇다면… 당신들은 도대체 누구… 십니까?"

석구 씨의 음성이 떨리고 있었다.

"이제 제대로 들을 준비가 되셨습니까?"

아무 대꾸도 못하고 눈만 껌벅이던 석구 씨가 갑자기 등 뒤에서 난데없는 살기를 느끼고 다급하게 뒤를 돌아보았다.

"아, 이건 이제 꺼도 되겠죠? 원하신다면 더 켜놓을 수도 있습니다만."

석구 씨가 돌아보니 아까는 보이지 않던 사자가 갈기를 길게 늘어뜨린 채 석구 씨를 노려보고 있었다.

"이거 어떻게 된 거죠?"

"겁내지 마세요. 실제가 아닙니다. 단지 사자가 바라보는 시선 중간에 우연히 당신이 앉아 있는 것뿐입니다. 이 장치는 단순한 영상 전달 장치가 아닙니다. '공간 복제 장치'라고 하는 게 이해가 빠를 것 같네요. 오감으로 파악되는 대부분의 것을 그대로 느낄 수 있습니다. 하지만 실제는 아니죠. 물론 영상 저쪽의 세계에선 이쪽을 전혀 의식하지 못합니다. 우린 이 장치를 통하여 지구의 다양한 모습들을 지켜봐왔습니다. 현장감이 그대로 느껴지죠."

"그렇다면 당신들은 감시자인가요?"

"그런 오해를 받아도 할 말은 없겠지만 그렇지는 않습니다. 우리는 단지 관찰만 할뿐입니다. 간혹 지구인의 삶에 개입하는 부류도 있지만 원칙적으로 교섭은 금지되어 있습니다. 물론 지구인이 우리를 받아들일 수 있는 의식 수준에 도달했을 때는 자연스럽게 교류하게 되겠지만 아직은……."

장치가 꺼지자 적나라하게 펼쳐졌던 아프리카의 초원은 연기처럼 사라지고, 처음엔 꾸며진 세트라고 생각했던 우주선의 내부가 원래대로 나타났다.

"날 어디로 데려가는 건가요?"

"메타페론."

"그곳에서 날 어떻게 할 거죠?"

냉정을 유지하려 애썼지만 석구 씨의 심장은 점점 심하게 요동쳤다.

"당신에게 해가 되는 일을 하지는 않을 겁니다. 잠시 여행을 떠난다고 생각하십시오."

"그렇지만 가족들은 내가 실종된 줄 알겁니다. 더구나 아버지는 거동이 불편해서 내가 없으면 돌볼 사람이 없어요."

두 사람이 빙긋이 웃었다.

"그런 건 걱정하지 않아도 됩니다. 우린 당신이 지구에서 느끼는 시간의 조금, 정확히 30분만 빌릴 것입니다. 30분 정도로 그리 걱정하지는 않겠죠?"

석구 씨가 무언가 더 물어보려다 입을 다물었다. 도무지 말도 안 되는 상황에 던져졌음에도 석구 씨는 차츰 냉정을 회복했다. 두 우주인은 석구 씨의 침묵을 존중했다. 시간이라야 기껏 오 분 정도였지만 석구 씨로선 상당히 긴 시간이었다. 이윽고 석구 씨가 다시 대화를 할 수 있을 정도로 안정을 찾았을 때 옆에 서있던 남자가 입을 열었다.

"난 휴론, 이 친구는 미아트라고 합니다."

"당신들은 음성 변환긴가 뭔가를 통한다지만 내겐 그런 장치가 없는데 어떻게 내 말을 알아들을 수 있는 거죠?"

"몸에 부착하는 그런 종류가 아닙니다. 일정 반경 안에서는 어떤 언어든 서로 소통되도록 공간 전체를 세팅해놓은 겁니다."

"휴우, 하필이면 왜 나죠? 좀 유명한 사람이라든지 아님 천재적인 과학자라든지 그런 사람들이 더 낫지 않습니까?"

"물론 그럴 수도 있겠지요. 하지만 당신을 선택한 데는 이유가 있습니다. 그건 차차 알게 될 겁니다. 갑자기 너무 많은 정보가 밀려오면 뇌는 피로함을 느끼죠. 앞으로 약 두 시간 동안 이 우주선은 차원이동을 하게 됩니다. 처음 겪는 사람은 다소 피로함을 느낄 수도 있으니 그동안 수면을 취하는 게 좋을 것 같습니다."

아닌 게 아니라 석구 씨의 몸은 그 상황에서도 잠을 요구했다. 어쩌면 불가해한 상황에서 더욱 피로를 느낀 건지도 모른다. 석구 씨는 다시 처음 자리에 누우면서 생각했다.

적응이 빠른 건가? 어느새 여기가 포근하게 느껴지는군.

휴론이 석구 씨의 수면을 잠시 지켜보다 말했다.

"어때, 이번에야말로 내가 이기지 않을까?"

"언제나 자신 있다고 했지 않나?"

"두고 보면 알겠지. 그래도 3,000명의 대상자 중에서 고르고 고른 사람이란 말일세."

"흠, 일단 공황상태에 빠지지 않는 걸로 봐선 잘 고른 것 같기도 해."

"그 정도야 뇌파의 패턴을 보면 알지. 두고 보게. 이 지구인은 현명한 선택을 할 거야."

"과연 그럴까?"

미아트가 고개를 가로저었다.

석구 씨가 눈을 뜰 무렵 우주선은 메타페론의 대기권으로 접어들고 있었다.

"이거, 떨리는데요. 말하자면 지구인으론 처음으로 여기 오는 거잖아요?"

휴론은 그 말에는 대답하지 않았다.

"유감스럽게도 당신은 여기를 기억하지 못할 겁니다. 물론 당신이 원한다면……."

"원한다면?"

"그건… 좀 지켜보기로 하죠."

분명 휴론은 뭔가를 숨기고 있었다.

우주선은 미동도 없이 잠시 후 메타페론의 육지에 부드럽게 내려앉았다. 우주선이 착륙하는 것과 동시에 우주선 내의 사방이 투명한 상태로 변해 주위의 풍경이 그대로 쏟아져 들어왔고, 공조장치가 가동된 듯 바깥의 맑은 공기가 석구 씨의 코로 바로 밀려들어왔다. 메타페론의 공기는 깊은 산에라도 온 것처럼 신선했다. 석구 씨가 자신도 모르게 심호흡을 하자 옆에 있던 미아트가 말했다.

"메타페론의 대기는 지구와 흡사합니다. 아니, 지구보다 훨씬 낫죠. 약 1만 년 전의 지구대기와 같다고 보면 됩니다."

석구 씨가 경이로운 눈으로 창밖을 돌아보았지만 사람들이 거주할만한 건축물은 별로 눈에 띄지 않았다.

"여긴 사람들이 거주하는 곳이 아니군요?"

"당신이 생각하는 도시의 풍경과는 많이 다르죠? 메타페론의 모든 건축물은 자연을 거스르지 않도록 설계되어 있습니다. 가시 돋은 모양의 건물을 생각했다면 실망스러울 겁니다."

"아뇨, 그럴 리가."

"자, 나가죠."

석구 씨의 심장이 다시 요동치기 시작했다. 지구보다 2,000년이나 앞선 문명이란 어떤 것일까?

호기심으로 입이 바짝 말라가던 석구 씨의 눈이 휘둥그레졌다. 우주선의 출입구 밖에는 석구 씨가 여태 보아온 그 누구보다도 아름다운 여성이 미소를 띠고 서있었다. 게다가 그 여성의 온 몸에선 형언할 수 없는 기품이 흘러넘치고 있었다. 그런 모습을 본 것만으로도 메타페론에 온 보람은 충분할 것 같았다.

"휴론, 미아트, 이번 여행은 좀 길었네요?"

"마르셀, 안 본 사이에 더 아름다워졌군요?"

마르셀은 미아트의 인사를 흘려듣고 석구 씨에게로 시선을 돌렸다. 별 말을 하지는 않았지만 석구 씨는 마르셀의 눈빛에서 깊은 애정에서 배어 나오는 따뜻함을 느낄 수 있었다.

석구 씨는 초면이라는 입장도 잊어버리고 자기도 모르게 소리를 지르고 말았다.

"정말 나이를 짐작할 수가 없군요!"

석구 씨의 말에 다들 웃었다.

"내 말이 우스운가요?"

휴론이 고개를 살짝 가로저으며 말했다.

"아마도 마르셀의 나이는 석구 씨가 짐작하는 것보다는 좀 많을 겁니다."

"설마 40이 넘었다고 말하는 건 아니겠죠?"

이번에는 마르셀이 직접 대답했다.

"유감스럽게도 난 782살입니다. 메타페론의 공전주기는 지구보다 좀 더 길죠. 지구 식으로 굳이 말하자면 945살 정도 되겠죠."

석구 씨가 할 말을 잊고 멍하니 서있자 미아트가 이끌었다.

"놀랄 일은 앞으로도 많으니까 좀 아껴두죠. 그나저나 잠은 충분한가요?"

"그러고 보니 별로 많이 잔 것 같지도 않은데 피로감이 전혀 없군요."

"캡슐은 잠자는 동안 몸을 최상의 컨디션으로 만들어주죠. 암튼 좋습니다. 메타페론은 당신을 반깁니다. 먼저 식사나 하러 가죠."

우주선이 착륙한 곳에서 잠시 걸어가자 돔 형태의 건축물이 나타났다. 일행이 앞에 이르자 그냥 벽처럼 보이던 곳이 스르르 열렸다. 실내는 조그만 운동장을 만들어도 될 만큼 컸다. 말끔하게 정리된 공간은 처음임에도 불구하고 아늑하게 느껴졌다. 화려한 색채로 멋을 내진 않았지만 석구 씨가 영화나 드라마에서 본 어떤 실내보다도 더 세련되고 우아했다. 조금도 넘치거나 인위적인 구석이 없었다.

메타페론의 음식은 지구와 크게 다르지 않았다. 적어도 알약 몇 개로 식사를 마친다거나 향긋한 음료 정도로 식사를 대신하지는 않았다. 풍성하게 식탁에 오르는 야채는 겉보기에도 매우 싱싱하게 보였다. 그 외에 스프와 비슷한 음식이며 육류 같은 것이 식탁에 올랐다.

"맛이 어떤가요?"

마르셀의 음성은 석구 씨의 가슴을 설레게 했다.

"좋습니다. 무엇보다 신선해서 좋습니다. 고기도 맛이 아주 훌륭한데요?"

"하하, 고기처럼 느껴지셨군요. 하지만 그건 고기가 아니에요. 메타페론에서는 육식을 하지 않습니다. 이미 천 년 전에 그런 식습관은 사라졌죠."

"그래요? 그런데 이런 것 물어도 될지……."

"무엇이든 물어보십시오."

"여기선 가족 관계가 어떻게 되죠? 또 결혼이라든지 그런 건?"

"지구와 별 다를 게 없어요, 중혼(重婚)이 허락된다는 것 외엔."

"중혼이라면?"

"다수의 상대와 결혼할 수도 있다는 겁니다."

"어떻게 그런 일이 있을 수 있는 거죠?"

"물론 지구인들에게는 도저히 있을 수 없는 일이죠. 하지만 메타페론에는 질투나 소유욕이 존재하지 않기에 가능한 거랍니다."

"하지만 속마음까지 알 수는 없는 것 아닌가요?"

"행성은 거대한 의식체입니다. 만약 메타페론의 의식과 맞지 않는 사람이 있다면 그 사람은 도태됩니다."

"벌을 준다는 겁니까?"

석구 씨의 음성이 자기도 모르게 떨렸다.

"하하, 벌이라고 말하긴 어려울 것 같군요. 다만 그런 사람은 괴로움을 안고 살아가게 되겠지요. 그런데 그런 사람이 일정 수준이상으로 많아지면 문제는 달라집니다. 전 행성이 위험한 지경에 이를 수도 있습니다. 정확히 말하자면, 그 행성에 거주하고 있는 사람들의 삶이 위협받게 됩니다. 행성은 그 크기에 비례해서 서서히 반응합니다. 사람으로선 금방 반응할 수 있는 것도 행성은 100년 이상의 시간을 두고 반응하죠. 행성과 공존할 수 있는 방법을 찾지 못한 문명은 서서히 멸망하게 되는 겁니다."

석구 씨의 등 뒤로 식은땀이 흘렀다.

"그럼 지구는… 지구는 어떻게 되는 겁니까? 지구인들은 지구의 의식과 맞추어가고 있는 겁니까?"

"그건 지구인들의 몫이죠. 당신은 어떻게 생각합니까?"

"전, 왠지 뭔가 잘못하고 있다는 생각이 듭니다."

"물론 메타페론의 방식이 궁극적인 거라고 말할 수는 없어요. 메타페론보다 더 고등한 의식을 가진 행성도 무수히 존재합니다."

"후우, 그럼 자식은 어떻게 됩니까. 누가 키워야 되죠?"

"공동으로 키웁니다. 누구도 자신의 유전자를 물려줬다고 해서 자신의 소유라고 생각하지는 않습니다."

"하지만 부모의 사랑이란 건 중요하지 않습니까?"

"누구도 소유하려 하지 않지만 또한 그 누구라도 지구인이 자신의 아들딸에게 가지는 애정보다 훨씬 큰 사랑을 가지고 있습니다. 이런 부분은 좀 이해하기 어려울 겁니다."

"하지만……."

"억지로 받아들이려 하지 마세요. 당신이 오래도록 가져온 습관적 사고를 내려놓을 수 있을 때 그 모든 것을 수용할 수 있을 겁니다. 우주에는 다양한 존재들의 다양한 삶의 방식이 있다는 것을.

"전 무식한 편이라서."

영혼의 아름다움은 지식수준과는 별개입니다. 그렇다고 해서 뛰어난 영혼이 무지하다는 말은 아닙니다. 다만 우주적 사랑을 이해하는 것이 지식의 습득보다 우선이라는 거죠. 물론 우리의 지식은 단순한 정보의 수집이나 문자로 정리된 관념체계 같은 게 아닙니다. 메타페론에서의 지식이란 건 우주에 대한 직관적인 이해와 존재에 대한 경외심, 무한한 창조력을 아름답게 쓰는 법과 같은 것이죠."

마르셀이 무척이나 친절하게 설명해주었지만 석구 씨의 얼떨떨한 기분은 쉽게 가시지 않았다. 도무지 꿈을 꾸는 것만 같았다.

이틀째, 석구 씨는 생전 누려보지 못한 호강을 누리며 잠에서 깨어났다. 수면 중의 모든 환경은 너무나 쾌적했다. 감당 못할 두려움과 설렘으로 인해서 잠을 못 이룰 법도 하건만 석구 씨의 타고난 무신경은 환경의 변화가 주는 스트레스보다는 믿을 수 없을 정도의 안락함을 받아들였다. 사실 그런 점은 석구 씨가 휴론과 미아트에게 선택된 중요한 이유이기도 했다.

아침 식사 후에는 메타페론 곳곳의 여행이 시작되었다. 자연이 주는 신비함은 지구와 마찬가지였다. 다만 메타페론의 자연은 지구와 다른 대접을 받고 있었다. 환경파괴나 환경오염 같은 행태는 그 어디에도 없었다. 건축물 뿐 아니라 메타페론인의 모든 생활양식은 철저히 자연과 조화를 이루고 있었다. 모든 자원은 거의 대부분 재활용되고 있었으며 도저히 재활용이 불가능한 문명의 부산물들은 완전히 분해되어 자연으로 돌려보내졌다.

메타페론에서의 직업은 창조와 보람이라는 두 가지 전제하에 자유롭게 선택되었다. 어느 누구도 적성에 맞지 않거나 지루한 일을 선택하기를 강요당하는 사람은 없었다. 개인이 가진 창의성은 최대한 존중되었으며 직업은 생존을 위한 노동이 아니라 창의적 사고를 마음껏 펼치기 위한 수단이었고 그 성과는 모두를 풍요롭게 하는데 적절히 쓰였다.

경이로운 문명에 감탄하고 있을 때 마르셀이 메타페론의 역사에 대해 말했다.

"놀라우실 겁니다. 하지만 메타페론 역시 지구와 같은 시기가 있었습니다. 사람들은 승화되지 못한 공격성으로 인해 서로를 해치려 하였고 그런 암울한 기운이 행성 전체를 뒤덮어 멸망 직전에 이른 경우도 여러 번 있었습니다. 더 놀라운 것은, 지금 보다 더 발달된 과학문명에서도 그런 일이 벌어졌다는 것입니다."

"이보다 더 발달된 문명이란 짐작조차 가지 않습니다. 그런데 그런 문명에서도 다툼이 있었다는 겁니까?"

"그렇습니다. 사실 지구에서도 그런 일은 과거에 몇 번이나 있었습니다. 지구의 역사가들은 너무나 오래 전의 일이기에 그 증거를 찾아내지 못하는 것뿐이지요. 하긴 그런 증거물이 발견된다고 하더라도 받아들이려 하지 않겠지만……."

"그런데 여기선 전부 나이가 많군요. 제 또래의 사람들은 만나볼 수 없나요?"

"왜 없겠어요. 하지만 당신 정도의 나이는 여기선 보호되고 육성되는 존재랍니다. 대략 100년 정도는 그런 과정을 거치고 나서 직업을 가지고 활동하게 됩니다."

"학교 같은 곳에서 배우는 겁니까?"

"호호, 지구에 있는 학교와 같은 모습을 떠올리면 곤란해요. 여기선 주입식으로 가르치지 않습니다. 모든 가르침은 무한히 열려 있는 가능성의 바탕 위에서 이루어집니다. 그 백 년 동안은 아주 중요한 시기죠. 지구인은 아직 잘 모르는 뇌의 영역이 있습니다. 여기선 그 영역을 계발하는 것을 아주 중요하게 생각합니다. 그곳은 더 이상 물질적인 영역이 아닙니다. 다차원의 우주와 연결되어 있는 일종의 통신센터인 거죠. 바로 그곳을 통해서 사랑의 본질과 영혼의 성장에 대한 비밀을 깨우치게 되는 겁니다. 소수이긴 하지만 지구인 중에서도 그 영역에 눈을 뜬 사람들이 있습니다. 하지만 지구인들이 이해하고 있는 영성은 아주 초보적인 수준입니다. 거대한 세계에 첫걸음을 디디고는 어디로 가야할지 몰라 두리번거리는 수준이죠. 메타페론에서조차 그 영역을 다 이해하지는 못합니다. 어쩌면 그건 무한할 지도 모릅니다."

"그렇다면 직업이나 생활을 위해서 필요한 지식이나 소양 같은 것은 어떻게 합니까?"

사랑의 본질과 영혼의 성장에 대한 비밀을 깨우치고 나면 필요한 정보나 지식은 극히 단시간에 습득할 수 있습니다."

"어떤 칩 같은 것을 부착하는 건 아닐 테죠?"

"그럴 리가요. 다만 가장 효율적인 시스템을 활용하는 것뿐이에요. 그런 방법을 말로 다 설명하기는 쉽지 않아요. 필요하다면 직접 한번 체험해 보겠어요?"

"아뇨, 왠지 두려워서."

"좋아요. 필요하다면 언제라도 말하세요. 여기 머무는 시간 동안만 하더라도 지구에선 대학자의 것을 능가하는 지식을 가질 수도 있어요. 당신은 그런 잠재력을 가지고 있는 사람입니다."

"난 그냥 평범한 노동자인걸요."

"그건 당신의 영혼이 선택한 하나의 방식일 뿐입니다. 겉보기에 평범하다고 해서 무가치한 삶이 되는 건 아닙니다. 당신은 우주적 사랑에 대한 이해와 다차원에 대한 교감 같은 것을 가지고 있어요. 그건 오히려 지구의 교육시스템을 거치지 않았기 때문에 가능한 겁니다. 그리고 무엇보다 당신에게는 부모로부터 물려받은 영혼의 자유로움이 있어요. 이런 상황에서도 공황상태에 빠지지 않는 건 단지 무신경하기 때문에 그런 게 아니라 영혼 깊숙이 메타페론에서 이루어지는 삶의 모습을 이해하기 때문인 거죠."

"휴, 그렇게 말해도 전 이해하기가 어렵습니다. 놀라움 때문에 내가 미치지나 않았으면 하는 심정입니다."

"미친다는 건 좋은 거죠. 그건 또 다른 세상을 향한 눈이 틔었다는 증거이니까요. 하지만 옆에 있는 사람들은 곤혹스러울 수도 있습니다. 그들은 단지 같은 공간을 공유하며 살고 있다는 이유로 먼저 미친 사람들에게 자신들의 잣대를 들이대죠. 몸이 아니라 그 사람의 의식이 어느 수준에 있느냐에 따라서 같은 공간에 있어도 사실은 전혀 다른 삶을 살고 있는 건데 말이죠. 말이 좀 어려워지죠? 하여간 미칠 수 있다면 행복한 겁니다."

"하지만 정말 미친다면 세상이 혼란스러워지잖아요?"

"단지 그런 면만 본다면 존재의 위대함을 발견할 수 없답니다. 지구인들의 대다수는 조그만 라디오의 원리조차 정확히 이해하지 못하면서 우주를 다 아는 양으로 오만하죠."

"그거야 공학도들의 몫이지, 일반인들이 정확히 이해할 필요는 없는 거잖아요?"

"확실히 그렇죠. 하지만 난 '라디오'를 말하고 싶은 게 아닙니다. 많은 '미치광이'들이 만들어 놓은 혜택을 너무 쉽게 받아들인다는 걸 말하고 싶은 거예요."

"미치광이들이 만든 세상이라……."

"세상은 좋은 쪽이든 안 좋은 쪽이든 미치광이들이 주역입니다. 살육을 자행하는 독재자도 미치광이지만 생활에는 아무 도움도 안 될 것처럼 보이는 명작을 창조해내는 예술가들도 마찬가지죠. 그들은 단지 방향이 다를 뿐일 수도 있어요."

"어떤 방향?"

"파괴와 창조."

마르셀의 이야기를 듣다가 석구 씨는 너무나 익숙한 광경에 하마터면 눈물을 쏟을 뻔했다. 그건 조그만 개미떼가 줄지어 뭔가를 지고 가는 모습이었다. 마르셀과 숲을 거닐던 석구 씨는 낯선 식물들의 모습에 감탄하고 있던 중이었다.

"야! 개미다. 이렇게 똑 같을 수가. 이건 분명 개미가 맞죠?"

"그래요. 지구에서 발견되는 것과 거의 차이가 없어요. 굳이 차이가 있다면 좀 더 안정적이랄까. 어때요, 지구인보다 먼저 메타페론을 알고 있는 개미를 보니?"

"다른 환경은 다른 데 어떻게 개미들은 같을 수가 있는 건지 신기합니다."

"개미는 그만큼 포용력이 있다는 거죠. 환경이 생물을 좌우하는 것 같지만 사실은 생물이 환경을 선택합니다. 기껏 선택해놓고 나서 파괴하는 인간들보다야 훨씬 고등생물이죠. 그들은 환경을 받아들이는데 모순이 없답니다."

석구 씨가 고개를 숙였다.

"내 말 때문에 풀이 죽은 건가요?"

"아뇨, 어쩌면 난 저 개미들과 같은 건지도 모르겠다고 생각했어요. 여기 온지 얼마 되지도 않았는데 벌써 오래 있어 왔던 것처럼 익숙해지는 걸요."

"호호, 역시."

마르셀이 고혹적인 미소를 지었다. 석구 씨는 꿈처럼 펼쳐지는 현실에 놀랍도록 빨리 적응하는 자신이 이상하게 느껴졌다. 누구나 꿈꿀만한 세상, 다툼도 미움도 없다. 한없이 계율에 적응된 나른한 천국이 아니다. 자신의 가치가 극대화되면서도 타인과 조화를 이루는 세상. 메타페론은 더할 나위 없는 이상향이었다.

메타페론의 자전주기는 거의 지구와 흡사했다. 지구의 시간단위로 보면 메타페론의 하루는 25시간 10분정도였다. 한 시간 남짓한 시차는 석구 씨에게 별다른 피로감을 주지 못했다. 오히려 최상으로 제공되는 환경으로 인하여 이틀, 사흘, 시간이 지날수록 석구 씨의 신체는 활력으로 넘쳤다.

나흘째.

"여긴 국가란 게 없나요?"

"메타페론 전체가 하나의 국가죠. 하지만 그마저도 지구의 개념과는 판이합니다. 주로 최상층의 과학자들과 과학을 뛰어넘는 고차원의 지혜를 가진 자들이 메타페론의 모든 것을 결정합니다."

마르셀의 대답은 부드러우면서도 명확했다.

"자칫 독재가 될 가능성은 없나요?"

"그렇지 않아요. 그들은 정확히 메타페론 주민들의 뜻을 대변합니다. 모든 사람들의 의식이 일정 수준을 넘어섰기에 가능한 방식인 거죠. 물론 메타페론에서도 시행착오는 있었습니다. 하지만 전에도 말했듯이 메타페론의 행성의식은 그런 상태를 철저히 거부했습니다. 물론 당장 드러나는 것이 아니었기에 그런 형태의 지배가 궁극적으로 메타페론의 의지에 반한다는 것을 아는 데는 많은 시간이 필요했죠."

"전에 메타페론은 지구보다 2,000년 정도 앞서있다는 말을 들었습니다.

그렇다면 2,000년 후에나 지구는 이런 평화를 누릴 수 있겠군요?"

"그건 지구인의 몫이죠. 확실히 과학수준은 2,000년 정도지만 과학수준과 진정한 사랑에 대한 깨달음이 꼭 비례하는 건 아니니까요."

"아무리 사랑을 깨닫는다고 하더라도 물질적 풍요가 보장되지 않는다면 사람들은 다시 다투지 않을까요?"

"날카로운 질문이군요. 하지만 우주는 무한 가능성의 세계죠. 사랑은 계약이나 조건부가 아니니까요. 당신이 아직 모르는 게 있어요."

"내가 모르는 것?"

"메타페론의 모습은 확실히 이상향처럼 보이겠지만 이런 메타페론의 차원보다 더 뛰어난 세계도 무수히 존재합니다."

"그건 어느 정도의 과학일까요?"

"그건 이미 과학이 아니죠. 차원의 문제입니다. 더 이상 물질적 차원이 아닌 거죠."

"물질을 벗어나면 다 고차원인가요?"

"그렇게 단순한 문제가 아니죠. 흠, 어떻게 설명해야 할까. 육체나 물질 역시 하나의 시스템일 뿐 궁극적으로 존재하는 실체는 아니에요."

"너무 어려운 말인데요?"

"그렇죠? 하지만 분명히 말할 수 있는 건 우주는 무한 차원과 무한 가능성의 세계라는 거죠. 좀 더 어려운 이야기를 덧붙이자면, 우리가 인식하거나 상상하는 우주만이 전부는 아니라는 겁니다. 좀 더 거대한 우주의 일부분일 뿐이죠."

"우주 바깥에 또 우주가 있다고요?"

"바깥이니 안이니 하는 건 의미가 없어요."

석구 씨는 확실히 변하고 있었다. 언제나 삶에 쫓기며 살아온 세월 속에선 단 몇 시간도 진지하게 삶의 본질에 대해서 생각할 겨를이 없었다. 그저 누군가가 만들어놓은 규칙 속에서 묵묵히 하루하루를 견뎠을 뿐이었다. 석구 씨는 그리 길지 않은 시간 동안 무척이나 진지해지는 자신이 놀라웠고 그럼에도 과거엔 그 정도의 시간조차 내어보지 못한 자신이 한심스럽게 느껴졌다.

"난 여태 너무나 한심스럽게 살았군요."

"아니, 그건 절대로 아닙니다. 존재의 양식에 '한심하다'란 건 있을 수 없어요. 귀중한 경험이며 숭고한 선택입니다."

"난 지구로 다시 돌아가면 어떻게 살아야 하나요?"

"그건 누구도 지시하거나 명령할 수 없는 거죠."

"그렇죠. 몰라서 물은 건 아닙니다. 하지만 왜 내게 이런 시간이 주어진 건지 모르겠어요. 이런 경험이 날 행복하게 해줄 수 있을까요?

마르셀은 대답 대신 빙긋이 웃기만 했다.

"그런데 휴론과 미아트는 뭘 하고 있나요?"

"아마 또 다른 '당신'을 찾고 있을 거예요."

"메타페론으로 데려올 지구인?"

"꼭 지구가 아닐 수도 있어요. 어쨌건 며칠 지나면 볼 수 있을 겁니다."

"지구인이 자신의 의지로 메타페론에 올 날은 너무나 멀겠군요?"

"육체를 가지고 오려면 적어도 수백 년은 더 있어야 되겠지요. 하지만 육체를 벗어나면 그리 어려운 일만은 아니죠."

"그건 또 무슨 말이죠?"

"영혼이 육체라는 시스템에서 자유로워지면 좀 더 넓은 영역에서 활동

할 수 있게 됩니다. 고차원의 의식에겐 그만큼의 자유가 보장되는 거죠."

"영혼은 육체가 없어도 존재하는 거군요?"

"물론이죠. 육체는 영혼이 자신의 목적을 위해서 선택한 하나의 환경일 뿐이랍니다. 자, 이제 좀 더 재미있는 곳으로 가보죠."

마르셀은 석구 씨를 새로운 곳으로 이끌었다. 그곳은 기묘한 건축물이었다. 높이가 족히 50m는 넘을 것 같은 거대한 돔 안에는 사람 하나나 둘 정도가 들어갈 만한 캡슐 수 백 개가 그물처럼 엮여 있었다.

"여긴 음악을 즐기는 곳입니다. 마냥 듣기만 하는 것이 아니라 직접 참여해서 음악을 창조하는 곳이죠. 석구 씨도 한번 해보세요."

마르셀은 하나의 캡슐로 석구 씨를 안내했다.

"어떻게 하는 거죠?"

"이 캡슐은 당신이 생각하는 모든 것을 음악으로 바꾸어주는 역할을 하도록 장치되어 있습니다. 그리고 개개의 캡슐이 내는 소리는 조화를 이루며 전 캡슐로 퍼져나갑니다."

"난 어떤 악기도 연주할 줄 모르는 걸요?"

"그런 건 중요하지 않아요. 일단 앉아서 해보면 알겁니다. 긴장을 풀고 느껴보세요. 음악 이상의 것이 느껴질 거예요. 조금 있다 다시 올 테니 그때까지 모든 걸 잊고 몰두해보세요. 자, 그럼."

캡슐의 문이 닫혔다. 그러자 캡슐 안의 조명이 아늑하게 바뀌고 음악이 들리기 시작했다. 들릴 듯 말듯 가는 음악소리가 조용히 석구 씨의 가슴으로 파고들었다. 석구 씨가 그토록 음악에 집중해보는 것은 난생 처음이었다. 집중할수록 음악은 점점 커졌고 급기야 석구 씨는 음악 속으로 자신을 던졌다. 그것은 음악의 바다였다. 어떤 악기인지는 알 수도 없었고 중요하지도 않았다. 마르셀은 음악을 창조해내는 방법을 일러주지 않았지만 어느 순간부터 석구 씨는 자신이 상상하는 소리가 파도가 되어 바다와 한 몸이 되는 것을 느꼈다. 그 누구도 전체를 지휘하지 않았지만 그것은 최상의 호흡을 자랑하는 거대한 오케스트라였다. 사랑의 파도가 밀려오고 다시 슬픔의 파도가 밀려왔다.

어린 나이에 세상을 떠나버린 여동생, 석순이가 생각났다. 모질게도 춥던 겨울, 제대로 난방이 안 된 오두막집에서 석순이는 병을 얻었고 일주일을 앓다가 석구 씨의 가슴에 잔뜩 그리움을 남기고는 하늘로 떠나버렸다. 석구 씨의 가족들은 한 곳에서 일 년 이상 머무는 법이 없었다. 대륙과 바다를 훌쩍 뛰어넘어온 집시의 피는 석구 씨의 가족들에게 흘러들었다. 사람들은 그런 석구 씨의 가족들을 이해할 수 없었지만 석구 씨의 부모님은 그 누구보다도 사랑이 많은 자유로운 영혼들이었다. 그런 덕에 석구 씨는 제대로 학교를 다닌 적이 없었지만 그 대신, 학교에서는 가르쳐주지 않는 더 위대한 것들을 배울 수 있었다. 자연과 조화를 이루며 사는 법과 사람을 크게 안을 수 있는 사랑을 배웠다. 떠돌이 생활을 하며 가슴 아픈 일도 많았지만 석구 씨는 슬픔을 통해서 기쁨보다 더 큰 것을 배웠다.

사건을 통해서 경험할 때는 모질게도 아픈 것이었지만 음악으로 경험하는 슬픔은 더 이상 아픔만이 아니었다. 어느 틈엔가 석구 씨는 눈물을 흘리기 시작했다. 바다는 석구 씨의 눈물을 받아들여 오케스트라에 참여한 모든 이에게 전달했다. 함께 울었다. 석구 씨는 알 수 있었다. 수백 개의 캡슐에서 모두가 같이 울고 있다는 것을. 석구 씨의 슬픔은 메타페론인들이 가진 심성보다 더 적나라한 것이었다. 그것은 그들의 잠재의식 깊은 곳에 묻혀있던 심성을 일깨웠다. 하나, 둘 대답이 들려왔다. 그것은 어떤 대화보다 훌륭한 것이었다. 슬픔이 그 밑바닥에서는 기쁨과 연결되어 있다는 것을 석구 씨가 어찌 알았으랴.

차츰 석구 씨의 가슴에서 울려나오는 음악이 바다와 조화를 이루기 시작했다. 어떤 언어로도 미처 표현할 수 없었던 수많은 감정이 음악이 되어 울렸다. 석구 씨는 캡슐 안에서 모든 것을 잊었다. 슬픔도 가식도 두려움도 잊었다. 석구 씨의 연주가 가라앉을 무렵 마르셀이 캡슐을 열고 말했다.

"어땠나요? 이제 가도 될까요?"

마르셀을 바라보는 석구 씨의 눈은 말할 수 없이 맑은 빛을 띠고 있었다.

"해 볼만 하죠?"

"이거, 정말 대단하군요. 음악이란 게 이런 거였나요?"

"메타페론에서 누릴 수 있는 건 음악뿐이 아니죠. 자, 또 다른 곳으로 가볼까요?"

마르셀을 따라 소형 비행선을 탈 때까지도 석구 씨의 감동은 사라지지 않았다.

비행선은 일정한 노선이 없는 것 같았다. 직선이 아닌 유연한 곡선을 그리며 날아가는 비행선은 메타페론으로 올 때 탔던 우주선과는 느낌이 달랐다. 바깥으로 꽤 많은 수의 비행선이 날고 있었다.

"이렇게 날아다니다 부딪힐 일은 없나요?"

"그런 일은 절대 일어나지 않아요. 운행 중인 비행선은 서로의 노선이

충돌되지 않도록 제어되죠. 그런 제어기술이 없다면 이런 교통수단은 쓸 수가 없는 거죠."

"여기 사람들은 죽음을 어떻게 받아들이나요?"

"갑작스러운 질문이군요. 왜 갑자기 그런 질문을 하는 거죠?"

"이토록 평온하고도 활기찬 삶을 두고 떠나기가 많이 아쉬울 것 같아서요."

마르셀이 소리 나지 않게 웃었다.

"그렇게 생각되죠? 하지만 메타페론인들은 죽음 역시 삶과 똑같이 존중합니다. 지구인들이 '죽음'이라는 단어에서 떠올리는 부정적 생각은 전혀 없습니다. 죽음을 뜻하는 메타페론어는 '미류엘라'입니다. 새로운 탄생을 의미하는 말이죠. 미류엘라는 축복입니다. 물론 지구처럼 불합리하게 죽음에 이르는 경우가 없기에 가능한 정서죠."

"미류엘라라……. 잘 모르겠지만 정말 아름다운 말 같아요."

"지구에도 여러 가지 언어가 있죠. 언어는 중요해요. 어떤 언어를 사용하느냐에 따라서 육체의 시스템은 각각 다른 양상을 보입니다. 지구의 언어학자나 과학자들이 이런 사실을 알려면 아직 한참 걸리겠지만 말이죠."

"그렇다면 지구의 언어 중 어떤 게 제일 좋은 거죠?"

"그런 건 없어요. 우열을 가리는 습관은 지구인들이 꼭 극복해야할 과제입니다. 물론 우열을 가림으로 해서 진화를 가속시키는 경우도 있지만 그보다는 오히려 투쟁과 분열을 낳죠. 어떤 것이든 나름의 이유가 있습니다. 부족한 것 같아도 그 내면엔 완전함에 대한 잠재력을 다 갖추고 있는 법이죠."

"그렇군요."

"당신은 이해력이 무척 빠른 편이에요. 가이드로서 즐거움을 느끼는 순간이죠."

석구 씨의 머릿속으로 문득 터무니없는 생각이 일어났다.

이런 여자와 함께 살 수 있다면 얼마나 행복할까?

석구 씨의 귓불이 자기도 모르게 벌겋게 달아올랐다. 괜히 속내를 들킬 것 같아 말머리를 돌렸다.

"난 언제 지구로 돌아가게 되는 거죠?"

"일단은 모레로 정해져 있죠. 하지만……."

"하지만 뭐죠?"

"그건 모레가 되면 알게 될 겁니다. 그건 그때로 미루고, 이젠 음악의 바다가 아닌 진짜 바다로 가볼까요?"

"아, 바다!"

석구 씨가 어린 아이처럼 탄성을 질렀다.

잠시 침묵하는 동안 비행선이 바다에 도착했다. 메타페론의 바다는 지구와 크게 다르지 않았다. 하지만 석구 씨가 보아온 어떤 바다보다도 아름다웠다. 수평선에서부터 하늘 높이까지 치맛자락처럼 펼쳐진 보랏빛의 노을은 불현듯 석구 씨의 향수를 자극했다.

석구 씨가 문득 아이들을 떠올렸다.

아이들은 뭘 하고 있을까? 아마도 자고 있겠지. 아버지도 물론 잠들어 있을 것이다. 휴론이 말하지 않았던가, 난 기껏 지구시간의 30분만을 쓰는 거라고. 아이들은… 아니 누구라도 지금 내가 여기서 또 다른 바다를 구경하고 있다는 것을 모를 것이다. 기막힌 일이다. 오직 하나의 세계만이 가능하리라 믿어왔는데 이런 세계가 존재하다니. 난 이런 경험을 지닌 채 지구에서 아무 일도 없었다는 듯 평범하게 살 수 있을까? 이번 여행은 내 인생을 송두리째 바꾸어 놓을지도 모르겠다. 지구에 돌아가면 아마도 여기가 많이 그립겠지. 못 견디게 그리워지면 어떡하지?

석구 씨의 상념 속으로 서서히 밤이 다가왔다.

다음 날도 여기저기를 둘러보며 시간을 보냈다. 마르셀은 어머니 같았고 때론 친구 같았다. 드러내지 않아도 그 아름다움과 친밀감과 따뜻한 애정이 표정과 미소에 묻어났다. 음악의 파도 속에서 마음껏 울어버린 이래로 석구 씨는 자신의 내면에 뭔가 변화가 일어났음을 느꼈다. 닳아버린 감성이 생명을 찾았고 어린 시절 간직했던 내면의 순수가 다시 깨어났다. 가야할 때가 되었다고 생각하니 진하게 아쉬움이 밀려왔다.

또다시 시비와 분별로 가득한 세상으로 돌아가야 한다. 몸을 지탱하기 위한 고독한 투쟁을 계속해야 한다. 슬프다. 나는 무엇을 위해 세상에 태어났더란 말인가!

휴론과 미아트는 여전히 밝은 얼굴로 석구 씨를 맞아주었다.

"메타페론의 공기가 좋긴 좋군요. 얼굴이 한결 맑아진 것 같습니다."

"메타페론에서의 휴식은 어땠습니까?"

휴론과 미아트가 한 마디씩 인사를 건넸다. 하지만 어쩐 일인지 석구 씨의 표정은 어두웠다.

"나야 너무 좋았죠. 솔직히 말하자면 정말 떠나기가 싫어요. 그리고 묻고 싶은 게 있어요. 왜 나를 메타페론으로 데리고 온 거죠?"

"그렇잖아도 지금 그 이야기를 하려고 합니다. 이젠 선택의 순간이 남아있어요."

"선택이라뇨?"

"메타페론에서의 삶을 살 것인지 아니면 지구로 돌아갈 것인지를 말이죠."

"그걸 내가 선택할 수 있다는 겁니까?"

"그렇습니다. 우린 당신에게 그런 기회를 주기 위해서 메타페론으로 데리고 온 겁니다."

"하지만 난 돌아가야만 합니다. 알지도 모르겠지만 내겐 나를 의지하는 식구들이 있어요. 나 하나쯤 없어진대도 세상은 잘 돌아가겠지만 가족들에겐 그렇지 않죠."

"확실히 그렇게 생각할 수밖에 없을 겁니다. 하지만 꼭 그런 건 아니에요. 미안한 이야기지만 우린 당신에 대한 정보를 거의 알고 있습니다. 우선 당신은 많지 않은 수입에도 불구하고 꽤 부담스러운 정도의 보험계약을 가지고 있더군요."

"그건 아내를 일찍 떠나보낸 내가 할 수 있는 최소한의 가족 사랑이죠."

"그렇습니다. 적어도 경제적으로 곤궁하지는 않을 겁니다. 오히려 지금보다 다소 나을 수도 있겠죠."

"경제적으로 곤궁하지 않다고 해서 내 책임을 면할 수 있는 건 아니잖아요?"

미아트가 자애로운 미소를 지었다.

"그렇지 않습니다. 비록 가족은 세상 누구와의 관계보다도 중요한 것이긴 하지만 그것 역시 영혼의 치밀한 선택 중 하나에 불과합니다. 당신이 없어도 아이들은 잘 자랄 겁니다. 아이들은 당신을 닮아 지능이 아주 높고, 도덕성이나 책임감도 강해요. 당신이 사라진 공백을 메우고도 남을 겁니다."

"그럴까요?"

"그냥 하는 말이 아닙니다. 생명체의 대략적인 미래는 이미 그 생명체의 에너지 장에 그려져 있습니다. 두 아이는 훌륭하게 클 겁니다. 그리고 아이들 할아버지는 적절한 의료수단으로 보호받을 것이며 잔여 수명은 15년 정도 됩니다. 그 정도면 두 아이가 클 때까지 지켜봐줄 수 있죠."

"그런 걸 다 알 수 있나요?"

"크게 다르지는 않을 겁니다. 아무튼 우리는 어느 쪽도 강요하지는 않습니다. 어느 쪽을 선택하는가는 오로지 당신의 몫입니다."

"지금 여기서 당장 선택해야하나요?"

"필요하다면 시간을 더 드릴 수도 있습니다."

"아뇨, 지금 말하죠. 내게 메타페론은 꿈꾸던 그이상의 낙원입니다. 난 지금 솔직해지고 싶어요."

휴론과 미아트가 마주보며 의미심장한 눈길을 교환했다.

"여보세요, 여기서 잠들면 어떡해요. 추운 날씨에 큰일 나겠네. 이봐요, 도대체 술을 얼마나 드신 겁니까? 일어나세요, 일어나요."

석구 씨를 깨운 것은 순찰 중이던 지구대 소속 순경이었다.

"어! 내가 잠들었었나?"

"제가 봤으니 망정이지 큰일 날 뻔 했지 않습니까! 이런 찬 바닥에 누워 주무시면 금방 얼어 죽습니다."

석구 씨의 시계는 1시30분을 가리키고 있었다. 붕어빵을 살 때는 분명

1시였다.

“이상하네. 쓰러져 잘 정도로 술을 먹은 건 아닌데. 그것도 그렇고 별로 춥지도 않네.”

석구 씨의 혼잣말에 순경이 버럭 소리를 질렀다.

“아저씨, 정말 술을 많이 드셨네. 그러니 추운 줄도 모르지.”

“아이쿠, 화내지 마세요. 사람이 그럴 때도 있는 거죠. 뭐, 암튼 고맙습니다.”

석구 씨가 꾸벅 절을 했다.

“참나, 집이 어딥니까? 혼자 가실 수 있겠어요?”

“여기서 가깝습니다. 언덕 위에 첫 집인걸요.”

“참, 집을 코앞에 두고 주무셨네. 조심해서 들어가십시오. 다음부턴 아무데서나 주무시지 말고요.”

“예, 그러지요.”

겸연쩍은 웃음으로 감사함을 대신하고 다시 길을 나서는 석구 씨의 머릿속으로 그때서야 선명하게 꿈꾸었던 장면들이 밀려왔다.

“메타페론? 그게 다 꿈이었구먼. 하긴 꿈이 아니라면 더 이상한 거지. 꿈 한번 더럽게 생생하네.”

혼잣말을 하며 언덕을 올라가는 석구 씨의 손에는 이미 식어버린 붕어빵이 봉지 속에서 마지막 숨을 헐떡이고 있었다.

“미아트, 또 내가 내기에 졌군. 이게 도대체 몇 번짼가?”

“정확히 36번째지.”

“알 수 없어. 왜 그토록 힘든 삶을 다시 선택하는 거지? 집착일까, 사랑

일까? 도대체 뭐지?"

"어쨌든 자네는 또 졌네. 이제 승산 없는 내기를 그만할 때도 되지 않았나? 자네야말로 집착하는 것 아닌가?"

"어쩌면 질 거라는 걸 처음부터 알고 있었는지도 모르지."

"그렇다면 왜 이런 내기를 계속하는 건가?"

"둘 다 한쪽에 걸면 내기가 되지 않으니 할 수 없잖아?"

밤하늘의 별처럼 보이던 조그만 빛이 휘익 사선을 그으며 갑자기 사라진 것을 눈치 챈 사람은 아무도 없었다.

난 누구지

자고 있는 그의 얼굴은 평화롭다. 세상의 어떤 번민도 비굴함도, 어긋나버린 욕망의 생채기도 없다. 세상의 모든 상념을 알고 있지만 아무것에도 자신을 내어주지 않는, 그저 이상을 향한 고요한 눈빛(아쉽게도 자고 있을 때는 볼 수 없지만)만으로도 자신을 안에서부터 비춰낼 줄 아는 사람. 언덕 위 한적한 곳에서 들판을 굽어보며 사철 묵묵히 마을 사람들의 인생사를 들어주던 느티나무처럼, 향기 없어 차라리 고즈넉한 기품. 이사람, 사랑스럽다.

저 러시모어 산의 큰 바위 얼굴에 비길까. 넷이 아니라 이사람 하나만, 끝없이 펼쳐진 진달래 계곡에 푸른 탑을 쌓고 속세의 정념 다 불태워버린 잿빛 용자의 모습으로 큰 바위 한가득 새겨 두고 싶은 얼굴이다. 매끄러운 얼굴을 만져본다. 곧 나의 부끄러운 손은 그 부드러운 살결에 묻힐까 두려워 턱 아래로 곤두박질치고 만다. 하늘빛조차 없는 공간, 측량할 길 없는 시간과 싸우면서 영원히 부스러지지 않을 바위를 명계의 언덕으로 밀어 올려야만 했던 시지프처럼 끝없이 미끄러지더라도 그의 얼굴을 만지고 싶다. 이것은 숙명처럼 내게 주어진 일, 아무도 내게 권리를 묻거나 시비를 논하게 두고 싶지 않다. 그의 잠을 깨울까 두렵다가도 한 번쯤 잠이 깨어 내 무례한 손길을 꾸짖어주기를 바란지 오래다. 하지만 그의 잠은 한겨울 인적 드문 산속 호수에 겹겹이 얼어버린 얼음처럼 두껍다.

얼굴에 귀를 대고 숨소리를, 가슴에 얼굴을 파묻고 심장소리를 들어본다. 어느 아기가 이렇듯 평화롭게 고즈넉한 침묵을 노래할 수 있을까? 그의 숨소리, 이건 침묵이다. 침묵은 소리 없음이 아니다. 그런 건 단순한 '음 소거'에 불과하다. 진정한 침묵은 이런 것, 생명의 외침을 순수하게 느끼게 해주는 위대한 울림, 한 순간 빛보다 빠른 소통으로 우주를 안아버리는 기적.

자꾸만 미끄러지던 손이 매끄럽게 면도된 턱에 머문다. 그에게 수염은 텁수룩한 위엄이 아니라 매끄러움을 돋보이게 하려는 상대성의 소품일 뿐이다.

그는 모른다. 나의 설렘을, 두려움을, 희망을, 좌절을, 뼛속까지 느껴지는 살가움을, 절대의 평행선이 되어버린 고독을. 하지만 그의 잠은 천연덕스럽다. 모든 것을 다 집어 삼키고 호수처럼 느긋하다. 때로는 폭포처럼 온몸을 불살라 속살을 보여주면 좋겠으나 나는 여전히 그의 잠을 깨우고 싶지 않다. 사실 얄팍한 나의 마음은, 내밀한 즐거움을 설사 그에게조차도 방해받고 싶지 않은 것이다.

사람들과 있을 때 그는 즐거워한다. 먼발치에서 그런 그를 보고 있으면 좋다. 그의 웃음이 나를 향한 게 아니라는 걸 알지만 괜찮다. 이미 익숙해진 일이다. 익숙하다고 고백하는 건 잔인한 자기성찰의 결과물이다. 숲 속의 에델바이스는 나만을 위해 존재하지 않는다. 나의 꽃이여… 하고 짐짓 세레나데 같은 미사여구를 바쳐도 에델바이스는 요지부동으로 고고하며 그러하기에 빛나는 것이다. 사람들은 그의 그런 미소를, 사려 깊음을, 천진한 장난에도 묻히지 않는 그의 진지함을 좋아한다. 찬양은 말로만 하는 것이 아니다. 그와 함께 하는 모든 사람들의 세포 하나하나가 그런 그의 빛에 공명하여 함께 울고 함께 웃는다. 그 역시 사람들의 아픔과 기쁨과 즐거움에 아낌없이 함께 울린다. 무언의 합창, 어쩌면 다들 살아가는 이유일지도 모른다.

그가 다른 여자를 만난다. 누구를 위한 냉정함인지 알 수 없으나 난 아무것도 보고 싶지 않다. 조용히 혼자서 집으로 돌아온다. 돌아오는 길에 여기저기 기웃거려 보지만 기쁨이 될 수 있는 건 없다.

그에게 따져 묻는다.

"언제 올 거야?"

"……."

"그 여자랑 있으면 좋아?"

"……."

"밥 먹고 올 거야, 아님 와서 먹을 거야?"

"……."

"뭐라고 대꾸 좀 해봐."

"……."

모노드라마는 언제나 비극조차 되지 못하는 우매함으로 무너지고 만다. 질투는 내 모든 욕망을 태워버린다. 어떤 감정도 대신할 수 없다. 즐길

만한 물건이 못되지만, 어쩌면 이 물건은 내가 즐길 수 있을 때까지 나를 괴롭힐 것이다. 그러나 막상 즐겨보려 하면 혀를 날름 내밀고 나를 비웃을 것이다. 그 정도는 안다. 생쥐도 이미 미로의 어느 지점에서 온몸이 감전되는지 어느 지점에 달콤한 먹이가 있는지 정도는 깨우치는 마당에 내가 모를 것 같은가? 하지만 매일 갉아 먹히는 심장을 느껴보라. 홀홀한 일이 아니다. 외부에서 오는 적이라면 '삼가 적을 무찔렀나이다.'하고 거드름이라도 피우겠지만 이건 오로지 내가 만들어낸 적이다. 거울과 싸우는 것처럼, 적의를 드러내면 상대 역시 그만큼 강해진다. 지루함을 달래기에는 그저 그만이라고? 그것도 하루 이틀이다.

수십 번도 더 뒤졌을 그의 방을 뒤진다. 서재에 '진주귀걸이를 한 소녀' 디브이디 재킷이 있다. 요하네스 얀 베르메르(Johannes Jan Vermeer)의 그림이지만, 영화 속에서 베르메르는 모델이었던 소녀 그리트를 사랑하는 역할로 나온다. 아내와 딸의 감시 속에서 그리트를 가슴에 품고서도 표현할 수 없는 베르메르. 이쯤 되면 숨이 막힌다. 게다가 표현 할 수도 없는 사랑에 연적이라니. 베르메르의 든든한 후원자인 라이벤은 청순한 그리트를 보고선 그녀를 갖기 위해 애쓴다. 하녀의 신분인 그리트는 차마 말하지 못하고 애틋한 눈빛만으로 베르메르를 자극한다. 그런 그녀의 눈빛에 베르메르는 처절히 중독되어 간다. 그래도 나는 그리트가 부럽다. 진주 귀걸이가 이토록 탐나 본 적이 있었나?

그의 소박한 어항을 들여다본다. 베타 한 마리가 우아하게 헤엄쳐 다닌다. 순백의 웨딩드레스를 걸친 것 같은 베타는 질투심이 많다. 자신보다 화려한 개체는 인정하지 않는다. 만약 그런 것이 눈에 띄는 날이면 드레스에 힘입은 우아함은 단박에 사라지고 왈패로 변한다. 순백은 아무것도 용납하지 않으려는 결정적 외침이다. 순백은 물들여진 순간 원래 모습으로 회귀하기가 어렵다. 연어의 덕을 깨우치지 못한 까닭이다. 드넓은 바다를 마다하고 산란기만 되면 물보라를 일으키며 강의 상류로 회귀하는 연어는 누구를 위한 몸짓일까? 뜨거운 물을 부으면 되돌아가는 형상기억합금처럼 연어는 하나의 운명을 따른다. 어디서 기다리고 있느냐에 따라 회귀의 속성은 달라진다. 여기서 저기로, 저기서 여기로. 어느 것이 진실인가? 연어는 태어난 곳으로 회귀한다. 하지만 자라면 부모가 뛰어놀던 바다로 간다. 바다 역시 회귀의 장이다. 그렇다면 이 모든 것은 그 옛날 누구의 영혼 속에서 그려졌던 그림일까?

돌아옴을 안다면 이별을 아쉬워 할 필요도 없지 않을까? 그렇지만 오늘 발 담그는 강물은 어제의 그 강물이 아니다. 돌고 돌아 그 강물이 언젠가 다시 여기로 돌아온다 해도 그 추억의 파편들은 같지 않다. 한 순간 기록되고 말 풍경이기에 아름답다. 회귀는 그리움을 달래주는 것이 아니라 오히려 그 한 순간의 절대성을 일깨워주는 처절한 몸짓이다. 처절한 것은 언제나 아름답다. 구차하다고 욕하는 무리들은 한 번이라도 객석에서 내려와 무대로 올라와보라. 어떤 그럴듯한 성찰도 그 아름다움을 대신할 수 없다.

구피도 베타에게 질세라 인디고블루로 빛나는 치마를 자랑한다. 하지만 왠지, 수발드는 주인집 아씨의 치마를 빌려 입고 어색한 무도회에 나온 하녀처럼 쑥스럽다. 그래도 닳고 닳은 여염집 아씨들보다 낫다. 귀족스러운 환경에서는 흉내 낼 수 없는, 꾸미지 않아 정겨운 그 순박함이라니.

난 베타일까, 구피일까? 열대지방을 경험하지 못한 내게 어느 물고기도 선뜻 대답해주지 않는다. 동향의 족속에게만 너그러워지는 속성은 인간

못지 않은가보다.

어항 속의 열대어들에게 괜한 시비를 걸어본 보람이 있다. 스멀스멀 창 밖으로 스며들어오는 어둠이 아프지 않다. 다시 그에게 가보고 싶은 마음이 잠시 스쳐지나간다. 하지만 그를 보려면 그의 옆에 있는 사람까지 보아야 한다. 못 볼 것은 안 보는 것이 좋다. 여러 차례 교훈을 어긴 뼈아픈 대가를 치르지 않았던가!

어쩌면 영악한 계산을 하고 있는지도 모른다. 밤이 깊어간다는 건 그가 돌아올 시간이 다 되어가고 있다는 거다. 비극은 이토록 즐거움을 잉태하고 있다. 그렇지 않다면 애당초 시작하지 말아야 할 연극인 것이다. 오늘은 그래서 좋은 것이다. 내일 따위 개나 주라지. 난 오늘 그를 향한 나의 사랑을 운명의 강에 담그고서 한번 뿐인 그림을 그리는 거다.

오늘

오늘은 어제의 내일이 아니죠.
오늘은 내일의 어제도 아니랍니다.
있지도 않은 것으로
오늘을 증명할 수는 없어요.

그와 같이
현재는 어떤 시간의 과거도 될 수 없고
어떤 시간의 미래도 될 수 없어요.
그런 듯이 보이지만
현재는 현재일 뿐이에요.

여전히 어제와 내일을 그리는 한
여전히 지난 시간과 다가올 시간을 생각하는 한
오늘은 없어요.
현재를 만날 수 없는 거죠.

그래서 이렇게 말하는 겁니다.
내가 당신을 사랑할 수 있는 날은
오늘뿐이라고
내가 당신을 기억할 수 있는 시간은 지금뿐이라고

시간의 배를 타고 가는 사랑은
어느덧 시간 속으로 사라지고 말아요.
그래서 내 사랑은
시간 속에 존재하지 않아요.

시간을 다 뒤져 보아도
사랑을 발견할 수는 없어요.
사랑이 시간을 만들 수는 있지만
시간이 사랑을 만들 수는 없는 거랍니다.

-『꽃은 누구에게 허락받고 피는 것이 아니다』 중에서

시계바늘이 움직이는 것으로 시간의 흐름을 인식하는 건 잔인한 일이다. 주객이 전도되어 있는 것이다. 하지만 목마른 시간은 그렇게 흘러간다.

그가 기다리는 내게 웃으며 들어오는 상상을 몇 번이나 했던가! 그가 현관을 들어서며 던져주는 한 자락 미소만으로 모든 비극들은 그 자격을 상실하게 된다. 하지만 상상은 현실이 될 힘을 부여받지 못한 채 벌써 꺼져버리고 만다.

그는 거의 자정이 되어서야 돌아온다. 밥을 차려주고 싶지만 그럴 필요가 없다. 그는 이미 알코올에 충분히 젖어있다. 사랑에 젖어 있는 게 아니면 좋으련만.

신이 있어 내게, 너의 사랑은 거기까지야 하고 말한다면 그가 어떤 존엄을 가진 절대의 존재라 할지라도 내게 미운 털이 박히고 말리라.

내가 펼쳐 보일 수 있는 세계는 어차피 당신에게서 나온 것입니다. 나를 꾸짖으시려면 먼저 당신의 끝 모를 자비를 먼저 거두십시오. 나는 당신의 무한한 자비로 펼쳐진 이 세계에서 이 모든 열정과 미움과 기다림과 쓰라림과 안으로 무너지는 지독한 자괴를 견디고 있습니다. 내 오만과 집착을 용서하소서. 아름다운 이별 따위는 없습니다. 모든 언어가 당신에게서 나왔다고 해도 이것만은 받아들일 수 없습니다. 난 많이 아픕니다. 그래도 그가 있어, 그의 잠을 지켜볼 수 있어서 행복합니다. 결국 난 당신의 복음을 챙겨들고 맙니다. 그래도 끝자락은, 행복이라는 피할 수 없는 숙명일 거라고.

또다시 그의 잠을 지켜본다. 이상하다. 난 언제 자는 거지? 그토록 달콤한 잠의 유혹도 내 행복한 시간을 뺏어가진 못한다. 오늘 그는 유달리 깊이 잠들지 못한다. 쉴 새 없이 눈꺼풀 아래로 눈동자가 움직인다. 꿈을 꾸는 건 아니다. 꿈을 꿀 때도 눈동자는 움직이지만 이처럼 숨소리가 거칠지는 않다.

새벽까지 뒤척이던 그가 벌떡 일어나 부엌으로 가서 냉수를 마시고 다시 침대로 돌아와 눕는다. 다시 잠을 청하던 그가 문득 생각난 듯이 조그만 스탠드에 불을 밝히고서 침대 옆 탁자의 서랍을 연다. 가슴이 뛴다. 난 그곳에 무엇이 들어있는지 잘 알고 있다. 그가 천천히… 천천히… 내 사진을 꺼내 든다.

그의 눈이 젖어든다. 아! 그의 눈이 나를 보고 있다. 말할 수 없이 사랑스러운 눈빛으로 내 얼굴을 보고 있다. 입 꼬리를 위로 올려 제 딴에는 예쁘다고 미소 짓는, 사진 속의 나를 보고 있다. 그는 나를 보고 있고 나는 나를 보고 있는 그를 보고 있다. 사랑은 이렇게 또 저질러진다.

"사랑해. 희, 널 사랑해."

그의 조용한 독백 앞에서 나는 또 무너져야 한다. 눈물이 흐른다.

"보고 싶어. 네가 너무 보고 싶어."

그가 사진을 두 손으로 움켜쥐고 오열한다. 날 봐. 네 곁에 있어. 느껴 봐. 난 한 순간도 널 떠난 적이 없어. 내 손을, 머리칼을, 뺨을, 입술을, 목을, 등을, 허리를 만져줘. 네 손의 온기를 전해줘.

그의 목소리가 바닥에 떨어질세라 내 가슴에 주워 담는다. 내 가슴은 그의 목소리로 그의 애절한 눈빛으로 가득 차있다. 한 순간도 놓쳐서는 안 된다. 가슴이 터질 때까지 담아볼 것이다.

어떤 이유로 당신과 나는 이 밤을 이렇게 소홀히 보내고 있나. 뜨거운 가슴을 부비며 안아야 할 시간이다. 말로 다 전하지 못한 사연들은 세포들끼리 그 미시의 세계에서 서로의 생명에너지로 소통하게 해야 한다. 저 한여름의 먼 밤하늘에 쌍둥이로 빛나는 별이 되게 해야 한다.

그는 내게 자기 친구를 소개해주려 말을 걸었다. 용기 없는 친구를 대신하여 그가 내게 말을 건 것은 피할 수 없는 행운이었다. 결국 용기 없는 자는 아무것도 얻지 못한다. 훌륭한 중매쟁이였노라 주장할 수도 없는 것이다. 그렇게 그날의 만남은 그와 나를 이어주었다. 함께 걷기를 좋아했고 함께 내기를 하며 술을 마셨다. 모든 내기에는 아무도 손해 날 것 없는 황홀한 대가들이 주어졌다. 바둑알을 튕기며 입맞춤을 걸었고 될 리도 없는 팔씨름을 하며 포옹을 걸었다. 서로의 눈 속에 비친 자신을 사랑하였으나 그것으로 눈앞의 사람을 잊어버리지는 않았다. 어쩌면 넷이서 늘 함께 했을지도 모른다. 그와 나, 그의 눈 속에 비친 나와 내 눈 속에 비친 그. 시간은 무한히 길었고 또한 무참히도 짧았다. 시간은 절대적 지침이 아니다. 그와 함께 하는 시간은 무엇을 해야 할지 고민할 필요가 없었다. 서로의 존재감만으로 충분했다. 어떤 곳이든 그와 나의 사랑으로, 소박한 손길로, 뭐 그리 대단할 것도 없는 이야기로 가득 채웠다. 사랑은 유치할수록 가슴 아린 추억이 된다.

하루

하루만 더 살 수 있다면
빗방울에 비치는 세상을 볼 수 있을까요?

하루만 더 살 수 있다면
꽃잎의 진실을 알 수 있을까요?

마지막 그 하루를 살지 못하여
등성이 넘는 구름은 슬프기만 하고

꿈인 듯 잊고 산 세월마저
어둠을 핑계 삼아 떠올라요.

오늘이면 되겠죠.
눈도 오늘이라야 하죠.

지금이면 좋겠어요.
봄날도 지금, 소나기도 지금

그래요. 내겐 오늘뿐이에요.
열망하여 바라본 그 날은 오직 오늘이에요.

미친 듯 뛰어온 시간이
당신 앞에서 멈추었어요.

정지된 시간을 알아버린 순간
세상은 새롭게 열렸어요.

아름다이 볼 것이 있다는 것으로
하루는 이제 족합니다.

더 살 수 있는 하루 따위
사실은 기대하지도 않았어요.

언제나 지금뿐이에요.
내가 당신을 사랑할 수 있는 시간

하루가 그대 눈 속에서
한없이, 한없이 늘어나요.

처음 하늘이 주신 비밀을
이제야 눈치 챈 듯해요.

-『꽃은 누구에게 허락받고 피는 것이 아니다』 중에서

그를 꼭 껴안아 준다. 하지만 그는 눈치 채지 못한다. 절대로 듣기 싫었던 말이 그의 입에서 나온다.

"희, 나 사랑하는 사람이 생겼다. 너, 이해할 수 있지?"

이미 알고 있었던 일이다. 외면하고 있었을 뿐이다. '수'라는 여자, 내가 봐도 사랑스러운 여자다. 하지만 난 아직 그를 떠나보내기가 싫다. 내가 왜? 그는 아직 아무도 사랑해서는 안 된다. 그런 건 인정할 수 없다. 그는 나에게 맹세했었다. 나 아닌 누구에게도 눈으로 말하는 법을 가르치지 않겠다고. 그는 나에게 눈으로 말했다. 그건 슬픔을 말하면서도 슬픔만은 아닌, 기쁨을 말하면서도 기쁨만은 아닌 마음의 소리를 듣게 한다. 언어는 오히려 반 토막의 피에로에 불과하다. 인류가 가슴으로 소통하는 즐거움 대신 언어를 선택한 순간, 편리함은 얻었으나 진실로 영혼을 울리는 소통에서는 한 발 멀어진 것이다.

그와 나는 눈으로, 가슴으로, 온기로 말했다. 즐거움은 말하지 않았다.

즐거움 속에서는 즐거움을 말할 필요가 없다. 평화로운 순간에는 정작 평화를 입에 올릴 이유가 없는 것이다. 어쩌면 평화와 즐거움과 여유와 열정을 말하는 때에 이미 사랑은 식어가고 있는 지도 모르는 것이다. 그리하여 사랑하는 사람들의 언어는 간단하다. 몇몇 단어만으로 소통이 가능하다. 어차피 어린 아이가 되어버린 사람들에게 번잡한 언어를 구사할 수 있는 지혜 따위는 필요치 않다.

그와 나는 적어도 그러했다.

다음 날, 수가 아침 일찍 찾아온다. 휴일의 아침은 즐겁다. 수가 상큼한 미소로 그의 나른함을 날려버린다. 비명조차 지를 겨를이 없다.

"수! 이렇게 일찍 보여줘서 고마워."

"잠 깨웠지? 어제 술 많이 먹었잖아, 내가 해장국 끓여줄게."

"그런 것도 할 줄 알아?"

"지금부터 할 줄 알아보려고."

"그럼 내가 첫 고객이 되는 거야?"

"걱정 마. 소금국과 맹탕은 아빠가 예전에 다 먹어버렸어."

"헤, 수 아버님께 죄송한걸!"

"아빤 술을 사랑했지만 술은 아빠를 사랑하지 않았어. 엄마는 아빠를 사랑했지만 아빠는 엄마를 사랑할 수 없었어. 적어도 엄마의 곁에서는 더 이상."

"아빠 보고 싶니?"

"보고 싶어하면 아파. 그래서 안 보고 싶어 해. 그래서 하나도 안 아파. 아빠도 내가 아파하는 걸 보고 싶어하지는 않을 거야."

수가 콩나물을 다듬으며 웃는다. 비극에 대한 엄숙함은 오래된 습관일 뿐이다. 수는 생사의 비밀을 깨우친 것 같아 보인다. 수의 앞치마가 참 어울린다.

수가 차린 소박한 밥상에서 사랑이 잔뜩 묻어난다. 식탁에는 수가 금방 놓아둔 화분에서 작고 여린 초록의 이파리들이 옹기종기 빛나고 있다. 수는 화려한 꽃보다 작고 여린 식물을 좋아하나 보다. 그가 밥술을 뜨다 말고 수에게 묻는다.

"이거 뭐야?"

"이거, '천사의 눈물'이야. 예쁘지? 가만히 보면 진짜 눈물방울 같지 않아? 그래서 물방울 풀이라고도 해. 쐐기풀과식물인데 정식 명칭은 솔레이롤리아, 학명은 솔레이롤리아 솔레이롤리(Soleirolia soleirolii)라고 해. 원산지는 유럽이고 꽃말은 치유! 어때, 좋지?"

"너, 학명 줄줄 읊는 건 언제 봐도 신기해. 그걸 어떻게 다 외워?"

"사랑하면 다 알 수 있어. 그리고 플로리스트가 그걸 모르면 어떡해?"

"음, '사랑하면 다 알 수 있다.'라… 그런데 다 안다는 게 좋은 거야?"

"진심을 다 알 수 있다면 좋은 거겠지."

"그럴까? 정말 다 알 수 있는 걸까?"

"그렇게 말하니까 갑자기 자신이 없어지네. 사랑하면 알고 싶은 것 아닌가?"

"알아서 사랑하는 걸까, 사랑하기에 알고 싶은 걸까? 아니, 사랑하면 알고 싶어하지 않아도 알게 되는 것 아닐까?"

수가 그를 바라보며 미소를 띠고 말한다.

"알아서도 사랑하고 몰라서도 사랑해."

참, 예쁘게 말한다.

"헤, 그런가? 조건이 될 수는 없다는 뜻이야?"

"그런 말 어려워. 오빠는 날 왜 사랑해?"

"흠… 그냥! 아니, 그냥은 아니고, 뭐지? 잘 모르겠는데."

"그런 대답 여자들이 싫어하는 것 몰라? 하지만 난 그런 오빠가 좋아. 이유나 조건은 사랑의 수식어가 될 수 없다고 생각해. 오빠의 '그냥'은 그래서 좋아."

두 사람의 식사가 즐거워 보인다. 내가 끼어들 자리는 없다. 식탁에는 의자가 둘 뿐이다. 근사한 의자를 하나 사들고 온다고 해서 끼워줄 것 같지도 않다. 하지만 마음 한 쪽이 아파온다. 아프기만 한 것도 아니다. 어쩌면 설렘인지도 모른다. 그가 수를 생각하는 마음이 전해져 온다. 수가 그를 사랑하는 마음 또한 느껴진다. 설렘도 아픔이 될 수 있다는 걸 이제야 알겠다. 둘 모두 내가 사랑할 수밖에 없는 사람들이다.

밥을 먹다 말고 수가 갑자기 내 말을 꺼낸다.

"희 언니에게 너무 고마워. 미안하기도 하고."

수는 스스럼없이 날 언니라고 부른다.

"희도 널 좋아할 거야."

"그랬으면 좋겠어. 매일 기도하는걸! 날 좋아해 달라고. 그리고 날 용서해달라고도."

"희가 네 기도를 듣고 있을까?"

"듣는다고 생각해. 아니면 기도할 이유가 없잖아?"

"자주 꿈에 나와. 좀 전에도 잠자는 나를 바라보고 있었어. 눈빛이 쓸쓸해 보였어."

수가 갑자기 내가 있는, 그들의 시선보다 조금 높은 곳을 바라보며 말한다.

"열심히 사랑할게요. 당신 몫까지 사랑할게요. 아무 걱정 말아요."

앗! 내가 있는 곳을 어떻게 알고 나를 바라보는 거지? 수의 눈에는 내가 보이는 걸까? 몸을 움직여 수의 옆으로 가보았지만 수는 여전히 한 곳을 바라보고 있다. 휴, 보이는 건 아닌 모양이다. 수가 다시 말한다.

"고마워요. 이런 사람 알게 해줘서. 왠지 당신이 그랬을 거란 생각이 들어요."

수는 사랑할 수밖에 없는 여자다. 게다가 수는 비밀을 알고 있다. 내가 그를 자기 앞에 나타나게 한 '조작된 우연'을 알고 있다.

그가 내 묘지에 꽂을 꽃을 사러 수가 일하는 가게에 들렀던 건 6개월 전 한낮의 태양이 불타던 여름이다. 내가 그를 떠난 지 5주년이 되는 날이었다. 정확히 다섯 군데나 되는 꽃집 중에서 수가 일하는 가게를 그가 지나치려 할 때 갑자기 일어난 바람이 그의 모자를 수의 가게 안으로 굴러가게 했다. 오후 2시 15분. 그녀는 그날 2시부터 그 가게에서 일하기 시작했다. 첫날 첫 손님이 그였다. 굴러간 모자를 집으러 들어간 그가 얼떨결에 수에게서 꽃을 샀다. 수는 어디에 쓰는 꽃이냐고 물었고 그는 사랑하는 사람의 묘지에 가져갈 꽃이라고 솔직히 말했다. 수는 죄송하다고 했지만 그는 개의치 않았다. 수는 내가 꼭 좋아할 만한 꽃을 그에게 내밀었다. 내 안목은 틀리지 않았던 것이다.

두 번째는 좀 더 억지를 부려보았다. 일주일 후 수가 일을 마친 저녁 여덟시, 가게에서 한 블록 떨어진 커피 전문점 '가인(佳人)'에서 아메리카노 한 잔을 테이크아웃 해서 나오다가 들어오던 그와 마주치며 그의 옷에 쏟았다. 미안하다며 당황하는 수와 그가 서로를 알아보는 건 어렵지 않았다. 어쩌면 잊고 싶지 않은 기억의 목록에 서로를 두고 있었는지도 모른다. 그것까지는 내가 알 바 아니다. 난 내 할 몫을 하면 되는 것이었으니까.

고작 두 번의 우연한 만남에서 난 더 이상 우연을 조작할 필요가 없어졌다. 두 사람은 아주 오래 전부터 기다려온 사람들처럼 가까워졌다. 오년이 지나도록 나를 못 잊는 그가 애처롭게 보였다. 난 그를 볼 수 있었지만 그는 나를 볼 수 없었다. 사랑하지만 그를 나보다 더 사랑할 수 있는 사람에게 보내려 했던 내 마음은 진심이었다. 아름다운 영혼은 멀리서도 빛난다. 수의 맑은 영혼을 보고 그의 앞에 나타나게 했다. 후회는 없다. 둘이 사랑하기를 바랐고 둘이 사랑하지 않기를 바랐다. 하지만 이게 좋다. 수가 그와 함께 행복했으면 좋겠다.

이제는 가야 한다. 그를 떠나고 싶지는 않지만 수를 아프게 하고 싶지도 않다. 이제 그에게는 내가 아니라 수가 필요하다. 나의 갑작스러운 죽음으로 인해 그는 너무나 힘들어 했다. 그런 그에게 다시 삶에 대한 열정이 살아나도록 해준 사람이 바로 수다. 조작된 우연으로 두 사람을 만나게 했지만, 어쩌면 불필요한 짓이었는지도 모른다. 내가 아니라도 두 사람은 만났을 것이다. 영혼은 자신과 통하는 사람을 알아보는데 인색하지 않다. 보이지 않는 끈이 서로를 결국 만나게 한다. 우연은 없다. 만날 사람은 만난다. 하지만 그래도 난 믿고 싶은 것이다. 나의 조작이 그들을 만나게 한 것이라고. 내가 그에게 줄 수 있는 선물로 수를 선택한 것이라고.

홀가분하다. 늘 몇 걸음 옆에서 나를 지켜보던 빛이 다가와 더할 나위 없이 따뜻한 음성으로 내게 말한다.

"이제, 준비가 되었나요?"

"네, 이제 떠날 수 있어요."

빛이 내 어깨를 감싸며 어디론가 나를 이끈다.

난 수와 그가 까르르 웃는 소리를 뒤로하고 까마득히 멀고 먼, 하지만 언제나 모든 것이 함께 존재하는 곳으로 떠난다.

잊어…

잊으라 하였소.
처음 눈을 바라보던 기억부터
하얗게 흔들던 손까지
모두 잊으라 하였소.

잊으라 하였소.
손끝이 떨리던 기억부터
온몸을 저며 오는 아픔까지
모두 잊으라 하였소.

잊으라 하였소.
밤이 가고 새벽이 오는 계시와
봉오리를 찢고 태어나는 꽃의 얼굴을
모두 잊으라 하였소.

못내 머물던 기억마저

놓쳐버린 마지막 열차처럼
끝없는 평행우주의 고독 속으로
모두 보내라 하였소.

날선 단검을 벼려 들고
허공을 찢어 보았소.
선혈을 기대한 건 아니었소.
다만 우주의 속살을 보고 싶었소.

잊어야 할 것 다 잊고
잊지 말아야 할 것 다 잊고
돌아서 바라보는 눈에는
눈물 같은 사랑만이 흐르고 있었소.

잊을 수 있는 것은 아무것도 없었소.
버려야 할 것, 도무지
버려야 한다는 생각만이 오로지 버려야 할 것이었소

나 아닌 것 모두 버리고
나답지 않은 것 모두 잊어야 하오.
하지만 나 아닌 것 도무지 없는
이 우주를 어찌 해야 할까요?

-『꽃은 누구에게 허락받고 피는 것이 아니다』 중에서

기억을 지우는 남자

기억의 특성.

첫째, 정확하지 않다.

둘째, 정확하다고 믿지만 그것은 적절하게 조작된 것일 가능성이 높다.

셋째, 기억력과 행복은 비례하지 않는다. 오히려 반비례에 가깝다.

넷째, 소중한 기억은 심하게 미화되는 경향이 있다.

다섯째, 누군가를 미워하는 건 그 사람과 공유하는 기억에 기초한다.

여섯째, 누군가를 사랑하는 것도 그 사람과 공유하는 기억에 기초한다.

일곱째, 기억에 의지하지 않고도 사랑하는 두 사람은 헤어지지 않는다. 설사 헤어진다 해도 앙금이 남지 않는다.

여덟째, 모든 기억들은 싫든 좋든 우주의 어딘가에 일단 새겨지게 된다.

아홉째, 새겨진 기억은 증폭되거나 소거될 수 있다.

그는 지독히도 아팠던 때가 있었다.

그 기억은 잠을 자지도 쉬지도 않았다. 24시간 괴롭히는 기억으로부터 도망가기 위하여 그가 해보지 않은 방법은 없었다. 정신을 잃어버리도록 술을 마셔보았지만 기억이 끊어지는 건 그때뿐이었다. 기억이 다시 생기를 차리고 그에게 돌아왔을 때는 그 전보다 더 강한 압력으로 그를 짓눌러왔다. 스스로 목숨을 끊는 사람들이 이해가 된 것이 바로 그때였다.

육체는 그런 정신의 부조리를 그대로 비춰내어 날로 그의 얼굴은 초췌해졌고 몸은 마치 늙은이라도 된 마냥 고장 난 로봇처럼 삐걱거렸다. 친구들은 그런 그를 피해 다녔다. 원망을 하는 것은 아니었지만 그런 그를 어찌해야 좋을지 몰라 하다가 결국 자기네들의 삶 속으로 뿔뿔이 흩어졌다.

그녀는 그를 사랑하였으나 그에게서 사랑의 대답을 듣지 못한다고 늘 생각했다. 그는 그대로 그런 그녀를 이해할 수 없었으며 늘 상실감에 시달리는 그녀를 보며 지쳐 있었다. 그녀와 그는 세상을 보는 시선과 사람들을 배려하고 아끼는 마음을 공유했다. 방식에 차이가 있었으나 그것은 서로가 배우고 익혀가야 할 것들이었다.

두 사람의 그런 시선에 힘입어 많은 사람들이 용기를 얻었으며 기쁨을 되찾았고 무너져가는 삶을 지탱할 수 있었다. 하지만 두 사람은 근원적인 오해와 각자가 나쁘지 않게 올바르게 살아온 삶의 방식에 대한 믿음이 있었기에 서로를 누구보다 이해하면서도 또한 서로를 이해할 수 없었다.

사랑하기에 헤어진다는 말은 호사가들이 지어낸 노랫말에 불과하다고 생각했지만 현실은 오히려 그런 그럴듯한 비극에 더 익숙한 것이었다. 함께 모두를 사랑하였지만 정작 두 사람은 서로를 사랑하지 못했다. 많은 사람들에게 주는 데 익숙하였던 두 사람이었기에 두 사람만의 관계에서는 서로에게 사랑을 받고자 했다. 어쩌면 자신을 움츠린 채 타인에게 마음을 내어주며 어느새 무겁게 쌓여 있던 고독함에 대한 보상을 받으려 했던 건지도 모른다.

그러나 그 모든 것들은 어떤 말로도 표현할 수 없는 것이었다. 언어로 명확히 규명되는 것이라면 차라리 풀릴 수 있는 것이었겠으나 불행히도 두 사람 사이를 가로막고 있던 것은 그런 것이 아니었다. 어찌됐던 그와 그녀는 지독히 사랑하면서도 지독히 상처를 주는 사이가 되어버렸고 결국 그녀와 그는 턱없는 이유로 서로의 진심을 짓밟으며 헤어지게 되었다.

그가 무너지듯 자신의 방 안에 누웠다. 떠올리지 않으려 할수록 그녀와의 기억이 또렷이 떠올랐다. 삶은 기이한 시스템을 가지고 있다. 싫다고 밀어내는 건 못내 다가온다. 좋다고 잡으려 하면 끝내 도망가고 만다. 적어도 그는 그렇게 느꼈다.

어느 날 그는 기억으로부터 도망칠 수 없다는 걸 알고서 차라리 똑바로 바라보자고 마음먹었다. 가장 아픈 기억, 그녀와의 이별을 떠올리고 도리질하다가 다시 눈을 부릅뜨고 바라보았다. 도망갈 곳은 어차피 없다. 그렇다면 차라리 너를 피하지 않겠다. 네가 내 온몸을 갈기갈기 찢어버린다 할지라도 피하지 않겠다. 고스란히 당해주마. 기꺼이 아파주마. 도망다니는 건 이제 지긋지긋하다. 심장을 파먹든 머릿골을 썰어내든 견뎌주마. 아니다. 견디지 않고 그대로 그냥 내어주마. 어차피 이런 삶, 미련도 없다. 누군가에게 이해받고자 했던 내가 어리석었다. 삶은 이해되는 게 아니다. 그냥 체험될 뿐이다.

꽃이 옳은가

세상이 그대에게 판단을 강요할 때
나지막이 자신에게 물어보라.
꽃이 옳은가?

그대는 수많은 아름다움을 놓치고 살았다.
꽃은 옳을 수 없다.
그와 같이, 그대는 옳거나 그를 수 없는 것을 두고
언제나 옳거나 그른 것으로 단정 지어 왔다.

아름다움은 어디로 갔는가?

별빛이 옳을 수 없고
사랑이 옳을 수도 없다.
다시 한 번 묻는다.

바람이 옳은가?

-『꽃은 누구에게 허락받고 피는 것이 아니다』 중에서

그의 비장한 결심에 주위의 공기조차 숨을 죽이고 그와 기억의 대결을 바라보고 있었다. 그는 어느 쪽이든 결판이 나기 전에는 다른 어떤 것이라도 하지 않겠다고 생각했다. 오로지 기억만 노려보기를 몇 시간, 드디어 그는 생각 외의 전과를 올릴 수 있었다. 떼어내려 애쓸 때는 오히려 점점 커지던 기억이 차츰 힘을 잃고 희미해져가는 걸 느꼈다. 그의 처절한 노력이 그의 뇌에 변화를 일으켰다. 어느 순간 그토록 괴로웠던 그녀와의 기억이 거짓말처럼 그의 머릿속에서 지워졌다.

그는 아직 자신에게 일어난 일을 제대로 인식할 수 없었다. 모진 기억은 희미한 흔적만을 남기고 있었다. 그건 마치 아무 상관도 없는 남의 이야기를 건네 들은 정도밖에 되지 않았다. 그는 기억과의 승부에서 이겼다. 속이 울렁거리고 머리가 지끈지끈 쑤셔댔지만 전리품에 비하면 그 정도는 아무것도 아니었다.

하루가 지나자 그 흔적조차 사라져버렸다. 이제 그에게는 아픈 기억이 없었다. 한 달 후 그는 길에서 우연히 그녀를 만났다. 그때 기이한 일이 일어났다. 그에게서 기억이 사라진 것과 동시에 그와 연관한 그녀의 아픈 기억도 사라져버린 것이었다. 서로의 일상적 기억은 남겨둔 채 아픔이 될 수 있는 부분만, 정확히 말하자면 그가 아프다고 생각했던 기억에 연관한 그녀의 기억들까지 사라져 버린 것이었다.

두 사람은 반갑게 인사를 했고 오랜만이라며 커피를 함께 마셨다. 그녀는 상냥한 여성이었고 그는 따뜻한 사람이었다. 하지만 그뿐이었다. 분명 아픔을 지워버린 상태라면 서로가 호감을 느끼는 일이 되풀이 될 법도 했지만 끄집어낼 수 없는 어딘가에 묻혀있는 기억의 그림자는 두 사람을 다시 사랑에 빠지게 놔두지는 않았다. 그의 기억은 사라진 것이 아니라 다만 물 위로 떠오르지 않는 것일 뿐이었다. 그것은 땅에 묻어둔 황금처럼 존재는 하지만 쓸모는 없는 것이었다.

그날 이후 그는 불쾌한 기억을 피하려고 애쓰지 않고 오히려 똑바로 바라보는 일에 익숙해졌다. 모든 일과를 마치고 잠자리에 들기 전, 그는 지워버려야 할 기억들을 떠올렸다. 당시의 아픔을 되새기는 건 싫었지만 대신 다시는 떠올리지 않아도 되는 것이었으니 문제가 될 건 없었다. 도대체 어떤 얼개로 이루어지는 일인지 그는 알 수 없었으나 그의 '기억을 지우는 능력'은 어느새 그의 삶의 일부가 되어있었다.

기억의 무게에 따라 지우는 데 걸리는 시간도 각기 달랐다. 그냥 둬도 괜찮은 정도지만 한번쯤 생각나면 성가실 수 있는 정도의 기억은 이삼 분이면 지워졌고 꽤나 고통스러울 만한 기억은 한 시간 정도 걸렸다. 하지만 무슨 일이든 반복하면 익숙해지는 법. 그의 그런 능력도 예외는 아니었다. 나중에는 평생을 못 잊을 만한 무거운 기억도 5분이면 충분히 지워졌다.

사람들을 만나는 일은 언제나 신선했다. 그뿐 아니라 그와 만나는 사람들도 그에 대해서는 익숙해지는 데서 오는 권태가 생겨나지 않았다. 분명 알고 지낸 지는 오래되었지만 막상 그를 만나면 처음 만난 것처럼 설렘이 있었고 서로에게 잘 보이고 싶어하는 욕구가 늘 함께했다. 게다가 그와 연관해서는 그 누구도 불쾌한 기억을 떠올릴 수 없었다. 그들의 기억이 그의 기적적인 능력에 힘입어 심심찮게 삭제당하고 있다는 사실을 알 수 있는 사람은 아무도 없었다.

그는 불쾌하거나 아픈 기억은 지우고 아름답고 좋은 기억만을 간직하고 싶어했다. 일어날 일을 바꿀 수는 없었지만 일어나지 않은 일로 바꿀 수는 있었다. 그의 삶은 그의 능력에 힘입어 날로 유쾌해지는 듯했다. 그런 그에게도 한 가지 고충이 있었다. 그것은 아무도 그에게 속 깊은 이야기를 하지 않는다는 것이었다. 하지만 그건 어쩔 수 없는 것이었다. 그와 연관해서는 어떤 불쾌함도 서운함도 불협화음도 느낄 수 없었기에.

기억의 방해 공작으로부터 벗어난 그는 모든 면에서 자신감 있는 사람으로 변모해갔다. 그는 그런 그를 좋아하는 사람들로 늘 둘러싸여 있었다.

"수현 씨는 언제나 밝아서 좋아요. 무슨 비결이라도 있나요?"

며칠 전 카페에서 만나 합석하게 되었던 연주가 오늘은 레스토랑에 앉아 생글거리며 그에게 물었다. ('그'는 연주를 만나 이름을 찾았다.)

"예쁜 연주 씨가 앞에 앉아있으니 기분이 좋을 수밖에 없지요. 뭐, 다른 이유는 찾지 못하겠는 걸요!"

"아! 이런, 연봉은 얼마나 받아요? 스카우트 제의는 안 들어오나요?"

"웬 스카우트?"

"아무래도 선수 같아서 하는 말이에요. 선수가 아니고는 그런 대사 못 날리죠."

"그걸 알아본다는 건 그런 선수를 많이 만나봤다는 뜻?"

"그렇게 오해하면 싫어요. 수현 씨와 좀 더 친해지고 싶다는 말인데 뭐."

"알아요. 지금은 이 맛있게 생긴 놈들을 좀 먹어주는 게 좋을 것 같아요."

마침 웨이터가 능숙한 손길로 두 사람의 앞에 부셔먹을 것, 잘라 먹을 것, 떠먹어야 할 것들을 줄줄이 늘어놓고 있었다. 연주와의 데이트는 즐거웠다. 연주는 새침하게 생긴 외모와는 달리 애교가 있었고 웃음이 많았다. 수현은 자신이 연주의 몇 번째 남자일까를 몰래 짐작해보고 있었다. 다섯 번째, 아님 열 번째?

"연주 씨, 우리 진실게임 할까요?"

"좋아요. 그럼 나부터. 수현 씨는 여자와 심하게 다툰 적이 있나요?"

"물론 있겠죠. 하지만 기억나지는 않아요. 난 그런 기억은 지워버리거든요."

"자기 관리가 철저한 건가요?"

"한 번에 하나씩만 물어야죠. 이젠 내 차례. 난 연주 씨의 몇 번째 남자죠?"

"정확히 두 번째랍니다."

"응? 못 믿겠는데……."

"진실게임을 하면서 못 믿으면 어떡해요? 진짜예요. 난 보기보다 보수적이랍니다. 아무나 만나는 사람 아니에요. 이젠 내 차례 맞죠? 그럼 난 수현 씨에게 몇 번째 여자죠?"

"세 번째, 아니 두 번째가 맞나? 아니야 처음 같기도 하고……."

수현은 갑자기 머리가 혼란스러워지는 걸 느꼈다. 분명히 처음은 아니었으나 그렇다고 해서 여자를 사귄 기억이 따로 있는 것도 아니었다. 아주 어렴풋이 누군가와 이렇게 식사를 하며 잡담을 하고 영화를 보고 나서 영화에 대해서 이야기하고 놀이공원의 곤두박질치는 기구 안에서 서로 손을 꼭 잡고 있었던 것 같긴 한데 도무지 누구와의 기억인지는 생각나지 않았다.

"에이, 솔직하지 못해요. 분명히 처음은 아닐 거고. 뭐, 그래요. 지나간 일이 중요한 건 아니니까요. 와, 그런데 이거 정말 맛있어요."

연주가 눈앞의 바다가재를 깨뜨려 먹으며 환한 미소를 지었다. 그런 연주에게 수현 역시 미소를 지었지만 뭔가 마뜩찮은 느낌은 지울 수가 없었다. 밤까지 기다릴 필요가 없었다.

"식사 중에 미안하지만 잠깐만 실례할게요."

수현이 화장실에서 자신이 잠시나마 떠올리고 싶어했던 불쾌한 기억들을 다시 지우는 데는 많은 시간이 필요하지 않았다. 손을 닦으며 돌아오는 수현의 얼굴에는 불쾌한 기색이라곤 조금도 없었다.

둘의 진실게임은 시시콜콜한 일상의 질문들로 돌아오며 살벌함(?)을 잃어버렸다. 수현은 연주와 이야기할수록 그녀의 섬세한 배려와 상대를 기분 좋게 해주는 가벼운 농담에 빠져들었고 연주는 연주대로 거침없이 자신의 의견을 말하는 수현의 씩씩함에 빠져들었다. 둘은 마치 오래 사귄 연인처럼 그날의 데이트 끝에는 서로 말을 트고 있었다. 연주의 집 앞까지 데려다 준 수현이 차에서 내리려는 연주를 가볍게 안았다. 그런데 연주의 반응이 좀 묘했다. 하루 종일 생글거리던 연주가 눈치 채이지 않을 정도의 거부감을 표시하고 있었다. 연주의 밝은 웃음이 갑자기 냉각되려던 두 사람 사이의 공기를 겨우 밀어냈다. 수현은 '왜?'라고 물어보려다 입을 닫았다. 분명 연주에게는 예사롭지 않은 뭔가가 있었다. 그것은 수현이 너무나 잘 알고 있는 '기억의 무게'였다.

연주가 서둘러 수습했다.

"아빠가 보면 큰일 나. 우리 아빠 무서운 사람이거든. 고마워, 전화할게."

"그래, 잘 자."

연주가 사라진 대문 앞에서 수현은 어쩌면 자신이 연주를 도와줄 방법이 있을지도 모른다고 생각했다.

그날 이후 연주가 먼저 뭔가 이야기하기를 바랐지만 연주는 여전히 신성불가침의 영역인 양 그 안으로 수현을 들여보내 주지 않았다. 거의 매일 만나 서로의 안부와 관심사와 주변의 친구들에 대한 이야기를 했지만 정작 수현이 듣고 싶어하는 이야기는 끝내 꺼내지 않았다.

두 사람이 만나고 두 계절이 넘어갈 무렵의 어느 날 밤, Judy Garland의 'Over The Rainbow'가 흘러나오는 카페에서 수현이 다짜고짜로 연주에게 물었다.

"연주야, 너 첫 번째 남자 이야기 좀 해봐."

연주의 눈빛이 풀썩 주저앉고 있었다.

"그런 이야기가 왜 듣고 싶어?"

"네가 아파하니까."

"아픈 이야기를 꼭 들어야 해?"

"널 사랑하니까 그러는 거야. 다른 생각이 있어서 그런 거 아니니까 말해봐. 난 괜찮아."

벌써 연주는 두 손으로 얼굴을 감싸고 있었다. 그것은 연주로서는 결코 꺼내고 싶지 않은 기억이었다.

"대학교 1학년 때였어."

연주가 힘겹게 말을 꺼내기 시작했다.

"동아리에서 한 선배를 만났지."

"이름이 뭔데?"

"그것까지 말해야 해? 동오… 주동오."

연주는 솔직한 여자였다. 아무 거리낌 없이 더 이상 따지지 않고 이름까지 밝혔다.

"그래, 좋아. 계속 말해봐."

"활달하고 후배들을 잘 이끄는 모습에 난 그 선배를 선망하게 되었어.

그런데 나뿐이 아니었어. 우리 동기들은 내가 알기로 거의가 그 선배를 좋아했지. 그냥 그럴 뿐이었어. 난 순진하기 짝이 없었어. 그런 마음을 어떻게 표현해야 하는지 표현을 해도 되는 것인지조차 몰랐으니까."

"그렇게 좋았어, 그 친구가?"

"그냥 좋았어. 그 선배는 다른 선배들보다 어른스러워보였어. 모르는 게 없었고 어떤 일에 마주쳐도 당황하지 않는 것처럼 보였지. 어떤 책에 대해서 말할 때면 나도 분명 읽은 책인데도 나로서는 찾아낼 수 없었던 것을 찾아내는 눈을 가지고 있었어. 지금 생각해보면 마치 최면에 걸렸던 것 같기도 해."

"사랑했던 거야?"

"그걸 사랑이라고 말할 수 있을까?"

"네가 알지, 누가 알겠니?"

수현의 말이 자기도 모르게 퉁명스럽게 나왔다.

"역시 기분 나쁘구나. 그만 말할까?"

연주가 조금 울상이 되어 수현에게 물었다.

"아니, 다 말해야 해. 듣다가 말면 안 들은 것만 못해."

수현이 마치 결의를 다지기라도 하는 것처럼 단호하게 말했고 연주는 그저 말할 도리밖에 없었다.

"MT를 가서 선배가 내게 자기 좋아하냐고 물었어. 난 무슨 뜻인지 몰라서 눈만 말똥말똥 뜨고 있었고 선배가 갑자기 내게 기습 키스를 했어. 너무 놀라고 부끄럽고 당황해서 어쩔 줄 몰라 하는 나를 안심시키기라도 하듯 선배가 '나도 너 좋아해.'라고 하더라. 난 MT 내내 선배를 똑바로 볼 수가 없었어. 다른 사람들이 내 속을 다 들여다보고 있는 것처럼 느껴졌지. 선배는 아무렇지도 않게 행동하더라고."

"그래서?"

수현은 왠지 조급해지는 마음을 조심스레 억누르며 다그쳐 물었다.

"도대체 뭘 알고 싶은 거야?"

"그냥, 다 알고 싶어."

"수현 씨가 왜 이러는지 모르겠어. 난 불안한 마음이 들어. 내가 가진 상처가 수현 씨에게 더 큰 상처가 되지 않을까 걱정돼."

"그럴 일 없어. 상처로 남겨두지 않으려고 이러는 거야. 다그치는 것처럼 보여서 미안해. 그냥 다 이야기해줘."

"그래. 남 이야기하듯 하지 뭐."

연주는 아무래도 내키지 않았지만 왠지 절박해 보이는 수현의 요청을 무시하고 싶지도 않았다.

"MT를 다녀오고부터 그 선배는 내게 무척 잘 해주었지. 그러다 어느 날인가 자신의 자취방에 놀러가자고 했고 난 아무 생각 없이 따라갔지. 그날 난 내 의지와 상관없이 나를 잃고 말았어. 얼마나 놀랐던지 아무 말도 할 생각을 못하고 그냥 뛰쳐나오고 말았지. 꿈에도 생각 못했던 일이 생기고 만 거야."

"정말 네 의지는 조금도 없었던 거야?"

연주가 눈을 동그랗게 뜨고 아무 말 없이 수현을 바라보았다. 수현이 고개를 좌우로 세차게 몇 번 흔들고는 다급하게 말을 이었다.

"아니야, 다른 뜻으로 물은 거 아니야. 그냥 너도 그 선배 좋아했다니까 혹시 몰라서 물어본 거야."

"그래, 난 지금 거짓말을 할 이유가 없어. 이런 과거가 수현 씨와 내 사이를 어떻게 할 수 있다면 그건 그것대로 의미가 있는 거겠지. 나, 내 자신이 좀 한심스러워지려고 해. 내가 왜 이러고 있는 건지 모르겠어."

"괜찮아. 넌 아무 문제없어. 날 미친놈처럼 봐도 좋아. 하지만 분명히 다시 말할게. 네 아픈 기억은 사라지게 될 거야. 날 믿어줘."

"어떻게 사라져? 그리고 겨우 묻어두었던 기억을 떠올리게 한 건 수현 씨잖아?"

"묻어두는 것과 사라지는 건 다르지. 사라지게 될 거야. 묻어두면 안 돼. 괴롭더라도 계속 말해줘. 난 더 들어야만 해."

연주는 수현의 눈에서 뭔가 이질적인 것을 보았지만 그 정체가 무엇인지는 도무지 짐작이 가지 않았다. 그러나 적어도 수현이 자신을 아프게 하려는 게 아니란 건 알 수 있었다.

"그 일이 있고 난 후 보름이 지났을 때였어. 오랜만에 동아리 방을 찾은 난, 다른 선배들과 동기들이 모두 나를 이상한 눈으로 바라보는 걸 느꼈어. 그때의 그 눈빛들을 떠올리면 끔찍해. 난 박제가 된 기분이었어. 마치 이상한 짐승을 바라보듯 했지. 도무지 영문을 몰라 리포트 쓸 게 있다며 도망치듯 나오는데 그 선배를 공공연히 좋아한다고 말하던 동기애 하나가 따라 나와서 내게 '너 보기하고 다르구나. 정말이니? 네가 싫다는 선배에게 그렇게 매달렸다며?' 하고 말하더라. 사람이 너무 어처구니가 없는 상황이 되면 구역질이 난다는 걸 그때 알았어. 난 그 사건 이후 그 선배를 만나지도 않고 있었는데, 어느새 동아리에서는 그런 이상한 소문이 나돌고 있었던 거야. 그 일은 선배와 나 두 사람 외에는 아무도 모르는 일인데 어떻게 된 일이었을까? 나중에 나와 친했던 애에게 그 이야기를 다시 상세히 들었는데, 정말 듣지 말았어야 할 이야기들을 듣게 되었지.

그 선배가 무슨 생각으로 그런 말들을 퍼뜨리고 다녔는지 모르지만, 싫다는 자기를 내가 졸졸 집까지 따라가서 자신을 유혹했다고, 그래서 어쩔 수 없이 한번 안아주었다고 소문을 냈더라고. 화를 내고 따져야 할 사람은 나였는데 바보같이 나는 변명 한번 못해보고 '이상한 년'이 되어 있었어. 아무도 만나고 싶지가 않아서 그 학기를 겨우 숨어다니 듯 채우고 휴학을 했지. 난 누구에게도 그날의 진실에 대해 말하지 않았어. 지금 수현 씨에게 처음 말하는 거야. 나, 정말 바보 같지?"

연주의 눈에서 눈물이 방울방울 흘러내리고 있었다. 수현은 연주가 정말 바보 같다고 생각했다. 수현이 연주의 말을 끊고 단호하게 말했다.

"아니, 넌 바보가 아니야. 오늘 내게 말했기 때문에 더 이상 넌 바보가 아니어도 될 거야. 약속할게. 널 그 자리에 두지 않겠어. 네가 그토록 아파하는 이야기를 억지로 하게 해서 미안해. 하지만 안 하는 것보다 나아. 분명히 그렇게 되게 되어있어."

수현이 연주의 뺨을 타고 흐르는 눈물을 손으로 어루만지며 닦아 주었다. 십 년도 더 지나도록 연주의 가슴에 생채기를 내고 있던 기억들이 핏물처럼 아리게 배어나왔다. 수현은 더 이상 연주에게 아무것도 듣고 싶지 않았지만 연주가 애써 눈물을 멈추고 다시 말했다.

"몇 년이 지나고 상처가 다 아물었다고 생각했지만 난 누구도 사랑할 수가 없었어. 연인들이 자연스럽게 하는 사랑의 몸짓들을 감당할 수가 없었어. 내가 불결한 여자가 되는 것 같았고 또다시 '이상한 년'이 되어버리지 않을까 무서웠지. 그러다보니 누군가를 이성으로 좋아하는 게 불가능해져 버린 거야. 하지만 수현 씨는 달랐어. 어떤 남자도 받아들일 수 없을 거라고 생각했는데 수현 씨는 나를 평화롭게 만들어. 그래서 수현 씨 앞에서는 힘이 나. 나, 원래는 말이 많지도 않고 그렇게 남들 앞에서 자주 웃는 사람도 아니야. 친구들과 가끔 어울려 다니긴 하지만 처음 수현 씨를 만났을 때처럼 모르는 사람들과 합석을 한 건 처음이었어. 내가 생각해도 놀라웠지. 그때부터 난 변하기 시작했어. '즐거움'이라는 건 나와는 무관한 감정으로 알고 살아온 시간이 수현 씨를 만나면서 끝나버렸어. 정말 신기하지? 그래서 수현 씨에게 너무 고마워."

"고마워하지 않아도 돼. 널 만나서 위로받는 건 나야. 네가 그랬던 것보다 훨씬 더 많이 내가 위로받아. 하지만 위로받으려고 만나는 건 아니야. 네 웃음이 나를 행복하게 해. 네 눈물이 나를 울게 해. 네 모든 것이 내게는 너무나 소중해. 하지만 너의 아픔을 그냥 둘 수는 없어. 난 너의 아픈 기억을 모두 지워버릴 거야."

"그렇게 말해줘서 고마워. 정말 지워버릴 수는 없겠지만 수현 씨가 그렇게 말해주니까 힘이 나. 바보처럼 살아왔지만 다 수현 씨를 만나기 위해서 그랬던 거라고 생각할게."

연주는 수현의 능력을 모르고 있었다. 수현은 뭔가 더 설명하려다 그만두었다. 설명은 의미가 없었다. 설명해본들 어차피 지워질 기억에 포함될 것이었다. 수현은 여느 때보다 더 자상하게 연주를 감싸주었고 연주는 그런 수현 앞에서 다시 기쁨의 눈물을 흘려야 했다. 집요하게 물었던 수현의 모습이 더 이상 이상하게 느껴지지 않았다. 다 자신을 위해서라는 걸 알아차리고 더 깊이 수현에게 다가설 수 있다는 사실에 행복해하는 연주였다.

그날 밤 수현은 여느 때보다 굳은 결심을 하고 일인용 소파에 깊숙이 파묻혔다. 연주의 기억은 분명 수현에게도 기분 나쁜 것이었다. 처음부터 그러리란 걸 알고 들었던 것이다. 천천히 연주의 기억을 다시 더듬었다. 누구에게 한마디 항변도 못한 채 아픔을 삭여왔을 연주를 생각하자 수현의 가슴 깊은 곳에서 샘물처럼 눈물이 솟았다.

기억은 하나하나 분해되기 시작했다. 수현은 연주의 아픔과 연관되어 있을 모든 사람들을 하나둘 떠올렸다. 이름도 성도 모르는 사람들이었지만 수현은 연주를 통해서 그들의 기억 속으로 치달았다. 기억의 얼개는 독립적으로 존재하지 않는다는 걸 수현은 잘 알고 있었다. 세상의 어떤 일이 홀로 존재할 수 있겠는가! 야비한 주동오도 그런 주동오의 말만 믿고 애당초 연주의 진실에는 관심이 없었던 친구들도 모두 다 어리석었기 때문이리라. 그 피에로 같은 주동오는 꽤나 여학생들에게 인기가 있었나 보다. 생각이 다시 거기에 미치면서 수현은 슬픔보다 분노가 치밀어 오르는 걸 참느라 애먹었다. 기억을 지울 때는 분노보다 평상심이 유리하다는 걸 잘 아는 수현이었다.

광학이론과 색채학을 공부했던 19세기 후반의 프랑스 화가 조르주 쇠라는 점을 찍어 그랑드자트 섬의 정경을 그렸다. 삼차원은 이차원의 면으로 다시 일차원의 선으로 그리고 무차원의 점으로 회귀하는 것이다. 삶의 모든 것은 그처럼 차원이 필요치 않는 점일 뿐이었다. 기억의 얼개 역시 수현의 확대경 앞에서 각각의 색깔을 가진 점으로 완전히 분해되었다. 점처럼 보이는 기억들이 모여서 큰 그림을 만들어낸다. 그 위에서 사람들은 삶의 정체성을 찾는다. 사람들은 그리하여 기억이 사라진 삶은 더 이상 삶이 아니라고 인식하는 것이다.

하지만 기억은 그리 정확한 것이 아니다. 기억은 때때로 심하게 왜곡된다. 과거의 일에 대해서 각자의 진실을 말하지만 그건 진실은커녕 사실조차 될 수 없는 경우가 많다. 그리하여 수많은 소송들이 생겨나는 것이다. 결국 사람들은 자신이 기억하고 싶은 대로 기억한다. 기억은 분명 과거에 일어난 일에 대한 것이지만 정작 기억하고 있는 것은 실제의 상황이 아니라 그 상황에 대한 자신의 해석을 기억하고 있는 것이다. 더구나 그 해석은 시간에 따라 기억하는 사람의 생각의 변화에 따라 새롭게 구성된다. 기억은 그다지 믿을 게 못되는 물건인 것이다.

정확한 것이든 왜곡된 것이든 수현은 따질 필요가 없었다. 어차피 지워질 것들이었다. 뿌리를 캐내지 않은 잡초는 금세 다시 자라난다. 수현은 기억의 뿌리를 낱낱이 파내어 지우는 작업을 꽤 오래도록 계속했다. 처음 시도하는 방식이기도 했지만 무엇보다 연주의 마음속에서 조금도 불쾌한 상처의 흔적을 남겨두고 싶지 않았다.

동이 터올 무렵, 수현은 연주의 모든 기억을 지우고 마지막으로 자신과의 연결고리를 지웠다. 잠시 후 수현은 뭔가 밤을 새우며 중요한 일을 한 것에 대한 인식만 남은 채 아무것도 기억나지 않는 자신을 보게 되었다. 그 시각, 연주는 자신의 삶이 새롭게 재창조되었다는 사실을 모른 채 잠을 자고 있었다.

태어나자마자 끈에 묶인 채 사육된 코끼리(다른 짐승도 별반 다르지 않으리라.)는 자라서 그 끈을 풀어주어도 끈의 반경 밖으로 나가려 하지 않게 된다. 그와 같이 연주도 과거의 아픈 기억은 머릿속에서 사라졌지만 여전히 수현의 애정표현을 쉽게 받아들이지 못했다. 하지만 그건 두 사람 모두에게 아픔이 되지는 않았다. 그건 연주의 정숙한 의지일 뿐이었다. 전혀 남자 경험이 없는데서 오는 부끄러움과 소심한 두려움일 뿐이었다. 적어도 두 사람은 그렇게 생각했다.

그렇게 시간이 흘렀고 차츰 연주는 수현의 애정 표현을 받아들이기 시작했다. 연주의 웃음은 수현에게 기쁨이고 희망이었으며 그 무엇과도 바꿀 수 없는 행복이었다. 두 사람의 사랑을 위협하는 건 아무것도 없었다. 한동안 수현은 기억을 지울 필요가 없었다. 삶 속의 사소한 불쾌함은 연주가 지워주었다. 연주는 오래도록 연락을 끊었던 옛 친구들과 다시 만났고 아무도 연주와 연관해서 불편한 기억들을 가지고 있지 않았다. 연주는 마치 새로운 친구들을 사귀는 것처럼 옛 친구들과 즐거운 시간을 보낼 수 있었고 그런 연주 옆에는 언제나 수현이 있었다. 하지만 언제나 좋은 일에는 마가 끼는 법이다. 그토록 철저히 지워진 기억에도 허점은 있었다. 불행은 전혀 상상하지도 못했던 방식으로 시작되고 있었다.

그날도 두 사람이 연주의 옛 친구들과 함께 하는 자리였다. 연주의 친구들과 수현은 스스럼없이 어울렸다. 처음에는 눈인사 정도로 그쳤지만 이제는 기꺼이 서로 속내를 풀어놓을 만큼 친밀한 사이가 되어 있었다. 한참을 왁자지껄 마시고 웃던 자리에 새로운 사람이 등장했다. 연주의 건너편에 앉아서 카페의 출입구 쪽을 바라보고 있던 친구가 갑자기 손을 흔들며 반색을 했다.

"여기예요. 동오 선배!"

좌중에 있던 사람들이 모두 출입구 쪽으로 시선을 돌렸다. 동오라고 불린 사내가 낮은 탄성을 지르며 자리로 다가왔다.

"야! 다들 오랜만이네. 내가 영국으로 가기 전에 봤으니까 3년 만인가?"

"그래요. 선배, 너무 오랜만이네요. 아직 싱글인가요?"

연주의 친구들이 대뜸 본색을 드러내며 동오에게 관심을 표했다.

"난 싱글이 좋아. 난 천성적으로 안정적인 걸 싫어하나 봐. 그런데 다들 여전하네? 어! 그런데 연주도 왔네? 그때 무슨 이유인지는 모르겠지만 휴학하고서 처음 보는 것 같은데? 벌써 십 년도 더 된 것 같은걸?"

"그래요. 그때 사정이 좀 있어서 휴학했던 걸 기억하시네요? 오랜만이에요."

동오가 마침 비어있던 연주의 맞은편 자리에 앉았다. 연주의 몸이 가볍게 움찔거렸다.

"그런데 이 분은 누구신가? 내 기억에는 없는 분인데?"

동오는 누구에게랄 것도 없이 수현을 바라보며 물었다. 아까 동오를 먼저 알아보았던 태희가 대답했다.

"수현 씨예요. 연주 애인! 아마 동오 선배하고 동갑일걸요? 우리 모임에 얼굴 비친 지 꽤 됐어요. 이젠 '우리끼리'보다 더 친한걸요. 인사하세요들."

동오가 먼저 손을 내밀었다.

"반갑습니다. 에드워드 킴이라고 합니다."

수현이 손을 내밀며 대답했다.

"네, 반갑습니다. 영국에서 오셨나 보죠?"

"네, 런던에서 이것저것 사업 구상도 좀 하고 외국 애들 좀 쓰다듬어 주고 왔죠. 그런데 걔들은 여자 같은 맛이 없어요. 남자 같다니까요. 역시 한국 여자가 최고!"

동오가 과장된 몸짓으로 엄지손가락을 들어 올리더니 이내 돌아보고 너털웃음을 터뜨리며 말을 이었다.

"헛! 농담입니다. 제가 무슨 낯짝으로 외국 애들을 울렸겠습니까. 그냥 외삼촌이 벌써 자리 잡아 놓은 사업체에서 일 좀 배우다 온 게 답니다. 외삼촌이 김 씨라서 영국에선 외삼촌 성을 따랐습니다. 암튼 수현 씨는 대단하십니다. 후배들 중에 최고를 낚으셨군요."

수현은 동오의 과장된 몸짓과 스스럼없는 농담이 싫었다. 사람 좋아 보이는 웃음 뒤에 서려있는 오만함은 충분히 수현의 비위를 건드리고 있었고 누구라도 자신을 좋아할 거라는 식의 나르시시즘은 이미 좌중의 평화를 깨고 있었다. 하지만 그건 수현만의 착각인 듯 연주의 친구들은 하나같이 동오를 지나칠 정도로 반겼다. 그때 수현은 보고 싶지 않은 것을 보고 말았다. 연주의 눈이 동오를 향하고 있었다. 지나쳐가다가 우연히 머문 시선이 아니라 자기도 모르게 몰입되어버리는 시선! 게다가 동오는 그런 연주의 시선을 알고 있었다. 그런 주제에 모른 척 그 시선을 피하고는 연신 '난 아무 죄 없어요.'라고 말하듯 웃고 있었다.

이유도 없이 처음 보는 사람을 미워하는 건 어색한 감정이었다. 수현은 뭔가 이질적인 것을 느끼고 있었다. 어쩌면 내가 지운 기억 속에 이 동오라는 녀석이 있는지도 모른다. 하지만 분명히 처음 보는 사람이다. 그건 여기 있는 다른 사람들이 증명하고 있다. 게다가 그는 영국에서 온 지 얼마 되지 않았다. 어떤 이유로라도 나는 이 녀석을 모른다. 그렇다면 참을 수 없는 이 위화감은 뭐지? 아무리 생각해도 알 수 없었다.

하지만 수현은 분명 지워버린 기억과 동오가 연관되어 있다는 걸 본능적으로 알아차리고 있었다. 복잡한 수현의 속내를 아는지 모르는지 연주는 친구들과 수다를 떨며 웃고 있었다. 동오는 연주와 연주의 친구들에게 연거푸 술을 권하며 옛날 학창시절의 이야기를 과장된 목소리로 떠들고 있었다. 술자리가 파하고 연주와 함께 탄 택시 안에서 연주가 수현의 손을 잡고 말했다.

"수현 씨, 아무 걱정하지 마. 난 수현 씨 말고는 아무도 남자로 보지 않아."

"왜 그런 말을 해?"

"그냥, 오늘 왠지 수현 씨답지 않은 모습을 봤다고 할까. 미안해, 훔쳐본 건 아니야. 하지만 어쩔 수 없잖아? 난 늘 수현 씨를 보고 있으니까."

"그런 거 없어. 연주는 어디서나 빛나 보여. 그런 연주가 좋아."

수현은 활짝 웃으며 연주를 안심시켰다.

"음, 그럼 내가 오해한 거네?"

"그렇다니까. 연주 마음 잘 알아."

수현이 오른손으로, 자신의 왼손을 잡고 있는 연주의 손을 감쌌다. 택시 기사가 백미러로 흘끔 쳐다보는 것 같았지만 두 사람은 개의치 않았다.

연주를 바래다주고 집에 돌아온 수현은 아주 오랜만에 기억을 지우고 싶은 유혹에 빠졌다. 분명히 카페에서 느꼈던 동오는 불쾌하기 짝이 없는 기억이었다. 하지만 수현의 또 다른 마음은 기억을 지우지 않기를 바라고 있었다.

시험! 에덴동산의 평화를 위협하려 아담과 이브를 유혹한 존재. 신의 순수한 형상으로 만들어진 아담과 이브의 몸에는 침투할 수 없었으나 그들이 육체의 정에 끌려 만들어낸 자녀에게는 침투할 수 있었다. 그리하여 아담과 이브 이래로 모든 인류는 그 세포 속에 유혹의 기술이 각인된 채로 태어나는 것이다.

수현은 연주를 시험하고 싶은 유혹에, 마땅히 뿌리쳐야 할 의무를 저버리고 자신의 주권을 내어주었다. 달콤한 유혹은 언제나 가혹한 대가를 요구하는 법이란 걸 모를 리 없었지만 수현은 대가를 치를 마음이 없었다.

대가를 요구당하면 그 모든 기억들을 지워버리면 그만이었다. 그리하여 수현은 그날의 불쾌한 기억들을 지우고 다시 그 모임에 나가지 않으려던 마음을 접었다.

모든 것은 그렇게 잉태된다. 보고 싶은 것은 창조된다. 인류가 보고 싶어하는 대로 세상은 변화한다. 그리하여 연주는 수현이 보고 싶어하는 모습대로 변하고 있었다. 연주의 의지가 어떻든 속내가 어떻든 그런 것은 중요하지 않았다. 수현이 동오를 바라보는 연주의 눈빛에서 터무니없는 씨앗을 만들어 자신에게 뿌린 순간, 그 씨앗은 수현뿐 아니라 연주의 토양 속에서도 이미 움을 틔울 준비를 하고 있었던 것이다.

모임이 있는 다음 달까지 기다릴 필요도 없었다. 행복은 서서히 다가오지만 불행은 바람처럼 빠르게 다가오는 법이다. 며칠 후, 둘이서 자주 가는 호수로 드라이브를 갔을 때 연주의 휴대전화에 낯선 번호로 전화가 걸려왔다. 대개 모르는 번호가 찍힐 때는 잘못 걸린 것이거나 광고일 경우가 많아 연주가 받지 않으려 할 때 수현이 갑자기 소리쳤다.

"잠깐, 아는 사람일 수도 있어. 받아봐!"

연주는 별 생각 없이 전화를 받았고 모르는 번호의 주인공은 동오였다.

"어머, 선배님! 웬일이세요? 제 전화번호는 어떻게 알고……."

"태희한테 물었지. 잘 지내? 학교 다닐 때는 친하게 지냈는데 사회에 나오고 나니 좀 서먹하다, 그지?"

연주가 친하게 지낸 기억이 없다는 말을 하려다 그만두었다. 별 의미가 없는 말이었다. 친했든 친하지 않았든 중요하지 않다고 생각했다.

"전 수현 씨와 호숫가에 나와 있어요. 바람에 쓸리는 물결이 참 좋아요."

"호수, 어디?"

굳이 하지 않아도 될 질문에 연주는 잠시 당황하였으나 이내 상냥하게 말했다.

"우리 학교 뒤 56번 도로로 빠지면 갈대 우거진 곳 있죠? 거기예요. 학교 다닐 때 애들이랑 한참을 걸어서 온 적 있잖아요?"

"아, 그래? 나도 마침 그 근처에 있는데 그리로 갈까? 수현 씨에게 인사도 하고."

"그래요. 여기 낚시용품점 바로 옆이에요."

전화를 끊기 바쁘게 수현이 누구냐고 물었다.

"아, 며칠 전에 봤지? 동오 선배라고."

"그런데 그 사람이 왜?"

"그냥 했어. 그런데 이 근처에 있다고 이리로 온대."

"자기가 왜?"

"그냥 수현 씨 보러 오는 거겠지. 지나가는 길이니까."

"웃기는 친굴세. 남 데이트하는데 자기가 여길 왜 와?"

"아이 참, 그렇게 말하면 내가 난처하잖아. 잠시 있다 가겠지. 기분 나쁘게 생각하지 마."

수현은, 마치 범죄가 일어날 현장에서 미리 잠복하고 기다린 형사처럼 야릇한 쾌감을 느끼며 생각했다. 이것 봐라, 아주 노골적인데? 애인이 있든 말든 상관없다 그거지?

수현의 생각을 알 리 없는 연주가 생글거리며 수현의 팔짱을 꼈다.

"배고프다. 아침 많이 먹었는데 왜 그럴까?"

"글쎄, 내가 어떻게 알아."

수현의 목소리가 퉁명스러웠다.

"수현 씨, 왜 그래? 신경 쓰여?"

"이해가 안 가. 학교 다닐 때 친하게 지냈어?"

"몰라. 선배는 그랬다고 말하는데 난 그런 기억이 없는걸. 그냥 하는 말이겠지 뭐. 워낙 붙임성이 좋은 사람이니까."

"너 혹시 학교 다닐 때 그 선배 좋아했던 거 아니야?"

"갑자기 무슨 소리야. 그냥 동아리 선배일 뿐이야. 괜히 기분 나빠지려고 해. 왜 그런 말을 해? 며칠 전에도 좀 이상했어. 내가 선배를 좋아하기라도 했을까 봐? 차라리 그런 일이 있었다면 솔직히 말했을 거야. 알잖아? 난 거짓말을 못해서 매번 손해 본다는 거. 수현 씨 오늘 너무 예민한 것 같아."

"너, 그날 모임에서 계속 그 선배만 바라보고 있었잖아?"

"그건 오랜만이고 하니까 그런 거지. 정말 수현 씨 오늘 왜 이래?"

"모르겠어. 난 그 사람이 싫어. 외국물 좀 먹었다고 거들먹거리는 꼴 하고는."

"왜 알지도 못하는 사람을 그렇게 말해?"

"지금 편드는 거니?"

"아냐 그런 거. 그렇게 들렸으면 미안해. 정말 아무것도 없어. 내가 잘못했어. 오해하게 해서 미안해. 옆에 수현 씨가 있는데 아무리 오랜만이라도 내가 다른 사람을 보고 있었다면 화날 만도 해. 나라도 그랬을 거야."

연주는 정말 착한 여자였다. 평소 같으면 오히려 그런 연주에게 잘못을 빌고 안아주었을 수현이었지만 그날은 그런 여유가 없었다. 수현은 급기야 입을 다물고 말았다. 연주가 혼자서 몇 마디 말을 건넸으나 수현은 대답할 생각이 없어보였다. 그러다가 연주를 향하고 있던 시선을 거두어 멀리 다른 곳으로 돌려버렸다. 연주가 뭐라고 말을 더 하려고 입을 오물거리다 결국 닫고 말았다.

어색한 시간이 잠시 흐르고 나서 무심코 휴대전화의 시각을 보던 연주는 소스라치게 놀라고 말았다. 연주는 동오를 기다리고 있는 자신을 보았다. 연주가 다급하게 자신의 마음속을 들여다보았다. 뭐지? 내가 왜 선배를 기다리지? 온다고 했으니까 그냥 기다리는 거겠지. 아니야. 그렇다고 해서 기다릴 이유는 없지. 그렇다면 정말 내게 선배를 좋아하는 마음이라도 있나? 아닌데, 역시 그건 아니야. 그럼 도대체 이 이상한 느낌은 뭘까? 알 수가 없어. 난 지금 기분이 나빠지려고 해. 이건 결코 즐거운 느낌이 아니야.

연주의 심장이 쿵쿵 뛰었다. 연주는 그런 자신을 수현에게 들킬까 봐 신경 쓰였다. 그러다 또 생각했다. 아! 확실히 좋은 기분이 아니야. 오히려 이건 불쾌함, 억울함, 메스꺼움, 뭐 그런 것에 가까워. 그런데 내가 왜 이러고 있지? 수현 씨가 화를 내서 그런 건가? 아니, 그것도 아니야. 수현 씨가 화를 내는 건 이해가 안 가지만 그렇다고 해서 그것 때문은 아니야. 모르겠어. 연주는 알 수 없는 감정들이 밀려오는 걸 지우기라도 하려는 것처럼 고개를 좌우로 흔들었다. 수현이 손이라도 꼭 잡아주었으면 좋겠다고 생각했지만 수현은 여전히 건너편 기슭만 바라보고 있었다.

그 순간, 수현의 따뜻한 말이 모든 것을 막을 수 있었다. 너무나 사랑스러운 연주를 지킬 수 있었다. 연주와 행복을 누릴 권리를 찾아올 수 있었다. 하지만 수현은 아무 말도 하지 않았다. 며칠 전 그날 밤, 수현은 이미 태고에 기생하기 시작했던 악마의 유전자를 일깨웠던 것이다. 특별히 누군가를 괴롭히거나 미워하지 않아도 되었다. 그냥 외면하는 것으로 충분했다. 아무도 이유를 알 수 없는 괴로운 시간이 이미 해가 넘어가는 호수에 몸을 담그고 다가오는 땅거미처럼 한걸음씩 수현과 연주에게 다가오고 있었다.

근처에 있다던 동오는 한 시간이나 지나서 나타났다.

"어이! 며칠 전에 봤는데 오늘 또 보니 반갑네. 연주는 언제나 이렇게 예쁘게 하고 다녀?"

수현과 연주가 동시에 고개를 돌렸을 때 동오가 여전히 그 자신만만한 웃음을 흘리며 몇 걸음 떨어진 곳에서 다가오고 있었다. 수현이 자기도 모르게 동오를 쏘아보았으나 동오는 오로지 연주만을 바라보고 있었다.

"아, 선배. 저번에 인사했죠? 여기 수현 씨."

"나, 며칠 만에 사람 잊어버릴 만큼 바보 아니다. 수현 씨 얼굴이 쉽게 지워지는 인상도 아니고 말이지."

"그래요. 우리 수현 씨가 좀 잘나긴 했지."

짐짓 연주가 농담으로 분위기를 바꾸어보려 했으나 수현의 얼굴에 드리워진 먹구름은 물러날 기미가 없었다.

"자주 보게 되네요. 이 근처에 계셨다고요?"

겨우 수현이 입을 열어 인사를 건넸으나 표정은 '너 뭐 하러 여기 왔니?'라고 말하고 있었다. 그런 수현의 표정에 머쓱해질 법도 했으나 수현의 마음을 아는지 모르는지 동오는 혼자서 신이 나서 말했다.

"태희하고 선영이하고 어제 만났어. 그때 네 전화번호를 물어봤지. 그래서 오늘 한번 걸어본 거야. 괜찮지, 가끔 전화해도?"

"뭐, 안 될 거야 없죠. 하지만……."

연주가 말끝을 흐린 까닭을 모를 리 없건만 동오는 아예 노골적으로 수현을 무시하고 말했다.

"뭐, 어때. 우리가 사귀는 사이도 아니고. 그렇잖아요, 수현 씨?"

수현은 아예 할 말을 잊고 그런 동오를 가만히 지켜보고 있었다. 몇 마디만 더 하면 주먹이라도 날아갈 판이었다. 그런 수현을 보고 동오가 웃으며 말했다.

"아아, 농담입니다. 저 오해받고 싶지 않아요. 어제 태희하고 있을 때 누구랑 계속해서 문자가 오고가는 걸 봤어요. 그때 별 생각 없이 누구냐고 물었다가 연주라길래 번호 저장해둔 거고 오늘 태희하고 통화하다가 연주 이야기가 나와서 생각난 김에 전화한 겁니다. 기분 나쁘셨다면 미안합니다. 전 그냥 수현 씨 인상도 너무 좋고 해서요. 연주도 연주지만 수현 씨랑 친하게 지내고 싶거든요. 사실 근처에 있었던 건 아니고 연주 핑계 삼아 수현 씨 보러 온 겁니다. 혹시 압니까, 좋은 사업파트너라도 될 수 있을지? 수현 씨 처음 볼 때부터 이상하게 낯선 느낌이 아니었어요. 아무리 생각해도 아는 사람은 분명히 아닌데 말이죠. 좀 이상해요. 마치 꿈에서 몇 번 본 것 같은 느낌이랄까."

동오는 악의 없이 순순히 털어놓았다. 거짓말처럼 보이지는 않았다. 수현은 계속 인상을 쓰고 있을 명분을 잃어버리고서야 얼굴을 풀었다.

"주동오 씨라고 했죠? 그런데 하시는 일이 뭡니까?"

"어, 제 성도 아시네요? 그때 성까지 누가 말했던가요? 요즘엔 영국식 이름을 주로 써서 저도 생소한 참인데. 아하, 연주에게 들으셨구나."

"아뇨, 난 말한 적 없는데요?"

연주가 눈을 동그랗게 뜬 채 고개를 좌우로 저으며 말했다. 세 명이 서로 서로 눈을 마주쳤으나 어느 누구도 수현이 동오의 성까지 명확히 알고 있는 이유를 알 수 없었다.

“아, 뭐… 어디선가 들으셨겠지요. 아니면 정말 꿈에서 두 사람이 만나서 통성명이라도 한 건가?”

동오가 어깨를 으쓱하며 또다시 꿈 타령을 하더니 다시 말을 이었다.

“아아, 제가 하는 일을 물으셨죠? 광고기획 쪽입니다. 곧 회사를 하나 차려볼까 하는데 태희에게 듣자니 수현 씨도 그쪽에서 일하신다면서요? 그래서 꼭 한번 만나 뵙고 싶었던 겁니다.”

“어머, 잘 됐다. 우리 수현 씨, 가지고 있는 재능만큼 크지를 못했는데 동오 선배랑 같이 일하면 서로 배울 것도 있고 좋을 것 같아요.”

연주가 어린아이처럼 웃으며 반색을 했다.

“정말입니다. 수현 씨! 같이 일해보시지 않겠습니까? 저 런던에서 일 배웠느니 어쩌니 했지만 외삼촌 옆에서 거든 정도 경험으로는 아무것도 못한다는 거 잘 압니다. 수현 씨는 벌써 나름대로 틀을 잡으셨다고 하던데 저 좀 도와주십시오. 마침 제가 부모님을 잘 만난 덕에 자본은 충분히 댈 수 있습니다. 섭섭지 않게 대우해드릴 테니 한번 진지하게 생각해주십시오. 전 돌려서 말 못합니다. 거짓말도 못하고요. 너무 갑작스러운 말인 줄 압니다. 여기서 이렇게 말할 것도 아니겠지요. 오늘 제가 두 사람 데이트를 방해한 꼴이 됐으니 한잔 사게 해주십시오. 자리를 옮겨서 천천히 말씀드리고 싶습니다.”

수현도 연주도 동오의 청을 거절할 마땅한 이유가 없었다. 잠시 후 세 사람은 동오의 단골카페에서 마주하고 있었다. 동오가 자신의 사업 구상에 대해 늘어놓기 시작했고 수현은 꼼짝 못하고 들어야 했다. 연주는 연주대로 알지도 못하는 둘의 이야기에 끼어들 엄두도 내지 못하고 장식품처럼 앉아있었다. 수현은 동오가 자신에게 왜 끌려하는지 생각해 보았다. 분명히 액면 그대로의 호감은 아니었다. 동오에겐 풀어야 할 무엇이 있는 것 같아 보였다. 어디서부터 어떻게 풀어야 할지는 아무도 모르지만, 가슴 속에서부터 풀어내어야 할 무엇. 혹은 풀어내야 할 것이 아니라 어떤 의혹일지도 모른다.

별 다른 대답을 하지 않는 수현에게 동오는 차차 만나며 생각해보자고 했고 그날의 갑작스러운 술자리는 그다지 취기가 오르기도 전에 끝났다.

그날 이후 심심찮게 동오로부터 연주에게 전화가 걸려왔다. 연주는 그런 동오에게 전화를 좀 하지 말아달라고 말할 수가 없었다. 동오는 자연스레 연주를 통해서 수현에게 접근하고자 할뿐 다른 말은 없었다. 하지만 연주는 매번 동오의 전화를 받을 때마다 이상한 감정이 고개를 쳐드는 걸 느꼈다. 처음엔 이유를 알 수 없는 불쾌감이었으나 날이 갈수록 묘한 설렘과 기대를 가지고 있는 자신을 보며 소스라치게 놀라곤 했다.

수현은 그런 연주의 마음을 어렴풋이 느끼고 있었지만 무어라 규명되지도 않은 감정에 화를 낼 수도 없는 노릇이었다. 하지만 의도가 불분명한 동오의 수작은 계속 수현의 감정을 건드렸고, 어느 날 급기야 오래 전부터 장착되어 있었던 시한폭탄처럼 터지고 말았다.

"도대체 그 자식이 왜 자꾸 네게 전화하는 건데?"

"수현 씨 안부 묻는 게 다야. 수현 씨와 같이 일하고 싶어했잖아?"

"내 안부는 내게 물어야지. 왜 너한테 묻는 거지?"

"그걸 내가 어떻게 알아. 내가 후배니까 수현 씨보다는 편하니까 그런 거겠지."

"연주야, 우리 솔직해지자. 너, 그 동오라는 친구 오랜만에 만난 그날부터 뭔가 이상했어. 너도 알잖아? 왠지 신경 쓰이지, 그 친구?"

"모르겠어. 신경 쓰이는 건 맞아. 그렇지만 수현 씨도 알 거야. 난 그 선배에게 아무 감정도 없어. 그런데 자꾸만 불안해져. 그 선배를 우연히 다시 만나게 된 그날부터 언젠가 수현 씨와 싸우게 될 것 같은 생각이 들었어. 정말 왜 이런 일이 생기는지 모르겠다니까. 차라리 내가 한 번 만나볼까?"

"네가 그 친구를 왜 만나!"

"수현 씨가 답답해하는 걸 물어보든 따지든 해보려고."

"그건 안 돼. 주동오, 그 친구 나쁜 사람이야!"

"왜 그렇게까지 말하는 건데? 정말 이상하다. 내가 뭐 그 사람하고 뭔 일이라도 낼까 봐 그래?"

"너, 그런 식으로 말하는 거 마음에 안 들어. 아무튼 그 친구 이야기는 꺼내지 마. 싫다고! 그 친구는 분명히 네게 다른 마음을 가지고 있어.

"수현 씨, 너무 오버하는 거야. 수현 씨답지 않아."

뭐라고 더 말하려던 수현이 입을 다물었다. 이런 일로 연주와 다투고 있는 자신이 한심하게 느껴졌다. 연주는 연주대로 그런 와중에도 뭐라 설명할 수 없는 이상한 느낌으로 동오에게 끌리고 있는 자신을 바라보며 괴로웠다.

두 사람은 전에 없던 다툼이 잦아지게 되었다. 분명치 않은 무언가가 늘 두 사람의 소통을 방해했다. 차츰 아무것도 아닌 것에 서로 화를 내며 말다툼을 벌이게 되었고 어디서부터 문제가 된 건지도 모른 채로 둘 다 서로에게 생채기를 내고 있었다.

어느 날 수현과 심하게 다툰 연주가 집에서 울고 있을 때 동오에게서 전화가 걸려왔다.

"연주니? 오늘도 수현 씨와 같이 있나?"

"아뇨, 집이예요."

"목소리가 왜 그래? 무슨 일 있어?"

"수현 씨랑 좀 싸웠어요."

"이런! 무슨 일 때문인지는 모르겠지만 그때 수현 씨랑 셋이 갔던 그 카페로 나와. 네가 너무 순진해서 남자 마음을 몰라서 그런 거야. 그런 일엔 내가 전문이지. 집에 그러고 있으면 우울증 걸려. 빨리 나와. 나하고 이야기하다 보면 다 풀릴 거야."

"아뇨, 오늘은 집에 있고 싶어요. 다음에 수현 씨와 같이 봐요."

"그러지 말고 나와. 이번에 좋은 와인 들어온 게 있다고 매니저한테 전화가 왔어. 오늘 연주 앞에서 따고 싶어. 저번에 마셨던 것 보다 훨씬 나은 거야. 아무 말 말고 나와. 네가 기분이 풀려야 상대도 풀리는 거야. 알았지? 기다릴게."

동오는 연주의 대답도 듣지 않고 전화를 끊어버렸다.

연주가 마지못해 카페에 나가니 동오가 반색을 했다.

"어서 와! 기분 안 좋을 때는 와인이 최고지. 그런데 왜 다툰 거야?"

"모르겠어요. 알면 풀겠는데 모르니까 답답해요."

"그래? 혹시 나 때문에 싸운 건 아니고?"

"그게 무슨 말이에요, 선배 때문에 싸우다니요? 그럴 이유가 없잖아요?"

말과는 다르게 연주의 가슴이 철렁 내려앉았다.

"그게 참 이상해. 내가 말이지, 한국에 와서 예전에 쓰던 방을 정리하다가 재미있는 걸 발견했어. 요즘은 안 쓰는데 학교 다닐 땐엔 매일 일기를 썼었거든. 길게 주저리주저리 쓴 건 아니고 짤막하게 메모처럼 썼던 건데 재미삼아 읽다보니 거기 연주 이야기가 쓰여 있더라고."

"무슨 이야기요?"

"정말 모르는 거야? 하긴 나도 일기를 읽기 전까진 까맣게 모르고 있었어. 오래 전의 일이라도 그렇게 잊어버릴 순 없을 텐데 말이야. 정말 기억 안 나?"

동오의 눈빛이 묘하게 일그러지고 있었다.

"도대체 무슨 말을 하는 건지 모르겠어요. 기억이 안 나다니요? 무슨 기억을 말하는 거예요?"

"정말 그렇다면 보여주는 수밖에 없겠네. 자, 여길 봐."

동오가 낡은 일기장의 가운데 부분쯤을 펴서 손으로 짚어주었다.

연주가 의아한 얼굴로 동오의 일기장을 읽다가 너무 놀라 일기장을 든 왼손을 부들부들 떨었다.

1998.6.12 금요일
연주가 오늘 내 품에 안겼다. 최고다.

"이건 말도 안 돼요. 선배하고 내가 그랬을 리가 없잖아요? 그랬다면 기억이 안 날 수가 없죠."

"그렇지? 나도 너무 이상했어. 전혀 기억에 없거든. 혹시나 해서 다른 애들한테도 넌지시 혹시 연주랑 나랑 사귄 적이 있는지 물어봤는데 그런 일은 없었다고 하더라고. 어떻게 된 일일까? 옛날은 그렇다 치고 지금 연주의 마음은 어떨까? 나를 보면서 뭔가 끌리지 않았어? 저번에 애들이랑 같이 보았을 때 넌 분명히 나를 바라보고 있었어. 내 착각인가?"

"그렇지 않아요. 난 수현 씨를 사랑해요. 이건 있을 수 없는 일이에요. 일기가 아니라 분명 낙서일 거예요."

"그래, 좋아. 아무도 기억하지 못하는 일을 이제 와서 어떡하겠어. 내가 묻는 건 지금의 네 마음을 묻는 거야. 수현 씨야 그렇다 치고 넌 분명 내게 끌리고 있어. 그렇지? 난 그냥 포옹한 걸 가지고 그런 식으로 적진 않아. 내가 안았다고 표현하는 건 그런 게 아니지."

연주가 동오를 똑바로 쳐다보며 말했다.

"혹시 내게 요즘 전화하는 것도 수현 씨 때문이 아니라 나 때문에 전화하는 거였어요?"

"흠, 솔직히 말하면 그래. 뭐, 사업적인 이야기를 못할 건 없지만 난 당장 사업을 할 마음은 없어. 일이 년이나 지난 후라면 모를까. 그냥, 연주가 궁금해. 연주는 정말 아름다워. 어때? 나랑 사귀지 않을래? 마음을 속이지 마. 사귀는 게 부담스럽거나 수현 씨에게 미안하다면 그냥 가끔 만나면 돼. 오늘처럼 말이지."

"그깟 일기장 들고 와서 뭐하는 거죠? 동오 선배, 실망이에요. 이 시간 이후로 제게 전화하지 말았으면 해요. 나, 지금 나갑니다. 더 이상 아무 말도 듣고 싶지 않아요."

"뭘 그렇게 화를 내? 그래, 그깟 일기장 따위 나도 관심 없어. 지금 난 네가 마음에 든다는 말을 하는 거야. 다른 뜻은 없어."

연주가 할 말을 잃고 잠시 동오를 싸늘하게 바라보다가 자리에서 일어났다. 뒤에서 동오가 뭐라고 계속 말을 걸었으나 이미 연주의 귀에는 아무 말도 귀에 들어오지 않았다. 연주의 머릿속이 폭탄이라도 맞은 양 뒤죽박죽이 되었다. 아주 잠깐이라도 동오를 바라보며 묘하게 설레었던 자신이 죽을 만큼 싫었다. 느물거리던 동오의 태도를 떠올리자 심하게 구역질이 올라왔다. 그러면서 명확하지는 않지만 언젠가 옛날에도 동오와 연관해서 이런 기분이었던 때가 있었다는 생각이 들었다. 일기장에 적힌 짧은 메모가 거짓이 아니라는 느낌이 들면서 죽고 싶을 만큼 비참한 생각이 와르르 머릿속으로 쏟아져 들어왔다. 그때 휴대전화가 울렸다. 수현이었다. 연주는 반가움 반, 두려움 반으로 급하게 전화를 받았다.

"수현 씨?"

"어디야? 집 아니야?"

"좀 나갔다 오는 길이야."

"어디? 누구 만났어?"

"동오 선배 잠깐 만나고 왔어. 5분도 안 돼서 나왔지만……."

"누구? 그 친구를 왜 만나. 그런데 5분도 안 되는 이야기라면 전화로 하지. 왜 나왔어?"

"수현 씨. 나 지금 좀 힘들어. 너무 이상한 이야기를 들었어."

연주의 목소리가 심하게 떨리고 있었다. 수현이 다급하게 물었다.

"무슨 이상한 이야기? 제대로 말해봐. 그 자식이 네게 뭐라고 한 거야? 혹시 수작이라도 부린 거야?"

"너무 다그치지 마. 나 지금 힘들다니까. 정말 믿기 어려운 이야기야. 옛날 일기장을 들고 와서 보여주는데 거기 나하고 자기가 옛날에 안은 적이 있다고 적혀있었어. 그런데 난 아무 기억이 없거든. 이상한 건 선배도 아무런 기억이 없대. 그런데 그걸 보여주며 가끔 만나자고 말했어. 그게 말이나 되는 소리냐고!"

수현의 머릿속으로 번개처럼 지나가는 생각이 있었다. 이건… 그래, 이거였어. 그 녀석 처음 볼 때부터 기분이 좋지 않았지. 연주와 그 녀석은 옛날에 연인으로 지냈던 거야. 난 그 기억을 지워버린 거고. 그런데 일기장이라니… 그런 일이 생길 거라곤……. 그런데 연주와 그 녀석은 왜 헤어진 거지? 그 녀석이 외국으로 떠나면서 헤어진 건가? 아님, 내가 기억을 지워버려서 헤어지게 된 건가? 제기랄, 기억을 통째로 지워버렸으니 난들 어떻게 알겠어. 앞으로 어떻게 해야 하지?

"수현 씨! 왜 말이 없어? 말 좀 해봐. 이게 어떻게 된 일이냐고."

"그… 그래서 넌 뭐라고 했는데?"

"뭐라고 할 게 어디 있어. 말도 안 되는 소리 하지 말라고 하고 바로 뛰쳐나오는 길이야."

"정말, 그게 다니?"

"수현 씨! 정말 수현 씨까지 왜 이래? 정신 좀 차려."

"그래, 그래. 알았다. 일단 전화 끊고 내일 보자. 미안해. 내가 지금 통화할 정신이 아니야. 내일 아침에 전화할게"

"수현 씨, 끊지 마! 오해하는 거 아니지? 제발 끊지 마."

연주의 외침에도 불구하고 수현의 전화는 이미 끊어져 있었다. 연주가 부리나케 다시 전화를 걸었으나 수현의 전화는 아예 전원이 꺼져있었다.

연주는 집에 돌아왔으나 어떻게 왔는지조차 기억나지 않을 만큼 지쳐 있었다. 말도 안 되는 하루였다. 뜨거운 물에 샤워를 하고 누웠으나 온몸이 계속 부들부들 떨려왔다. 혹시나 해서 한 번 더 수현에게 전화를 걸었으나 여전히 전화는 꺼져있었다. 그러다 한 시간쯤 지났을 때였다. 수현에게서 문자 메시지가 왔다.

'이유는 묻지 말고 나랑 주고받은 문자와 통화 내역을 지금 바로 지울 것. 모두가 행복해지기 위한 것이니 꼭 그렇게 할 것.'

연주로서는 무슨 말인지 이해할 수 없었으나 수현을 믿고 일단 휴대전화에 저장된 수현과의 통화 내역과 문자메시지를 모두 지웠다. 그리고 한참을 기다렸으나 더 이상 문자메시지는 오지 않았다. 연주는 그러다 새벽녘에야 겨우 잠들었다.

수현은 그 시각, 가슴 아픈 결정을 내리고 있었다. 예전에 동오와 연관해서 지운 기억을 알아내려고 애써보았으나 헛일이었다. 지우는 건 언제나 가능했지만 지운 기억을 다시 살리는 건 불가능했다. 동오를 바라보는 연주의 이상한 눈빛과 자신이 동오의 이름을 성까지 정확히 알고 있는데 대한 이유가 밝혀졌다. 그건 분명 이미 지운 기억의 흔적이었다. 수현은 이대로 모든 것을 끌고 갈 자신이 없었다.

지워야 해. 이건 모두가 불행해지는 거야. 어쩔 수 없어. 아파도, 싫어도 해야만 해. 연주야, 널 많이 사랑하지만 어쩔 수가 없다. 내가 무슨 일을 저지른 건지 기억이 나지 않아. 기억이 난다면 차라리 어떻게든 해보겠는데 이건 아니야. 내가 원한 건 이런 게 아니었어. 미안해. 내가 네 삶을 멋대로 조정해버린 건지도 모르겠어. 하지만 아무것도 떠오르지 않아. 이런 기분으로 너를 계속 만날 자신이 없어. 아무것도 명확하지 않아. 차라리 다 지우고 싶어. 더 이상 아프고 싶지 않아. 연주야, 미안해.

다음 날 아침, 수현은 잠을 설쳐 피곤한 것 외에는 아무런 불쾌함 없이 잠에서 깨었고 그 도시 어느 조그만 방에서 수현과 아무런 상관도 없는 연주가 울다가 퉁퉁 부은 눈으로 잠에서 깨었다. 연주는 어제 있었던 일을 기억할 수 없었다. 동오와 연관해서도 아무런 생각이 나지 않았다. 연주가 고개를 살짝 갸웃거리고는 주말의 아침 공기를 한껏 가슴에 담고 운동을 하기 위해 집을 나서며 생각했다. 눈이 퉁퉁 부은 걸 보니 어제 밤에도 뭘 먹었나 보네. 나도 참, 뭘 먹었는지 기억도 안 난다니깐. 어쨌든 먹은 만큼 빼는 수밖에 없지.

수현은 다시 평화로운 일상으로 돌아왔다. 많은 사람들이 수현의 인생에 뛰어들어 왔다. 남겨두어야 할 기억들에 대한 가치 기준이 변했다. 새로운 여자를 만나면서 헤어진 여자와의 기억은 삭제되었다. 좋기만 하다고 생각했던 기억들이 대수롭지 않다고 생각되었다. 차츰, 수현의 남겨둔 기억들마저 하나씩 둘씩 삭제되었다.

어느 날 침대에서 일어난 수현의 머릿속에는 자신이 누구라는 어렴풋한 기억과 어젯밤에 만났던 여자에 대한 기억만이 남아 있었다. 수현의 삶은 대부분의 기억을 삭제당한 채로 겨우 숨 쉬고 있었다. 그리고 수현은 바로 그 사실이 가장 불쾌한 기억이라는 것을 알게 되었다. 수현은 결국, 자신이 기억을 삭제해버렸다는 기억과 기억을 삭제할 수 있는 힘이 있다는 것을 알게 된 기억을 함께 지워버렸다.

*

그대여…

지워버리고 싶은 기억이 있는가?

떠올리고 싶지 않을 만큼 쓰라리게 아픈 기억이 있는가?

이제 어느 남자가 포기해버린

'기억을 지우는 능력'이 그대에게 주어졌다.

어떻게 하고 싶은가?

가장 아름다운 기억인 '사랑'만을 남겨두고 싶다면

그대는 그대 삶의 어느 한 순간도 지울 수 없을 것이다.

전생이야기, 둘

(기도의 법칙)

도저히 납득할 수 없는 문제가 있다. 이성으로는 풀 수 없다.

루비콘 강을 건너며 카이사르는 '주사위는 던져졌다.'고 말했다. 감히 이탈리아의 속주 갈리아의 장관인 주제에 무장을 해제하고 로마로 들어와야 한다는 법을 어기고, 경계인 루비콘 강을 건너 로마 시내로 군대를 이끌고 들어간 카이사르! 로마 공화정 말기, 원로원의 보수파에 의해 추대된 폼페이우스와의 전쟁은 그렇게 시작되었다. 카이사르에게 반역자의 음모를 씌워 제거하려 했지만 오히려 과감한 결단을 내린 카이사르에 의해 로마는 함락되고 만다.

하지만 던져진 주사위가 바로 땅에 떨어지지 않는 경우가 있다. 기억할 수 없는 오랜 시간 전에 던져진 주사위는 생사의 경계를 넘어 공중에서 춤을 춘다. 안착할 곳을 찾아 그 비밀의 눈을 보여주었을 때, 주사위를 던진 사람은 이미 기억하지 못하고 있다. 이제 우리는 무엇을 기억해내야 하는가?

서른 중반을 넘어선 그녀가 찾아온 것은 한 해가 다 넘어가는 12월의 끝자락이었다. 매년 다가오는 연말이건만 사람들은 그리운 사람들을 찾는다. 또한 늘 보는 얼굴들을 한 번 더 보고 싶어 그저 지나가는 세월을 아쉬워하며 잔을 든다. 그날도 나오라는 지인들의 요청을 뿌리치고 있을 때였다. 친구의 소개를 받았다며 들어선 그녀는 웃음을 띠고 있었으나 오래 묵은 상처를 못내 감추지 못하고 큰 눈에 담고 있었다. 인사치레를 대충 끝내고 자리에 앉자 상담실을 두리번거리며 구경하던 그녀가 입을 떼었다.

"여기 뭐하는 곳이에요?"

"모르고 오셨나요?"

"듣긴 했는데 이런 곳은 처음이라서 좀 신기해요."

"뭐, 신기하게 볼만한 물건이라도 있나요?"

"그런 점에선 실망이에요. 신기한 물건이라곤 아무리 찾아봐도 없는데요?"

"그런데 뭐가 신기하다는 거죠?"

"선생님이 그런 일을 하신다는 게 신기해요."

그녀는 노골적으로 나를 신기한 눈으로 바라보고 있었다.

"무슨 일을 한다고 들었나요?"

"전생을 보여준다고 들었어요."

"허헛, 제가 보여주는 건 아니고 스스로 보게 해주는 거죠."

"어쨌든 그게 그거죠."

"그런가요? 암튼 필요하다면 그런 수단을 동원할 수도 있습니다. 하지만 그런 경우는 얼마 되지 않아요."

"그렇지만 전 꼭 해보고 싶어요."

"그럴 이유라도 있나요?"

"네, 정말 알고 싶은 게 있거든요."

"말해보세요. 그 이유가 뭔지."

"전 이미 한 번 결혼을 한 적이 있어요. 그런데 그 결혼을 결혼이라고 이름 붙여야 할지조차 망설여지네요. 딱 두 달이었어요. 어떻게 그런 일이 있을 수 있는지 아무리 생각해도 알 수가 없어요. 그 이후로 남자를 만나도 결혼 말이 나올까 두려워져요. 너무 상처를 많이 받은 것 같아요. 사회적으로는 앞가림을 하고 있지만 아무에게도 말할 수 없는 지난 일 때문에 늘 마음 한구석이 답답하고 아파요."

"무슨 일 하시죠?"

"보험 영업을 하고 있어요. 5년쯤 됐는데 어지간히 자리를 잡은 것 같아요. 소질이 좀 있는 것 같기도 하고요."

"그래요. 좋습니다. 그 짧은 결혼생활이 어땠는지를 좀 더 상세히 말해줄 수 있나요?"

"다 털어놓아야 왜 그런지를 알 수 있겠죠? 사실 가족들 외에는 아무도 모르는 이야기예요. 벌써 8년이나 지났네요. 멋도 모르고 결혼을 한 거였어요. 지금 생각해보면 왜 그렇게 서둘렀나 싶어요. 하지만 다들 그러는 것 같아요. 조금은 쫓기듯이 하지 않으면 결혼하기 어렵다고 하잖아요? 저도 채 1년도 사귀지 않고 청혼을 받아들였죠. 남편은 조용한 성품이었고 튀는 사람이 아니었어요. 말이나 행동거지는 부드러웠고 조그만 데까지도 마음을 써주는 배려가 있는 사람으로 보였죠. 대기업까지는 아니었지만 나름대로 입지를 갖춘 회사에 다니고 있었고 결혼 전에 만난 남편의 친구들도 다 좋아보였어요. 그런데 식을 올리고 일주일만인가? 잘 다니던 회사를 갑자기 관두는 거예요. 속내를 알 수는 없었지만 타이밍은 참 고약했죠. 뭔가 사정이 있겠거니 해서 아무 말 하지 않고 있었는데 한 달이 지나도록 집에만 있는 걸 보니 제가 다 답답해지더라고요. 그래서 어느 날 아침, 바람도 좀 쐬고 새로운 직장도 좀 알아볼 겸 밖으로 좀 나가보는 게 어떠냐고 말했죠. 그게 그렇게 기분 나쁜 말이 되는 줄 몰랐어요. 어쩌면 제가 자존심을 건드린 것이었나 봐요. 평소엔 볼 수 없었던 표정을 짓더니 어디론가 나가기에 괜히 말했나 싶기도 했지만 잘 됐다 싶었죠. 놀아도 바깥에서 놀아야 뭔가 새로운 기회라도 만나게 되는 거잖아요? 그런데 그길로 시어른 댁에 갔었나 봐요. 저녁이 되어 직장에서 돌아와 보니 남편은 집에 없고 잠시 후 시아버님이 연락도 없이 찾아오셨어요. 황망해서 다급하게 인사를 드렸는데 저를 보는 눈이 곱지 않았어요."

"그때 직장에 다니고 있었나요?"

"네, 결혼 전부터 다니던 직장이었는데 출산하기 전까지는 계속 다니자고 생각하고 있었죠. 그런데 시아버지가 남편에게 무슨 이야기를 어떻게 들었는지는 아직까지도 모르지만 다짜고짜 제게 화를 내셨어요. 남자가 그럴 수도 있지, 너는 네가 직장에 나간다고 해서 남편에게 그따위로 말하느냐고 말씀하시는데 뭐라 대꾸도 못하겠고 얼이 빠진 채로 있을 수밖에 없었죠. 한참을 화를 내시며 훈계를 하는데 사실 거의 들리지 않았어요. '왜 이런 일이 생긴 걸까?' 하는 생각만 머리에서 계속 맴돌았거든요."

"흠, 그것 참!"

"그런 일을 겪었지만 늦게라도 남편이 집에 들어올 줄 알았는데 아예 들어오지를 않았죠. 그날뿐이 아니었어요. 며칠이 지나도록 돌아오지 않았어요. 깨소금이 쏟아져야 할 신혼에 난 졸지에 혼자 있게 된 거였어요. 시댁에 전화를 하니 시어머니가 받아서 애는 여기서 밥 잘 먹고 있다고 말하는데 참 어처구니가 없었죠. 다 큰 아들을 애라고 칭하는 것도 기가 막혔지만 어떻게든 타일러서 돌려보낼 생각은 조금도 안 하고 있는 걸 보니 정말 말문이 막혔어요. 어떡해야 될지를 몰라 망설이다가 시댁에 찾아갔죠. 그런데 문을 열어주지 않았어요. 분명히 인기척은 있었는데 몇 번을 벨을 눌러도 아무도 내다볼 생각을 않는 거예요. 전화를 걸어도 받지를 않았어요. 시댁 앞에서 한 시간 정도를 기다리다가 그냥 집으로 돌아오고 말았어요. 어때요, 선생님도 황당하죠?"

"정말 그런 일이 있었을까 싶네요."

"지금까지는 아무것도 아니에요. 진짜 황당한 일은 아직 시작도 안 했어요."

"그래요?"

"전 직장에 잠시 쉬고 싶다고 말하고 친정으로 갔죠. 갓 결혼한 새댁이 친정으로 말도 없이 갔으니 어떻게 됐겠어요? 친정이 발칵 뒤집혔죠. 고자질을 할 생각은 아니었지만 자초지종을 털어놓을 수밖에 없었죠. 처음에는 다들 분개해서 소리를 질렀지만 조금 시간이 지나고 나서 엄마가 '네 말만 들어서는 어떻게 된 건지 다 알 수 없으니 좀 지켜보자.'고 했어요. 이틀인가를 친정에서 지내며 계속 전화를 걸었지만 시댁에선 남편도 어른들도 전화를 받지 않았어요. 그러다 사흘이 지나서 다시 집으로 돌아가 보았는데 열쇠로 문을 열다가 남의 집인 줄 알았어요."

"왜요?"

"열쇠가 맞지 않았어요. 몇 번이나 층수와 호수를 다시 확인해보았지만 틀림없이 내 집이었는데 열쇠가 맞지 않는 걸 보고는 차라리 냉정해지더군요. 문 밖에 붙어있는 광고스티커를 보고 열쇠수리공을 불렀죠. 열쇠수리공이 와서 바로 어제 자물쇠를 새로 단 집이라고 하면서 저를 의아하게 바라보는 거였어요. 뭐라 길게 설명할 마음도 들지 않아서 다짜고짜로 내 집이니 빨리 열어나 달라고 했죠. 무슨 일 생기는 거 아니냐며 주저하던 수리공 아저씨가 제 서슬이 퍼런 걸 보고는 그냥 아무 말 없이 공구로 열어주었어요. 그 참에 아예 다시 자물쇠를 바꾸어달라고 하고 집에 들어갔는데, 맙소사! 세간이 하나도 없었어요. 어려운 형편에 힘겹게 친정 부모님이 마련해 주었던 혼수며 내 옷, 내 책 할 것 없이 다 비워져 있었어요. 놀라서 남편에게 전화를 해보았지만 여전히 불통이었고 시댁은 말할 것도 없었어요. 결국 친정으로 돌아가 더 커져버린 일에 대해 또 사실대로 말할 수밖에 없었죠. 이번엔 오빠가 가만있지를 않았어요. 도대체 무슨 일인지 알아나 보자며 저와 함께 집을 나섰죠. 시댁은 조그만 마당을 끼고 있는 벽돌집이었는데 역시 아무도 나올 생각을 안했어요. 어디선가 보고 있는 것 같은데 가타부타 아무 말도 없었죠. 답답해진 오빠가 문을 거칠게 흔들었어요. 그런데 걸쇠가 마모가 되어있었던지 대문이 저절로 열렸어요. 오빠와 함께 문을 밀고 마당으로 들어서는데 그때서야 시아버지가 나오시더니 대뜸 소리를 질렀죠.

"이게 뭐하는 짓이요?"

"사돈어른! 실례인 줄 알지만 자초지종이라도 알고 싶어서 찾아왔습니다. 무슨 사연인지는 모르지만 신혼집의 자물쇠를 바꾼 건 지나친 처사 아닙니까?"

"내 집 자물쇠 내가 바꾸는데 무슨 상관입니까? 그리고 남의 집 대문을 이렇게 부수고 들어와도 되는 거요?"

"부수다니요? 몇 번 흔들었더니 저절로 열리기에 들어온 겁니다. 그리고 지금 그게 중요한 게 아니잖습니까? 손님 대접은 못하실망정 너무 심한 말씀 아닙니까?"

오빠가 화를 억누르며 나름대로 예를 갖춰서 따져보려 했지만 시아버지는 막무가내였어요. 급기야 나가지 않으면 경찰을 부르겠다고 했죠. 너무 황당한 이야기라 오빠가 뭐라고 소리를 좀 질렀어요. 그러자 어른에게 젊은 사람이 대든다며 또 화를 내더라고요. 그런데 분명 집에 있었을 남편은 코빼기도 보이질 않았어요. 내가 좋아서 결혼한 사람이 맞는지 정말 의심되는 순간이었죠. 그렇게 실랑이를 하다가 아무 소용 없는 걸 알고 오빠와 다시 집으로 돌아오고 말았는데 며칠 후 경찰서에서 연락이 왔어요."

"웬 경찰서?"

"주거침입으로 고소가 되었으니 경찰서로 출두하라는 거였어요. 삼류영화도 그런 스토리는 없을 거예요. 처음엔 그저 좀 오해가 있었나보다고 생각했는데 일은 점점 커져만 갔어요. 선생님, 제가 그렇게 잘못한 건가요?"

"말씀대로라면 딱히 잘못을 저질렀다고 생각되는 건 없는데요? 그래서 그 다음은 어떻게 되었나요?"

"경찰서에 오빠랑 같이 가서 자초지종을 말했더니 집안 문제인 것 같다고 어떻게든 소 취하를 하도록 해보라고 했어요. 그러면서 다른 자리에 있던 시아버지와 만나게 되었는데 그 말씀이 또 기가 막혔죠. 혼인은 없었던 걸로 할 테니 서로 좋은 쪽으로 해결하자고 했어요. 뭐가 좋은 거냐고 물었더니 내 물건을 내어줄 테니 아무 말 말고 갈라서면 고소는 없었던 걸로 하겠다고 했어요. 그래서 전세금은 어떻게 하냐고 했더니 그건 아들 명의로 계약되어 있는데 무슨 상관이냐고 했죠. 그런데 그 전세금은, 내가 결혼 전에 부었던 적금을 깨서 계약했던 건데, 어차피 한 살림이라고 남편 앞으로 해둔 거였거든요. 후아! 말하면서 또 답답해지네요. 사실 여부를 따지려 하니 자기는 그런 것 모르고 명의대로 처리하면 된다고만 했어요. 그러고는 괘씸해서 마음 같아선 고소도 취하하고 싶지 않으나 그래도 한때 인연을 맺은 사이였으니 그렇게까지는 안 하고 싶다고 선심 쓰듯이 말하는 거 있죠."

"숨 가쁘죠? 여기 물 좀 마시면서 말하세요."

"네, 고맙습니다. 선생님! 정말 이건 뭔가요? 이해하실 수 있어요?"

"그래서 그렇게 이혼하게 된 건가요?"

"네, 순 억지로 이혼했죠. 아니, 그 지경이 되고 나선 나도 더 살고 싶은 마음이 없어졌어요. 정말 말 한마디가 그런 일을 불러올 줄 누가 알았겠어요? 이제 와서 생각해보면 사기결혼을 당한 게 아닌가 싶기도 해요. 남편은 처음부터 직장 따위는 나가지도 않았던 것 같고요, 뭔가 꼬투리를 잡으려고 지켜보고 있었던 것 같기도 해요. 하지만 아무에게도 하소연할 수는 없었어요. 흠이 가는 건 여자인 저였으니까요. 그리고 이혼장을 쓰면서도 남편은 아무 말도 하지 않았어요. 연애할 때의 다정했던 사람이라고는 정말 상상도 할 수 없었죠. 그런 말도 안 되는 일을 겪고서는 사람을 못 믿게 되었어요. 남자로 다가오는 사람들은 전부 색안경을 끼고 보았죠. 그러다보니 모두들 내겐 그 이상 다가오지 않았어요. 지금까지도 그래요. 상처가 너무 깊어요. 언젠가 다시 제대로 된 결혼을 할 수 있을지도 의문이에요. 선생님, 왜 제게 이런 일이 생긴 걸까요?"

그녀가 숨 가쁘게 어제 겪은 일인 양 말했다.

"효민 씨, 정말 알고 싶어요?"

"네, 왜 제가 그런 일을 겪어야만 했던 건지 알고 싶어요. 알아야 용서를 하든 잊든 할 거 아니에요?"

"알아서 용서하는 걸까요? 그럴만한 일이 있었으니 나도 용서해야 되겠다는 건 그다지 권장할 만한 생각이 아닌데요?"

"용서라고 하니 꼭 어떤 인과를 따지려는 것 같이 보일 수 있겠지만 전 제대로 한번 바라보고 싶은 거예요. 아무 의미 없이 묻어두고 싶지 않아요. 누구의 잘잘못을 이제 와서 가리려는 게 아니에요."

"그래요. 어차피 그건 효민 씨의 몫이겠지요. 좋습니다. 나머지 이야기는 차차 하기로 하지요. 자, 그럼 바로 시작해봅시다. 지금부터 여행을 떠나는 겁니다. 내 손가락을 보세요. 엄지와 검지로 만든 'O'가 붙었다가 떨어졌다가 하지요. 이 동그라미는 심장입니다. 효민 씨의 심장박동과 일치합니다. 천천히 아주 천천히 온몸이 이완됩니다. 심장의 박동이 점차 느려집니다. 아주 느려집니다. 이제 두 손가락을 붙이는 게 힘이 듭니다. 너무나 느려져서 힘이 듭니다. 효민 씨의 심장 역시 그렇게 아주 느려집니다. 그리고 먼 곳에 있던 잠이 찾아옵니다. 한 걸음, 두 걸음, 세 걸음, 이제 코앞에 왔습니다. 자, 지금! 잠에 빠져듭니다!"

내 손가락을 바라보다가 눈꺼풀이 무거워진 그녀의 이마를 가볍게 터치하며 뒤로 밀자 꼿꼿이 앉아 있던 그녀가 맥없이 안락의자에 몸을 맡기고 트랜스 상태에 빠졌다.

"효민 씨? 내 목소리 들리나요?"

"……."

그녀의 입 주위가 실룩거렸으나 정작 말을 뱉어내지는 못했다.

"내 목소리가 들리면 오른손 검지를 살짝 들었다 놓아 보세요."

그녀가 검지를 아주 미세하게 들었다 놓았다. 힘에 겨운 듯 무거워보였다.

"너무 깊이 들어간 것 같군요. 조금 부드럽게 합니다. 내 말을 자유롭게 들을 수 있는 건 물론, 대답도 자유롭게 할 수 있을 겁니다. 자, 조금 가볍게 만듭니다. 하나, 둘, 셋!"

살짝 손가락을 튕기는 소리에 그녀의 온몸이 살짝 경련을 일으켰다.

"자, 다시 대답해보세요. 내 말이 들리나요?"

"네, 잘 들려요. 아까도 들렸는데 대답하고 싶어도 입이 떨어지지 않았어요."

"몸은 아주 편안한 상태일 겁니다. 그렇죠?"

"네, 좀 나른한 것 같기는 해요."

"좋습니다. 이제부터는 시간과 공간을 초월하여 어디로든 갈 수 있습니다. 효민 씨의 깊은 내면에 감추어져 있던 데이터베이스에 접근합니다. 오늘은 효민 씨의 지난 아픔과 연결되어 있는 전생으로 들어갑니다. 자, 지금 눈앞에 펼쳐집니다. 지금 어디에 있나요?"

"잘 보이지 않아요. 보라색을 띤 암흑, 웅웅거리는 소리, 간간히 새어 들어오는 아주 가는 빛이 보여요."

"버퍼링 중이군요. 오늘 인터넷 속도가 좀 느립니다. 지금 바로 복구시킵니다. 불쾌한 소리는 사라집니다. 암흑에서 새어나오는 빛에 집중하세요. 둥근 원형의 빛으로 커질 겁니다. 그 속으로 들어갑니다. 주저하지 말고 지금 바로 들어가세요!"

"아! 밝아졌어요. 숲이 보여요. 그리고 이상한 건물… 성 같아요. 그런데 우리나라가 아니에요. 뾰족한 지붕… 성 옆의 숲, 그리고 사슴인가? 아… 여러 가지가 뒤섞여 있어요. 여러 가지 풍경들이 겹쳐서 보여요. 마치 쏟아져 들어오는 것 같아요."

"네, 좋습니다. 다시 말합니다. 효민 씨의 지난 아픔과 직접적인 연관이 있는 삶의 한 장면으로 갑니다. 다른 것들은 좀 있다가 살펴보기로 하지요. 지금의 영상을 지우고 다시 채널을 맞춥니다."

"여긴 숲으로 난 길입니다."

"아까 그 숲이요?"

"아뇨, 다른 곳입니다. 숲이라기보다는 산이라고 말하는 게 좋겠네요. 길을 가고 있는 남자가 보이는데 굉장히 피곤해 보입니다."

"그 남자는 누군가요?"

"저예요. 난 그때는 남자였어요."

그녀의 음성이 순식간에 차분해져 있었다. 정확히 채널을 맞추었다는 반증이었다.

"어디로 가는 중인가요?"

"지쳐 있어요. 무언가로부터 쫓기는 것 같아요."

"쫓긴다? 무엇으로부터 쫓긴다는 거죠?"

"정치적 세력, 소리 없이 다가오는 위험. 암살자로부터 도망가야만 해요."

그녀가 의외의 정보들을 쏟아내었다. 그녀는 차분한 목소리로 말했지만 오히려 내가 긴장하고 있었다. 잠시 숨을 고르고서 다시 질문을 계속

했다.

"무슨 일을 하고 있는 건가요?"

"무언가 특별한 일을 하고 있어요. 고종? 고종의 밀사……."

"고종? 그러면 대한제국 때의 일인가요?"

"네, 하지만 아직은 대한제국이 선포되기 전이고요, 고종의 밀명으로 어떤 중대한 일을 맡고 있어요. 나라의 운명을 걸고 어느 주변국과 손을 잡을 것인가에 대한 의견의 차이에서 오는 일이에요."

"암살자라는 건 또 뭡니까?"

"고종의 지지 세력 중 한 사람을 만나서 그 의중을 알아보고 포섭하려 하는데 고종의 반대 세력이 그 사실을 미리 알고서 암살자를 보낸 것입니다."

"하, 근대사에 대한 공부를 좀 해둘 걸 그랬네요. 그렇다면 처음에 보였던, 지붕이 뾰족한 성이라는 건… 혹시 러시아 아닌가요?"

"아! 러시아… 맞아요. 말년에 러시아에서 삶을 다한 것 같아요."

"좋습니다. 다시 아까로 돌아가죠. 그 숲길, 거기서 무슨 일이 생기는 건가요?"

"신분을 철저히 속이고 한 주막집에 머뭅니다. 그런데 본의 아니게 계획이 틀어져 몇 달간을 그 주막에 숨어 지내게 됩니다."

"그래요. 그런데 그 주막에서 무슨 일이라도 있었나요?"

"네, 누군가를 만납니다. 그 주막집의 딸입니다. 열여덟 아니면 열아홉 정도의 나이인데 말 수가 적고 차분한 아이였어요. 이름이 '분이'였던 것 같아요. 그 분이와 정분이 납니다."

"사랑하게 된 거네요?"

"글쎄, 그걸 사랑이라고 할 수 있을지는 모르지만… 둘은 어쨌든 남녀의 관계가 되었습니다. 많이 두렵고 외로운 상황에서 불붙은 거죠. 네, 사랑했어요. 분이는 나를 많이 좋아했습니다. 너무나 순진한 여자였어요."

"효민 씨는 사랑하지 않았나요? 아, 참! 그때 남자로 태어났다고 했는데 이름이 뭐였죠?"

"이름이… 김… 혜… 준… 네, 지혜 혜에 따를 준, 김혜준이 맞습니다."

"한자를 정확히 아시네요?"

"한자에는 자신이 없는데 그냥 나오는 대로 말한 겁니다.

"좋습니다. 혜준 씨는 그때 분이라는 아가씨를 사랑한 건가요? 좀 미심쩍은 것 같아서요."

"분명히 사랑한 사이 맞습니다. 그런데 대답이 미심쩍었던 것은 그 이후에 일어날 일을 미리 알고 있기 때문입니다. 지금 보이고 느껴지는 것을 말하고 있지만 이미 제게는 그 이후의 일까지 직감적으로 느껴집니다. 결코 가볍게 사랑했던 것은 아닙니다. 아무도 초청하지는 않았지만 물 한 잔 떠다놓고 부부의 연을 맺었던 겁니다."

"거기서 몇 달간 지냈다고 했죠?"

"네, 떠나면서 다시 돌아올 거라고 말합니다. 나라의 일이라 거역할 수도 거역해서도 안 된다고, 모든 일을 다 마치면 꼭 돌아와 같이 살 거라고 울고만 있는 분이를 달랩니다. 장모는 내 신분을 어림짐작으로 눈치채고 신분이 높은 사람과 딸이 인연을 맺은 것에 대해 내심 기대하는 마음을 가지고 있습니다."

"그랬군요. 그럼 그 이후에는 어떻게 됩니까? 다시 돌아오긴 하나요?"

"아뇨, 헤어진 이후로 다시 보지 못합니다. 새로운 인연을 만나게 됩니다.”

“분이가 많이 기다렸겠네요?”

“그렇습니다. 내 약속을 믿고 오랜 세월을 기다렸습니다. 한참 나이가 들어서야 다른 남자를 만나게 되지만 그 와중에도 나를 기다렸습니다. 처음으로 마음을 주었던 상대인지라 쉽게 잊지를 못합니다. 장모는 그런 분이를 책망합니다. 처음 한 해 정도는 장모도 나를 기다렸지만 그 이후에는 속았다고 생각하고, 여전히 나를 기다리고 있는 분이를 보며 화를 냅니다. 내가 신의를 저버린 것에 대한 책망과 잠시라도 신분 상승을 꿈꾸었던 자신에 대한 자괴감을 함께 가지고 있습니다. 분이가 세월이 지나도 나를 잊지 못하는 모습을 보며 신세 한탄을 합니다. ‘이년아! 남자는 떠나면 안 오는 거여. 올 놈이었으면 진즉에 왔겠지. 잊어! 그놈 따위 잊고 시집가. 너 좋다는 남정네들도 많은데 왜 근본도 모르는 그런 도둑놈을 믿고 있는 거여. 네가 그런다고 누가 알아주기라도 한다든?’ 하고 말합니다. 나에 대한 원망이 대단한 것 같습니다. 분이가 쉽게 잊어버렸다면 원망도 사그라졌겠지만 분이의 끈질긴 기다림 때문에 그럴 수가 없었습니다. 세월이 지날수록 원망과 분노는 커져만 갔습니다.”

“그 분이와 장모는 이생의 누구인가요?”

“이미 짐작하시겠지만 분이는 남편이고 장모는 시아버지입니다.”

“흠… 그렇군요. 그런데 목소리가 달라진 것 같은데요?”

“네, 지금 나는 구효민이기도 하고 아니기도 합니다.”

“그렇다면?”

“분명히 이 사람이 맞지만 평소의 구효민만은 아닙니다. 구효민을 바라보는 내면의 자아와 함께입니다. 두 시선이 섞여 있습니다.”

가끔 전생퇴행 최면 중에는 피최면자의 내면의 목소리가 들리는 경우가 있다. 하나의 존재 안에는 다중의 자아 구조가 있는 것이다. 평소의 자아, 그것을 지켜보는 또 하나의 자아, 그리고 그것마저 지켜보는 또 다른 자아가 있을 수도 있다. 그녀 자신을 칭하여 '이 사람'이라고 한 목소리는 그녀를 지켜보는 내면의 자아였다. 그 자아는 감정과 오감에 의존하는 평소의 자아와는 구별되며 완전하지는 않지만 자기중심적 사고는 거의 옅어진다. 보통 이 내면의 목소리가 등장하게 되면 최면을 통하여 이루려는 성찰의 과정은 한결 수월해진다. 최면의 깊이도 일정하게 유지될 뿐만 아니라 무엇보다 좀 더 객관적인 시각에서 대화를 나눌 수 있기 때문이다.

그 내면의 목소리에게 물었다.

"이생의 시어머니는 연관이 없나요?"

"없습니다. 실제로 이생에서 시어머니는 어떠한 역할도 하지 않았습니다. 시아버지가 심하게 했을 뿐 남편마저도 방관자에 지나지 않았습니다. 그만큼 전생의 장모가 품었던 원한과 딸에 대한 애처로움이 컸던 것입니다. 분이 역시 그리움과 기다림 속에 많은 시간을 보내며 원망을 가지긴 하였으나 파괴적일만큼 크지는 않았습니다. 그리하여 이생에서도 그 정도의 역할로 끝난 것입니다."

"그렇군요. 그렇다면 전생에서 그 이후의 삶은 어떻게 됩니까?"

"반대 세력들의 암살 위협에서 무사히 벗어나 궁으로 비밀리에 들어가게 됩니다. 그런데 그 여정 속에서 한 사람을 더 만나게 됩니다. 몸피가 웬만한 남자보다도 큰 여자인데 나를 많이 도와줍니다. 차림새도 영락없는 남자지만 사실은 아주 따뜻하고 다정한 천상 여자의 성품입니다. 마음속으로 나에게 연정을 품었지만 한번도 표현하지는 않습니다. 나 역시 그런 속내를 얼핏 짐작하였으나 역시 내색을 하지는 않습니다. 호의와 인간적인 따뜻함에는 고마움을 느꼈지만 이성으로 느끼지는 않았습니다. 완력에서도 나를 능가합니다. 무사라고 칭하는 것이 옳겠습니다. 실제로 몇 번의 위험에서 나를 구해주기도 합니다. 나 역시 내 몸 하나 지킬 정도의 몸놀림은 됩니다만 중과부적일 때가 있었습니다. 그때마다 온몸으로 나를 지켜준 사람입니다."

"그래요? 그 정도라면 이생에서도 분명히 효민 씨의 주변에 있을 것 같은데요? 친구나 형제라든가."

"직장의 상사입니다. 어쩌면 이렇게나 생긴 모습이 똑같을까요? 내가 입사하던 때부터 한결같이 아껴주고 지원해주는 국장님입니다. 성별은 바뀌었습니다만 그 외모는 한 생을 넘어서도 거의 변함없이 유지되었습니다. 현재는 이혼하고 혼자 사는 중이며 나와는 얼핏 핑크빛 분위기가 있었지만 그걸로 그만이었습니다. 여성으로서의 나보다 인간으로서의 나를 더 아껴주는 분입니다. 서로가 그런 것 같습니다. 지금도 여전히 좋은 분입니다."

"그 다음 이야기를 마저 해보세요."

"처음에 맡았던 임무는 나름대로 잘 해낸 것 같습니다. 당시는 정국이 굉장히 긴박하게 돌아가던 때였습니다. 어제의 적이 오늘의 친구가 되는가 하면 그 반대인 경우도 있었습니다. 명성황후와 고종은 한 배를 타고서 아버지인 흥선대원군과 대립하였으나 정작 두 사람의 속내도 똑같았다고 보기는 어렵습니다. 모두들 조선을 위한다는 명분을 가지고 있기는 하였으나 이미 조선은 외세에 의해 그 주권이 낱낱이 찢어발겨지고 있는 상황이었습니다. 어느 누군가와 손을 잡아 상대를 견제해야 한다는 것은 이미 가슴 아픈 일이지요. 그 정국의 회오리 속에서 나는 고종의 총애를 받아 역사에는 알려지지 않은 밀명들을 수행하지만 결국 경술년에는 국치를 당하고 맙니다."

"러시아로 가게 된 것은 언제인가요?"

"러시아 공관으로 비밀리에 출입하였던 인연으로, 주권을 잃은 나라에 있느니 차라리 러시아로 떠나자고 생각했던 겁니다."

"혼자였나요? 가족은?"

"아내와 함께입니다. 아내는 기방에서 만났습니다. 가난한 집에 태어나 기방으로 팔려와 손님을 시중하던 첫날 나와 만났습니다. 우린 한 눈에 반했고 결국 얼마 후 거기에서 데리고 나오게 됩니다."

"호오, 그런 일이……."

"이른 여름 밤, 그녀와 함께 못 안에서 몸이 반쯤 잠긴 채로 사랑을 나누는 장면이 보입니다."

"유독 그 장면이 보이는 까닭은?"

"지난 삶에서 가장 황홀한 순간이었습니다. 암울한 조선의 앞날도 누가 적인지 분간할 수 없는 불안함에서도 다 벗어날 수 있는 한 때였지요. 그 사람과 나는 그보다 더 이전의 삶에서 그럴만한 인연이 있었습니다. 그 사람은 말도 통하지 않고 연고도 없는 러시아에 나만을 바라보고 함께 해주었습니다. 고마운 사람이죠. 우리 둘은 그리하여 어떤 것에도 맺힌 것이 없습니다."

"역시 이생에서 만났겠군요?"

"네, 사무실에서 행정을 책임지고 있는 여사원인데 저를 무척 따릅니다. 귀엽고 싹싹한 아가씨죠. 외모는 좀 달라졌지만 풍기는 이미지는 거의 전생과 같습니다. 발랄하고 제 앞가림 똑 부러지게 하는 신세대 여성이죠."

"그렇군요. 그럼 효민 씨의 아픔에 대한 단서는 거의 나온 셈이네요?"

"그렇습니다. 하지만 그것 외에 더 중요한 일이 있습니다."

"뭐죠?"

"내면의 목소리를 만난 일입니다."

"조금 헷갈리네요. 그렇다면 지금 말하는 건 누구인가요?"

"아까도 말씀드렸듯이 구효민이지만 평소와는 다릅니다. 일정한 뇌파 수준이 되었을 때 소통이 가능합니다. 오늘의 최면을 통하여 그 문이 열린 것입니다. 이것은 이 사람에게 중요한 가능성을 만들어줍니다."

"최면에서 깨어나고 나서도 소통이 가능할까요?"

"물론입니다. 심신을 이완시키는 방법으로 가능합니다. 말하자면 명상의 기법과 거의 같다고 보시면 됩니다."

"그럼 한 가지 물어볼 게 있습니다. 혹시 오늘 이런 기회는 예정되어 있었던 것입니까?

"네, 그렇습니다. 아픔에 대한 단서보다도 더 중요한 하나의 기회로서 이미 예정되어 있었던 것입니다. 친구인 미연 씨에게서 이곳을 소개받은 일부터 오늘 실제로 만나게 된 일까지 모두 예정되어 있었습니다."

"모든 미래가 정해져 있다는 건가요?"

"그렇지는 않습니다. 그것은 거대한 나무와 같습니다. 뿌리는 과거이며 끝가지는 미래입니다. 하나의 뿌리에서 가능성의 수준이 각각 다른 수많은 미래가 생겨날 수 있습니다. 가지가 나뉘는 곳은 바로 선택의 순간입니다. 그러한 선택에 의해서 여러 미래 중의 한 곳으로 한 발 더 가까이 가는 것입니다."

"어느 미래로 가느냐에 따라 성공적인 삶이 될 수도 있고 그렇지 않을 수도 있는 겁니까?"

"분명히 그렇게 보이지만 더 크게 보면 어느 길이든 다 나름의 의미를 가집니다. 결국 한 개인의 삶은 '미래'라는 가지로 뻗어나가는 길만이 아니라 나무 전체이니까요. 사람들은 자신이 선택했던 길만을 자신의 삶이라 생각하겠지만 가능성의 수많은 길들 역시 이미 존재하고 있는 우주입니다. 거기에서 성공이나 실패라는 것은 어느 관점에서 보느냐에 따라 달라집니다. 명예를 얻고 좀 더 나은 성취를 이룬 것만을 성공이라고 할 수는 없습니다. 그렇다고 해서 그런 성취가 성공이 아니라고 말하는 것은 아닙니다. 다만 외면적인 모습보다 마음 깊은 곳에서 진정한 즐거움의 가치를 알고 누렸느냐가 더 중요하다는 걸 말하고 있는 겁니다."

"즐거움?"

"그렇습니다. 존재의 본질은 '즐김'입니다. 이것은 단순한 쾌락을 말하는 것이 아닙니다. 에피쿠로스가 주장했던 쾌락주의는 그것을 잘 설명하고 있습니다. 하지만 사람들은 자족이라는 것을 잘못 받아들이는 경우가 많습니다. 자족은 자신이 가진 정신적, 물질적인 모든 성취에 대해서 만족한다는 의미로 받아들여지지만, 그렇게만 해석하면 다분히 체념이라는 요소가 섞이게 됩니다. 진정한 자족은, 자신 안에 모든 것이 있다는 의미입니다. 몸을 위하여 무엇을 입을까, 무엇을 먹을까 걱정하지 말라고 했던 예수님의 말씀은 체념의 뜻이 아니죠. 신성과 분리될 수 없는 자신의 주체성을 말한 것입니다."

"수많은 선사들의 주인이 되라는 말씀과 같은 것입니까?"

"그렇습니다. 하지만 그것은 단순히 주인의식을 가지고 행하라는 의미와는 좀 다릅니다. 어디서든 스스로 주인이 되어서 책임감을 가지고 행한다는 건 훌륭한 가치이지만 그것은 그 안에 숨겨져 있는 가치의 실천적 양식에 불과합니다. 결국 모든 것은 '너와 나는 하나다.'라는 것이며 '너'는 사람에 국한되지 않습니다. 존재하는 모든 것들에 다 해당되는 것입니다."

내면의 목소리는 주저함 없이 말을 쏟아내었다. 한 가지를 더 물어보기로 하였다.

"기도의 법칙에 대해서 말해줄 수 있나요?"

"이미 그곳에 있다고 생각하는 건 훌륭한 기도의 방법입니다. 하지만 그것만으로는 부족합니다. 먼저 마음속의 관성으로부터 떠나야 합니다. 습관적 패턴은 창조력을 방해합니다."

"호오, 좋습니다. 틀림없는 이야기로군요. 좀 더 깊이 있는 이야기는 다음 기회에 하기로 하지요. 어떻습니까?"

"언제라도 좋습니다."

"구효민 씨? 오늘은 이쯤에서 깨어나기로 합시다. 자, 제가 손가락을 튕기면 깨어나는 겁니다. 하나, 둘, 셋!"

셋과 동시에 그녀가 고개를 좌우로 흔들더니 눈을 떴다. 표정은 좀 얼떨떨해 보였지만 얼굴은 한층 맑아진 느낌이었다. 잠시 숨을 고르고 나서 그녀가 말했다.

"이런 경험을 하게 되리라고는 생각도 못했어요. 미연이도 이런 경험을 한 건가요?"

"아뇨, 미연 씨는 전생퇴행최면을 한 적이 없습니다. 그냥 상담만 했었지요. 아마 자신을 소개해준 언니에게서 들은 이야기를 효민 씨에게 전한 것이겠지요."

"아! 정말 표현하기 어려운 느낌이에요. 전 단순히 과거의 어떤 원인을 찾는 과정이라고만 생각했는데요, 이건 그 정도가 아니에요. 더구나 아까 나타났던 그 목소리는 경이로웠어요."

"그렇죠? 가끔 있는 일입니다만 효민 씨의 경우는 좀 더 명확한 데가 있었어요. 그런데 왜 자신을 '이 사람'이라고 칭하는 거죠?"

"채널이 왔다 갔다 하는 느낌이었어요. 그러니까… 또 다른 내가 되었다가 평소의 내가 되었다가 하는 느낌이요. 무슨 말인지 아시겠어요?"

"그러리라 짐작했습니다."

"그런데 기분이 좀 묘해요. 나를 객관적으로 지켜보고 있으면서 그 또한 나라는 생각이었거든요. 아까도 그렇게 말했죠?"

"예, 그렇게 말했습니다."

"그 느낌도 그렇지만 마지막에 목소리와 나누었던 이야기는 또 뭐예요? 나도 모르는 이야기가 마구 쏟아져 나오고 있었거든요."

"자신이 알고 있다고 생각하는 것만이 다가 아니니까요. 아까 마지막에 나누었던 이야기는 다음 기회에 더 상세히 들어보기로 하죠. 충분히 기록해둘 만한 이야기다 싶어 다음에 녹취를 하면서 들어보기 위해 그만 두게 한 겁니다. 그건 그렇고 효민 씨의 아픔은 어떻게 되었나요?"

"아! 그거. 그게 참 그래요. 당연한 결과라는 생각이 들어요. 사람이 역시 죄짓고는 못사나 봐요. 그런데 살아가면서 힘겹게 만드는 모든 인연들은 다 이런 전생의 빚 때문인가요?"

"그렇지 않아요. 그 반대의 경우로 나타나는 경우도 있습니다. 전에 어떤 분이 전생이 궁금하다며 자신의 이야기를 털어놓은 적이 있었어요. 그 분은 사업가였는데, 너무나 믿었던 선배와 동업을 했다가 크게 배신을 당했다더군요. 친형처럼 따랐던 선배라 그 실망감은 굉장했다고 했어요. 실의에 빠져 와신상담하다가 다시 혼자서 사업을 일으켜 세웠는데, 그 선배가 미워서라기보다 왜 자신에게 그런 행동을 했는지가 너무 궁금하다고 했거든요. 그런데 그분의 전생을 살펴보니 놀랍게도 그분은 내시였고 그 선배는 모시던 왕이었어요."

"어머! 그래서요?"

"내시였을 때 혈육보다 더한 정으로 왕을 모셨던 거죠. 왕에게는 아무에게도 말할 수 없는 자신의 속내를 털어놓을 수 있는 유일한 사람이었어요. 왕은 그 고마움을 잊지 않았어요. 그리고 그 기억은 시간을 넘어 현생에서 갚게 됩니다."

"배신했다면서요?"

"그러니까요."

"고마움을 배신으로 갚아요?"

"조그만 고마움이 아니라 너무나 큰 고마움이었기 때문이죠. 철저히 혼자가 되게 해서 스스로 일어나게 한 거였어요. 또다시 자신의 그늘 아래 묻히기를 바라지 않았던 겁니다."

"그럼 그 선배라는 분이 그런 생각을 했다는 거예요?"

"그건 나도 몰라요. 그 선배를 만난 적이 없으니까요. 그리고 그 이후에 그 선배와 화해를 했는지 어쨌는지도 모릅니다. 어쩌면 처음부터 오해한 것이었을 수도 있겠지요. 하지만 그건 중요하지 않아요. 우리가 겉으로만 판단하는 게 다가 아니라는 게 중요하죠. 적어도 그 두 사람의 인과는 그렇게 풀려나갔습니다."

"음, 그렇군요. 그런데 좀 이상해요."

"뭐가 또 이상한가요?"

"남편이나 시아버지에 대한 미움이 싹 사라져 버렸어요. 그런 대접을 받아 마땅하다고 생각해서 그런 걸까요?"

"그것만은 아닐 겁니다. 모든 것을 성찰할 수 있는 의식의 밑바닥을 잠시라도 경험했기 때문 아닐까요? 좀 더 어른스러워진 느낌 안 드나요?"

"아! 맞아요. 확실히 그런 것 같아요. 단지 그 감추어진 사실 때문만은 아니에요. 어쩌면 지금은 그런 과거가 없었다 하더라도 미움이며 아픔이 모두 사라졌을 거란 생각이 들어요. 어떤 의식의 상태에 있느냐에 따라서 내가 이토록 달라질 수 있다는 걸 경험했어요. 아까는 죄짓고는 못산다고 말했지만… 그게 다가 아니란 걸 너무나 잘 알고 있어요. 과거의 사실이 중요한 게 아니라 어떻게 바라보느냐가 중요하다는 것. 이것 하나만 기억할래요."

"옳지! 제대로 하는 겁니다. 좋아요."

"제대로 했다고 말씀하시니 기분 좋아요. 그런데 정말 전생이란 게 있나요?"

"모든 사람들이 하는 질문을 왜 안 하나 했더니 결국은 하시는군요. 이렇게 말해볼까요? 오늘의 이 여행에서 효민 씨의 전생이 만들어졌다고 말이죠. 전생이란 표현이 거슬린다면 하나의 관점이나 하나의 이야기로 생각해보죠. 아무튼 중요한 건 이 이야기를 통해서 효민 씨의 아픔이 사라졌다는 것이죠. 그리고 한걸음 더 나아가서 아픔은 처음부터 있지도 않았다는 걸 알아야 해요."

"아! 맞아요. 처음부터 있지도 않았다는 것."

"현재를 치유하는 힘은 과거에도 미래에도 있지 않아요. 그건 오로지 현재에 있습니다. 전생퇴행이라고 이름 붙였지만 그것에 대해 관찰하고 성찰하는 건 현재의 몫이잖아요? 그리고 사실 시간은 현재밖에 없어요. 과거니 미래니 하는 것은 편의상의 나눔일 뿐이에요. 우리는 완성된 하나의 필름을 시간이라는 스크린에 투사시켜서 보는 것이죠. 말이 좀 어렵나요?"

"다른 데서 그런 말을 들었다면 어려웠겠지만 오늘 여기에서는 당연하게 들리는데요?"

"썩 마음에 드는 말을 하시네요. 그래요. 오늘 여기! 바로 지금! 그것만 바라보면 돼요. 오늘 여행지에서 가져온 선물은 아주 멋진 것 같아요. 그렇죠?"

"네, 정말이에요. 선생님 덕분에 정말 멋진 선물을 받았어요. 그런데 아까 마지막에 이야기하던 '기도의 법칙'이란 건 뭐죠? 몰라서 물으신 거예요?"

"알고 싶어요?"

"네, 늘 그런 것에 관심이 많았어요. 마침 선생님 이야기를 듣고 보니 정말 궁금해지는데요?"

효민 씨의 눈이 진지한 호기심으로 반짝였다.

"사실은 효민 씨에게 말해주고 싶은 내용이었죠. 효민 씨의 내면의 목소리가 말로 표현하게 되면 그 말이 효민 씨의 모든 세포를 울리게 될 테니까요. 어떤 책이나 말씀으로도 그런 울림은 줄 수 없거든요. 그런데 다음 기회로 미룬 건 아까 말처럼 녹취를 한번 해보고 싶다는 생각도 있었고, 오늘의 일에 대해서 효민 씨가 일정 수준의 성찰을 하고 난 다음이 좋겠다는 생각도 들었기 때문입니다."

"좋아요. 다음에 그렇게 해봐요. 하지만 오늘 선생님에게 한번 들어보고 싶어요. 기도의 법칙에 대해서 말해주세요. 그런 것에 대해 다룬 책들을 읽어본 적이 있어요. 과연 선생님의 말씀은 어떨지 궁금하거든요."

"그럼 여기 한번 읽어보세요."

그녀에게 『들으면서 말하고 보면서 숨 쉬라』의 한 페이지를 펼쳐 주었다.

왜? 그대의 기도는 이루어지지 않는가?

그대의 기도가 외면당할 때가 있다.
절절히 구하고 또 구하여도 그대의 기도는 철저히 무시된다.
좌절하기엔 아직 이르다. 그대가 기도하는 방식을 돌아보자.

그대는 갈구하면 되는 줄 알았다.
반복해서 구하면 되는 줄 알았다.
하지만 그대의 기도는 과거의 연장선상에서 행해진 것이다.
관성을 가진 차가 갑자기 급선회하는 것이 불가능한 것처럼
그대의 기도는 갑작스럽게 그대의 삶을 바꾸어주지 못한다.
그리하여
먼저 그대의 관성을 없애야 한다.
부자가 되게 해달라는 그대의 적나라한 기도는 그대가 과거로부터 가

져온 관성에 힘입어 그대가 가난하다는 것을 끊임없이 증명하는 결과가 되어버린다.

그대에게 과거라는 꼬리표가 사라지고 따라서 과거로부터 이어온 관성의 끈이 끊어질 때 그대의 기도는 좀 더 성실한 것이 될 수 있다.

그대는 더 이상 가난하지 않다. 적어도 그대의 의식 속에서 그대는 자유다.

자유라는 것은 스스로 이유가 된다는 것이며 스스로 이유가 된다는 것은 자신의 창조력을 쓸 수 있다는 것이다. 이제 그대의 기도가 바뀐다.

난 이미 부자다.
난 지금 부자다.

하지만 어찌된 일인지 아직도 그대의 기도는 이루어지지 않는다.

그대는 과거를 끊어내었다고 생각하겠지만 아직 부족하다. '과거'라는 이름으로 뭉뚱그려진 여러 가지 끈끈한 것들에 대해서 좀 더 확실하게 알아보아야 할 필요가 있다.

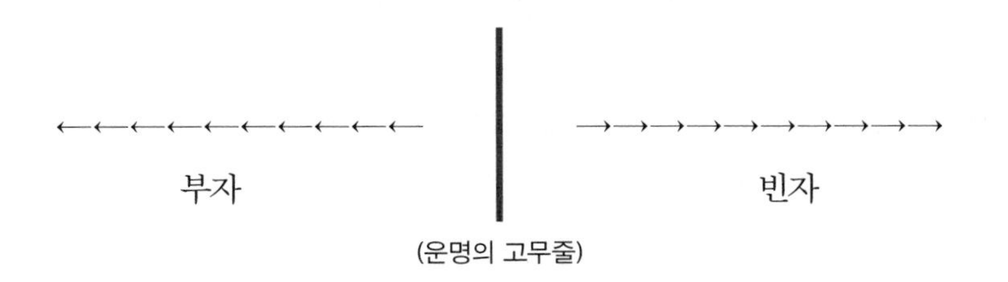

(운명의 고무줄)

그대는 중심에서 어느 극단으로 끌고 가려 한다. 상대적인 가치는 언제나 고무줄처럼 탄성을 가진 것이기에 어느 쪽으로 당기면 그 반대의 힘도 그만큼 커지게 된다. 이른바 '작용반작용의 법칙'이다. 그리하여 부자가 되려는 그대의 기도는 반작용을 낳을 수도 있는 것이다.

먼저 그대는 중심에 도달하여야 한다. 양극을 가지지 않는 것, 바로 거기에 도달하여야 한다. 생각해보라. 반대의 극성을 가지지 않은 것은 무엇인가?

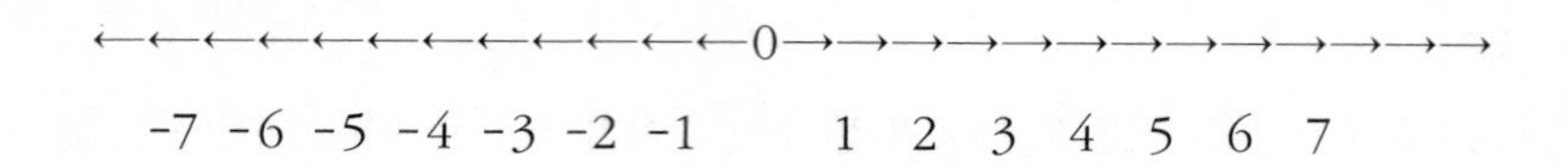

반대의 극성을 가지지 않는 것은 유일하다. 반대의 극성을 가지는 것은 무한하지만 반대의 극성을 가지지 않는 것은 오로지 0 하나뿐인 것이다.

그렇다면 그대가 경험해보아야 하는 0은 도대체 무어란 말인가?

그대가 하나의 물병을 들고 있다.

물병 안에는 그대의 갈증을 해소시켜 줄 물이 담겨 있다.

그대에게 그 물병을 버리라 하면 그대는 그렇게 할 마음이 있는가?

아무라도 버리지 못한다.

그대 역시 비밀을 알기 전에는 절대로 버리지 못한다.

한 가지 비밀이 있다. 그대는 사실, 바다에 발을 담그고 있다. 바다는 소금물이니 마실 수 없다고 말하지 마라. 바다는 무한의 물을 가진 가치로서의 상징일 뿐이다.

하지만 이 비밀을 전해 듣고서도 그대는 바다를 볼 수 없다. 그 다음은 그대의 몫이다. 물병을 버려야만 바다가 보인다. 물병을 들고 있는 그대의 눈은 온통 물병에게만 쏠려 있다. 물병을 버리지 않고도 바다를 볼 수 있다면 좋겠지만 우주는 그런 식으로 전개되지 않는다.

어느 쪽 원이 더 큰가?

주저할 필요 없이 B인가?

당연히 B의 면적이 A보다 넓지 않느냐고 묻고 싶은가?

하지만 그대는 원의 안에 대해선지 밖에 대해선지 들은 바 없지 않은가?

안을 말한다면 그대의 대답이 맞지만 밖을 말한다면 그대의 대답은 틀렸다.

그대가 당연히 안이라고 인식해왔다면 그대는 물병을 버릴 수 없다. 그대의 눈을 가리고 있는 것은 바로 그대 자신일 뿐인 것이다.

조금의 용기가 필요하다.

위대한 바다를 향하여 번지점프를 해보자.

그대의 물병이 그대의 손에서 떨어져 깨어질 때 그대는 바다를 볼 수 있는 눈을 얻는다.

그대가 두려움을 버리고 뛰어든 번지점프에서 허공을 나는 자유를 맛볼 수 있는 것과 같다. 번지점프를 경험해보지 않은 사람에게 그 흘가분함과 짜릿함을 아무리 말로 설명해주어도 그는 알지 못한다. 오로지 용기 있게 뛰어든 사람에게만 주어지는 선물인 것이다.

그대의 물병은 상대의 세계에 길들여진 그대의 관성이며 과거이며 어리석음이다. 사실 그대가 필요로 하는 것은 물임에도 그대는 물병에 집착해 온 것이다. 그대가 물을 원한다면 무한의 물을 마다할 이유가 없지 않은가?

물병을 버리고 0으로 뛰어 들어라. 먼저 0을 경험하고 나면 그대의 기도는 진실한 힘을 가지게 된다.

그대가 볼 수 없는 것은 존재하지 않는 것이다. 모든 것은 그대가 볼 때에만 그 의미를 가진다. 그대의 물병을 버리고 무한의 바다. 무한의 가치를 볼 수 있을 때에만 그것을 쓸 수 있는 것이다.

이제 그대의 기도는 과거의 방식을 버렸다.

물론 아직도 그대는 그대의 기도가 어떻게 이루어지게 되는지 모른다.

혼란스러운 머리를 쥐어뜯고 있을지도 모른다.

걱정할 필요는 없다. 그대의 갈등은 이미 예측된 것이다.

다음의 세 경우를 보라.

1. 부자가 되었으면 좋겠다.
2. 난 이미 부자다.
3. 충만함을 느끼는 상태

1의 기도가 양극성의 법칙에 의하여 오히려 그대를 가난하게 만들 수도 있다는 것은 이미 말하였다.

2의 기도는 그럴듯하지만 그것은 말일 뿐이다.

3의 기도야말로 진정한 기도다. 그것은 기도라는 형식을 빌리지 않아도 이미 훌륭한 기도다. 여태 3의 방식에 대하여 말해온 것이다.

하지만 어떻게 3의 방식을 익힐 수 있는가?

쉽지 않다. 적어도 그대는 그렇게 생각하고 있다. 걱정할 필요는 없다. 이미 말한 것처럼 그대의 반응은 예견된 것이다.

지금부터 3의 방식에 대하여 말할 것이다. 그대는 묵묵히 따르기만 하면 된다.

먼저 고요한 장소를 택하여 자리를 잡아라. 의자에 앉아도 좋고 잠들지 않을 수 있다면 누워도 좋다. 편안한 환경을 만들어라. 그대의 안위를 위협하는 문명의 소음들은 잠시 꺼둔다. 끄고서 불안해할 것 같으면 그 불안을 먼저 제거하라.

그 다음 그대의 물병을 버린다.

그대가 가졌다고 생각하는 모든 것을 버린다.

그대의 경험, 지식, 주식, 은행 잔고, 가족, 친구, 연인 등등. 모든 것을 버린다. 심지어 그대의 지혜마저 버려야 한다. 적어도 그대의 의식 속에서 이 모든 것들은 버려져야 한다. 이것과 더불어 그대가 버려야 할 것이 또 있다. 그대의 육체를 긴장시키는 모든 요소를 버린다. 모든 것을 버리고 있노라면 무언가로 채우고 싶은 욕구가 생길 것이다. 그렇다고 해서 버렸던 것을 다시 줍는 짓을 해서는 안 된다. 그렇다면 어떻게 해야 할까?

그대의 숨을 바라보라. 인위적인 모든 움직임을 버리고 그대의 숨을 바라보라. 길어도 좋고 짧아도 좋다. 들숨이 길어도 좋고 날숨이 길어도 좋으며 그 가운데에서 멈추는 시간이 생겨도 좋다. 단지 바라보라. 이것은 굉장히 쉬운 방법이다. 하루아침에 어렵다면 몇 차례 반복해서 행하라.

모든 것을 버리라 하면서 왜 숨을 바라보라고 말하는지 의아하지 않은가?

그대의 숨에는 비밀이 있다. 그대의 숨은 위대한 생명의 작용이다. 그대의 숨 안에는 그대가 딛고 있는 땅과 저 위에서 푸르게 빛나는 창공과 태양과 별의 움직임이 모두 들어있다. 그것은 우주 전체와 맞먹는 것이다. 0은 비어 있어 양극성을 가지지 않지만 생명은 온 우주에 가득 찬 것이기에 또한 양극성을 가지지 않는 것이다.

그대가 꽤 오랜 시간 그대의 숨에만 몰두할 수 있다면 그대는 문득 알게 된다.

가득 차 있는 것과 텅 비어 있는 것이 사실은 한 가지로 같다는 것을.

지금쯤 불만을 터뜨릴 사람이 있을지도 모르겠다.

이건 명상하라는 것 아닌가요?

그대가 이미 알아버린 사실을 부정하고 싶지 않다. 하지만 명상은 철학적인 가치 추구를 위한 어렵고 고통스러운 방법론이 아니란 것을 말하고 싶다. 물론 소수의 특권도 더더욱 아니다.

이제 그대의 기도는 빛나기 시작한다. 그대의 기도는 더 이상 바닥을 굴러다니지 않아도 된다. 그대는 이미 그대가 원하는 모든 것을 가졌다. 그 확고한 느낌이야말로 그대에게 현실로 나타나게 할 힘의 원천이다.

하지만 그대의 의문은 또 있다.

그렇다면 모든 부자들은 이러한 방식으로 그들의 부를 손에 넣은 것인가요?

표면적인 대답은 NO다.

하지만 모든 것을 잊고 몰두하는 사람들은 저절로 위와 같은 과정을 거치게 되는 것이다. 집중하는 사람에게는 이런저런 것을 바라고 기도할 시간조차 없다. 오로지 주어진 것에 모든 힘을 집중하는 사람은 이미 훌륭한 기도의 방식을 가지고 있는 것이다.

땀 흘려 충실한 삶을 꾸리지 않고도 오로지 기회에 의해서 부자가 된 사람은 어떻게 설명해야 할까?

그들은 비록 부자라 할지라도 양극성을 가진 채이기 때문에 그것은 부서지기 쉽다. 일확천금의 기회로 부자가 되고서도 곧 가난해지는 사람들이 많은 것은 이와 같은 이유 때문인 것이다.

의문은 끝나지 않았다.

누구보다 몰두했으면서도 가난하게 살다갔던 위대한 예술가들은 어떻게 말할 것인가?

이 부분은 그리 녹녹하지 않다. 다소 철학적인 대답이 나올지도 모르겠다. 그래도 이유를 알고 싶은 사람만 다음을 보라.

그대의 기도가 이루어지지 않을 때도 있다. 훌륭한 방법을 통해서 치러진 그대의 기도가 이루어지지 않을 때도 있다. 그대의 기도는 그대의 기도가 나오는 의식 차원보다 더 깊은 곳에서 차단되기도 한다.

그대는 사막을 횡단하느라 지쳐 있다.

그대는 한 잔의 물과 한 덩이의 빵을 원하지만 웬일인지 그대는 아무것도 구할 수가 없다. 그대의 목은 마르기만 하다. 왜? 왜?

그대의 목적은 사막을 횡단하여 신세계에 도달하는 것이다. 그대 의식의 가장 깊은 곳에서는 혹여 그대가 신세계에 도달하기 전에 조그만 안식에 취해 큰 기쁨을 잊어버릴까 봐 조심하는 것이다. 그대가 진정 원하는 것에 대해서 깨달았을 때라야 그대에게 물과 빵이 주어지는 것이다.

그대가 알아야 할 것은 하나 더 있다.

정말 그대는 부자가 되기를 원하는가?

한 번 더, 정말 그대는 부자가 되기를 원하는가?

두 번씩이나 되풀이해서 물을 때는 이유가 있는 법이다.

그대는 두 번 다, 아니 더 여러 번을 물어도 그렇다고 대답하겠지만 정답은 NO다.

그대가 원하는 것은 부자가 아니라 부자가 되어서 누릴 수 있는 즐거움과 기쁨과 행복이다. 부자가 되는 것은 수단이지 목적이 아니라는 것을 잊어서는 안 된다. 부자가 되고나서 정작 그대가 즐거움도 기쁨도 행복도 느낄 수 없다면 어떻게 할 것인가?

그대의 올바른 기도는 수단이 아니라 목적을 이루게 해준다. 훌륭히 치러진 기도는 그 목적에 필요한 수단을 스스로 선택한다. 그대는 단지 그 목적을 바라보면 된다. 그 수단으로서 부자가 되는 것이 필요하다면 자연스레 그렇게 될 것이다.

자, 이제 그대의 기도는 한층 더 진화되었다.

나는 행복하다.
말이 아니라 그대가 고요한 명상 속에서 충만함을 느끼는 순간
나지막이 느끼면 된다.
나는 행복하다.
나는 즐겁다.
나는 기쁘다.

-『들으면서 말하고 보면서 숨 쉬라』 중에서

"와우! 이것도 어제라면 이해가 안 되었겠지만 오늘은 왠지 이해가 되는데요?"

"이해하지 마세요."

"왜요?"

"이해는 지성의 훌륭한 작용이지만 때로는 지성이 그 이상의 성찰을 방

해하기도 한답니다."

"음, 새겨둘만한 말씀이에요. 지성이 방해를 한다."

"오래도록 익숙하게 써온 도구는 마치 자신의 팔처럼 느껴지거든요. 도구와 도구를 쓰는 자를 혼동하면 안 되죠. 모르는 것에는 속을 수 없어요. 언제나 아는 것에 속는 거죠."

"아! 그렇구나. 모르는 것에는 속을 수 없다! … 오늘은 정말 경이로운 날이에요."

"매 순간을 경이롭게 바라보세요. 놓치고 살았던 수많은 기쁨과 행복이 그 안에 숨어있었다는 걸 알게 될 거예요."

그녀의 눈이 진지한 호기심을 지나 비밀의 한 자락을 쫓고 있었고, 그런 그녀에게 창문으로 노을빛이 새어 들어와 아름다이 비추고 있었다.

마지막 선물

죽음 앞에서 사람들은 좌절한다. 죽음은 영원한 단절이며 끝을 알 수 없는 침묵으로 받아들여지기 때문이다. 사랑하는 사람들의 죽음 앞에서 무너지지 않을 만큼 강건한 사람은 없다. 아무리 강철 같은 심장을 가진 사람이라 할지라도 고개를 떨어뜨리고 만다. 때로는 남겨진 자의 무게를 감당하지 못하고 생의 의미를 잃어버린 채 좌절하기도 한다.

일본 에도시대 초기의 이름난 무사였던 미야모토 무사시의 일화 중에 이런 이야기가 있다.

미야모토 무사시가 어느 동네를 지날 때였다. 체구가 자그마한 중년의 사내가 미야모토 무사시를 자기 집으로 긴히 청하여 마음속에 있는 말을 털어놓았다.

"무사님! 저는 내일, 인근에서 불한당으로 소문난 자와 결투를 하러 가야 합니다. 싸움을 피할 수 있었다면 좋았겠지만 이미 일은 그르쳐졌습니다. 저는 명예를 더럽히는 자를 모른 척 두고만 볼 수는 없었습니다. 이 동네에서는 적수가 없는 칼 솜씨를 가진 그 자와 칼을 손에 잡아본 적도 없는 제가 내일 정오에 마을 어귀의 큰 나무 아래에서 결투를 하게 되었습니다. 어떻게 하면 좋겠습니까?"

"결투에서 이기고 싶은 거요?"

"아닙니다. 아까 말씀드렸듯이 검법의 초보도 되지 못하는 제가 어떻게 그 자를 이길 수 있겠습니까? 저는 다만 부끄럽지 않게 죽을 수 있는 방법을 묻고 있는 것입니다."

미야모토 무사시가, 이제 하룻밤을 자고 나면 더 이상 이 세상에 살아 있지 못하게 될 운명에 처한 가엾은 사내를 잠시 동안 묵묵히 바라보다가 이윽고 입을 열었다.

"만약 그대가 이기는 방법을 물었다면 난 그대에게 어떠한 조언도 해줄 수 없었을 것입니다. 하지만 그대는 명예롭게 죽을 수 있는 방법을 물었소. 당신은 이미 무사도의 극의를 말하고 있습니다. 그런 자세라면 한마디쯤 거들지 못할 것도 없지요. 그대가 잘할 수 있는 게 뭐가 있소?"

"짧은 재주이기는 하나 다도라면 정성을 보일 수 있을 정도는 됩니다. 하지만 찻주전자를 들고 싸우러 갈 수는 없는 일 아니겠습니까?"

"물론 그건 아니 되오. 하나 더 물어보겠소. 그대는 다도를 행할 때 어떤 마음가짐이 되오?"

"그때는 온몸의 신경이 하나로 집중됩니다. 차를 우리고 차를 따르며 차를 마시는 모든 행위에 최고의 정성을 쏟습니다. 저는 그 모든 행위 중에 제 자신을 완전히 잊어버립니다."

"좋습니다. 말로 들어선 알 수 없으니 내 앞에서 그 솜씨를 보여줄 수 있겠소?"

"원하신다면 부족한 솜씨나마 보여드리도록 하겠습니다."

말을 마친 사내가 다구를 펼쳐놓고 찻물을 끓이기 시작했다. 하나하나의 동작은 기품이 있고 섬세하였다. 사내에게는 죽음에 대한 공포는 이미 딴 세상의 일이었다. 참새 혓바닥 같은 찻잎을 주전자에 넣고 온기를 보존하려 두 손으로 감싸고 있는 모습은 한 폭의 그림과 같았다. 제대로 향기를 머금은 차를 한 잔 목구멍으로 넘기며 미야모토 무사시가 빙긋이 웃었다.

"어떠합니까, 무사님?"

"훌륭하오. 그대는 진정 다도의 명인이라 불려도 손색이 없을 것이오."

칭찬에 대하여 뭐라고 겸양의 말을 할 법도 했지만 사내는 말없이 눈을 내리 깔았다. 그것은 겸손도 자부심도 떨쳐버린 평상심이었다. 몇 잔 더 차를 마신 미야모토 무사시가 다시 말을 이었다.

"바로 이것이오. 내일 그대는 지금 다구를 쥐고 있는 것과 같이 검을 잡고 있으면 됩니다. 칼을 잡는 방법은 내가 일러줄 터이니 다만 그대는 칼이라 생각하지 말고 지금 다구를 들고 있는 마음가짐으로 들고 있으면 될 것이오."

"그리하면 부끄럽지 않게 죽을 수 있겠습니까?"

"그대는 다구를 들고서 부끄러울 수 있소?"

"그럴 일은 없습니다. 다도를 행하는 동안만큼은 어떠한 번뇌도 일어나지 않습니다."

"무사의 칼은 그 등에 죽음을, 그 날에 삶을 걸머지고 있습니다. 무사의 마음은 그 삶과 죽음의 사이에 자리하고 있지요. 삶도 죽음도 그리 멀지 않습니다. 무사는 언제나 그 두 가지를 동시에 품고 살아갑니다. 하지만 그 어느 쪽에도 동요되지 않습니다. 한 순간에 삶과 죽음이 공존한다는 것을 알기 때문이지요. 만약 삶과 죽음의 사이가 멀다고 생각하면 삶을 차지하기 위해 발버둥을 치겠지요. 그때 두려움이 일어납니다. 등과 날이 분리된 칼은 이미 칼이 아닙니다. 삶과 죽음이 분리된 마음은 무사의 마음이 아니라는 겁니다. 세상의 그 무엇이든 그리 다르지 않습니다. 어느 분야에서든 경지에 도달한 사람은 양극단을 오가는 마음을 분리될 수 없는 평상심 속에서 고요히 잠재운 사람입니다. 그대는 다도를 행하면서 생사를 잊었고 여기와 저기를 잊었으며 지나간 날과 다가올 날을 잊고 있었습니다. 바로 그 마음이 무사의 마음과 조금도 다르지 않습니다. 내가 일러줄 말은 이것뿐이오."

"고맙습니다, 무사님."

사내가 깊이 허리를 숙여 예를 표하고 나서 미야모토 무사시는 칼 잡는 자세를 사내에게 가르쳐주었다.

다음 날 해가 중천에 걸리고 약속된 시각이 되었을 때 사내는 미야모토 무사시가 일러준 대로 다부지게 칼을 쥐고 불한당과 맞서기 위하여 서있었다. 호기를 부리며 낮술을 걸친 불한당은 혹시나 해서 약속 장소에 나왔다가 칼을 꼬나 잡고 있는 사내를 보고 비웃음을 흘렸다. 흥, 죽지 못해 안달난 놈이로군. 어디, 닭 모가지 베듯 저 놈의 목을 한번 베어 볼까?

하지만 익숙한 솜씨로 칼을 뽑아든 불한당이 사내의 앞으로 다가가다가 자기도 모르게 주춤하고 말았다. 사내에게는 공포가 느껴지지 않았다. 알량한 자존심 때문에 약속을 지켰다 하더라도 죽음의 공포 앞에서 온

몸을 떨어야 정상일 사내는 평온하기 짝이 없었다. 어라? 이놈 봐라. 이리도 내가 만만하게 보였나? 별난 놈이로군.

주춤했던 자신이 부끄러워진 불한당이 한층 더 살의를 품고 사내의 앞으로 한 걸음 더 다가갔다. 하지만 사내는 요지부동으로 숨소리 하나 흐트러짐이 없었다. 불한당이 문득 생각을 일으켰다. 이건, 뭐지? 혹시 내가 모르는 검의 고수였던가? 그래, 진짜 고수는 쉽사리 실력을 드러내지 않는다고 했어.

차츰 숨소리가 거칠어지는 건 불한당 쪽이었다. 사내에게선 빈틈이 여러 곳 보였지만 쉽사리 치고 들어갈 수가 없었다. 그 빈틈으로 치고 들어가는 순간 사내가 휘익 사선을 그으며 자신을 내리칠 것만 같았다. 한참을 노려보다가 결국 불한당은 진땀을 흘리며 그 자리에 풀썩 주저앉은 채 용서를 빌었다.

"제가 사람을 몰라본 것 같습니다. 어제 일은 사과드리겠습니다. 용서해 주십시오."

"그만하면 됐소. 돌아가 보시오."

관용을 베푸는 사내 앞에서 등을 보이고 돌아선 불한당은 목숨이 달아나지 않은 것을 다행으로 생각하며 황망히 그 자리에서 물러나고 말았다. 먼발치에서 이 모든 광경을 지켜보고 있던 미야모토 무사시가 고개를 두어 번 끄덕이고는 조용히 갈 길로 떠났다.

친구가 모친상을 당했다고 연락이 왔다. 이틀째 밤에 장례식장을 찾았다. 이미 다녀갈 만한 사람들은 모두 다녀간 듯 조문객은 그리 많지 않았고 가까운 측근 몇몇만 남아 식장을 지키고 있었다. 고인에 대한 예를 갖추고 나서 초췌한 모습의 친구와 간단히 차린 술상을 사이에 두고 앉았다.

"얼굴이 많이 상한 것 같네. 눈 좀 붙이지 그러나?"

"잠을 잘 수가 없어. 어머니가 홀로 우리 형제를 힘겹게 키우시고 이렇듯 고생만 하시다 떠난 게 너무 마음이 아프다네. 이제 좀 제대로 모실 수 있는 형편이 되었는데 기다려주시지 않고 떠나버렸어."

"어쩌면 자네가 자리를 잡는 걸 보고 안심하고 떠나신 것일지도 모르지."

나의 위로에도 친구의 눈은 슬픔을 감당하지 못하고 있었다. 그 옛날, 친구는 장학금을 타지 않고서는 학교를 다닐 수 없는 형편이었고 학과 후에는 늘 아르바이트로 책값을 벌어야 했다. 어머니가 힘겹게 꾸려가는 살림살이에 보탬은 되지 못할망정 부담을 줄 수는 없다고 생각했던 친구였다. 가끔 술이 한잔 들어가면 친구는 늘 어머니에 대한 이야기를 했고 취기가 돌면 'Mother Of Mine'을 불렀다. 'Mother, sweet mother of mine (사랑하는 나의 어머니)'으로 노래가 끝날 무렵이면 모두들 잔을 들고 '어머니를 위하여'를 외치곤 했다.

"친구! 많이 슬픈가?"

"그래, 감당할 수가 없어."

"친구! 다시 물어보지. 정말 슬픈가?"

"그럼, 어떻게 살아야 할지 모르겠어."

"친구! 마지막으로 한 번 더 묻겠네. 정말 슬픈가?"

세 번째 물음에서야 친구가 고개를 들어 나를 보았다. 선뜻 대답하지 않고 한참이나 나를 물끄러미 바라보더니 다른 대답을 했다.

"잘 모르겠네."

"옳지. 이제야 제대로 된 대답을 하는구먼."

"제대로 된 대답이라고? 슬픔이 잘못된 건가?"

"그럴 리가 있나. 하지만 자네의 슬픔은 어쩌면 슬픔만이 아닐지도 모른다는 거지."

"그게 무슨 소린가? 자네가 원래 좀 유별난 데가 있다고 생각은 했네만 이건 도대체 알아들을 수가 없지 않나?"

"그렇게 정색을 하고 눈을 부라리지 않아도 되네. 일단 내 말을 들어보게. 자네는 왜 내 세 번째 물음에 모른다고 답했나?"

"아까는 정말 그런 기분이었어. 슬픔에서 한 발 떨어진 느낌이었지. 그렇게 묻는 사람이 없어서 당황했는지도 몰라."

"음, 그럴 수도 있겠지. 하지만 말일세, 슬픔은 학습된다네."

"학습? 슬픔을 배운다는 말인가? 그런 걸 배운 기억은 없는데?"

"무슨 흰소린가! 자네는 가족과 친구들의 슬픔을 보며 배웠다네. 슬픔뿐일까? 이럴 땐 화내야 하며 이럴 땐 기뻐해야 하고 이럴 땐 두려워해야 한다고 배웠지 않은가? 사람들은 학습된 대로 행동한다네. 상처마저도 학습되지."

"알아들을 수가 없어. 학습이라 하면 세상의 지식이나 경험 그리고 규범 따위를 배우는 행위 아니던가?"

"물론 그런 것도 배워. 하지만 그것만이 아니지. 원시시대에 태어난 아이들은 배고픔이나 추위를 상처로 받아들이지 않아. 불편할 수는 있지만 상처가 될 수는 없는 거지. 하지만 현대에 태어난 아이는 상대적 빈곤감 속에서 자신을 불행하다고 생각하게 되지. 게다가 세상의 넘쳐나도록 많은 드라마들은 또 어떤가? TV에서도 신문에서도 인터넷에서도 그런 것은 상처라고 말한다네. 짐짓 불편하다고 해서 불행한 것은 아니라고 말하지만 그것보다 훨씬 거대한 세상의 패러다임이 불행으로, 상처로 만들어 버리는 거지. 학습은 생존과 사회성을 익히기 위하여 꼭 필요한 것이지만 대신 감정마저 지배당할지도 모르는 비싼 대가를 치러야 하는 결세."

"그럼 자네는 지금, 내가 슬퍼하는 것이 거짓이라고 말하는 건가?"

"거짓이 아니라 슬픔 속에서 느껴지는 행복을 바라보라고 말하는 거지."

"행복을 바라보라고? 절대로 있을 수 없는 일이지. 그건 망발에 가까운데?"

"하지만 그 어느 때보다 자네는 사랑과 열정으로 가득했던 어머님의 삶을 경이롭게 받아들이고 있지 않은가? 평소에도 늘 어머님을 찬양했던 자네였지만 어머님이 저 피안으로 떠나신 지금, 더더욱 자네는 어머님의 사랑을 가슴 깊이 느끼고 있을 거야. 바로 어머님의 '마지막 선물'인 거지. 선물을 받고서 행복하지 않을 사람은 없다네. 왜 자네는 기쁨만이 행복의 요소라고 생각하는가? 슬픔 속에서도 행복은 있네. 자네는 삶을 살면서 기쁨 속의 슬픔을 느껴본 적 없나? 모두들 기뻐하는 상황에서 묘하게 느껴지는 적막감이랄까 그런 것 말일세."

"그런 거라면 분명히 있지."

"그것과 다르지 않아. 슬픔 속에서도 감동은 있다네. 카타르시스를 느끼는 거지. 기쁨과 슬픔의 고향은 같아. 원 위의 모든 점은 결국 하나의 모태를 가지지. 원의 수학적 정의가 한 점에서 같은 거리에 있는 점들의 집합이니까. 우린 무수히 원 위를 지나다니며 다양한 감정을 경험하지. 기쁨과 슬픔은 마주보는 점들이야. 원이라는 작용을 일으킨 본질은, 눈에 보이지는 않지만 엄연히 존재하고 있는 중점일세. 그곳엔 선이나 악, 옳고 그름 따위가 없어. 그거야 말로 인간의 본성이지. 결국 기쁨과 슬픔은 한 어머니에게서 태어난 형제와 같은 것이란 말일세."

"아아, 자네 말이 또 어려워지고 있어. 자넨 그게 단점이야. 갓 상을 당한 내게 너무 무거움을 더하지는 말게나."

"실제로 그런지는 알 수 없으나 영화 '세렌디피티'(Serendipity, 2001)를 보면 그리스인들은 부고를 접하고서 상주에게 '그 사람은 열정을 가지고 있었나?'라고 묻는다는군. 어떤가? 어머님은 열정을 가지고 있었나?"

"어머니는 너무나 열정적이었지. 화려함과는 거리가 먼 삶을 살았지만 누구에게나 사랑을 아낌없이 주신 분이었어."

"어머님은 바로 그 아름다운 역할을 자네에게 남기고 떠나신 거야. 그 아름다운 역할을 두고 자네가 마냥 슬퍼해서는 안 되지. 이제 자네는 어머님을 대신하여 자네의 자식들과 그 자식들이 살아가야 할 이 세상에 아낌없이 주면 되는 걸세. 그리고 때가 되면 자네 역시 그 역할을 물려주게 되는 거라네."

"역할을 물려준다고?"

"그럼, 생각해보게. 자네가 먼 훗날 그 역할을 물려주었을 때 자네를 사랑하는 수많은 사람들이 그 역할의 의미를 알고 기꺼이 받아들인다면 자네는 기쁘지 않겠나? 자네가 준 마지막 선물을 받아들고 사람들이 기꺼이 슬픔이 아닌 기쁨의 눈물을 흘릴 거란 말이지. 어떤가?"

"그런 선물이라면 정말 기쁠 것도 같으이."

"자네 혹시 영화를 볼 때 가장 감명 깊은 장면이 어딘지 아는가?"

"그야 영화마다 다르지 않나?"

"주인공의 이별이나 사랑도 좋고 악당을 기꺼이 물리치고 난 득의양양한 모습도 좋겠지. 하지만 난 가장 짜하게 다가오는 순간은, 정작 영화가 끝나고 엔딩 크레딧이 올라갈 때라고 생각하네."

엔딩 크레딧(ending credit)

영화가 끝나고 나면
영화에 참여한 모든 사람들의 이름이 줄지어 올라간다.
바로 엔딩 크레딧(ending credit)이다.
어떤 영화든 가장 감동이 깊은 순간이다.
내용은 달라도 감동을 느끼는 순간은 같다.
영화의 클라이맥스보다 더 감동을 주는 순간인 것이다.

그대의 삶도 이와 같다.
그대 삶의 엔딩(ending)은 언제인가?
가장 감동이 깊어야 할 그 순간
그대를 둘러싼 친구들은 그대의 마지막을 달가워하지 않는다.
언제나 그랬던 것처럼
섣부른 슬픔으로 그대의 마지막을 방해하기 일쑤다.

엔딩 크레딧(ending credit)이 올라가는 순간
성급하게 켜지는 영화관의 조명과
쫓기듯이 왈칵 몸을 일으키는 수많은 관객들이
그대의 감동을 방해한 적은 없는가?

마지막 감동을 방해받은 영화는 맛이 반으로 떨어진다.

그대의 삶은 아름다웠다.
아무에게도 그 마지막을 방해받지 않을 자격이 있다.
이 말을 죽음을 예찬하는 말로 듣지는 말라.
나는 다만
그대의 한 연극이 끝났을 때
그대의 감동을 존중하자는 말을 하고 있는 것이다.

-『꽃은 누구에게 허락받고 피는 것이 아니다』 중에서

"엔딩 크레딧이라… 과연 그렇구먼."

슬픔의 저 깊은 바닥에서 수면 위로 올라오기를 거부하던 친구가 미소를 지었다.

"죽음에 대한 부정적인 생각 때문에 정작 중요한 의미를 놓쳐버린다면 그거야말로 슬픈 일 아니겠나? 이 마지막 선물은 인류가 태고로부터 전해온 것이네. 정말 아름다운 일이지. 내가 언젠가 삶이 너무 허망해서 죽음을 생각해본 적이 있었다네. 그때 이런 생각이 들더군. 내가 마지막 선물을 누군가에게 줄 자격이 있는가하고 말일세. 그런데 아무리 생각해도 아무것도 줄 선물이 없었어. 내 삶은 나의 것만이 아니었네. 모두에게 전해주어야 할 하나의 의미였지. 잘났든 못났든 말일세."

"자네 말을 듣자하니 죽음이 무척 가깝게 느껴지는군."

"가깝다 뿐이겠나. 삶과 죽음은 언제나 공존하는 거라네. 기쁨과 슬픔이 하나의 모태에서 출발한 것이듯 삶과 죽음 역시 마찬가지지. 우리가 대화하고 있는 이 순간에도 우리 몸 안에서는 수많은 세포들이 죽거나 태어나고 있는 중이란 말이야."

"아까 한 이야기구먼."

"그렇지. 한 극단을 떠나서 그 중심을 바라볼 수 있을 때, 세상의 모든 것이 내면의 진실을 드러내게 되는 거라네."

"삶에도 죽음에도 연연하지 않는 마음은 도대체 어떤 걸까?"

"그거야말로 진짜 생명이지. 우리는 생명의 작용에 대해서 삶이니 죽음이니 다른 이름을 붙여놓았을 뿐이네."

"자칫하면 허무주의가 될 수도 있지 않을까?"

"아니지. 허무주의 역시 한 모습에만 집착하는 거지. 겨울이 되어 가지가 말랐다고 해서 그게 허무할까? 그 안에도 생명은 고스란히 숨 쉬고 있지. 그걸 상실로만 바라보니 허무해지는 거야. 아까까지 자네의 모습이 바로 그런 거였단 말일세."

"내가 정말 그랬나?"

"그렇다 뿐인가."

"그럼 무상의 의미는 뭔가? 결국 허무하다는 말 아닌가?"

"아니야. 무상(無常)은 수시로 변화하는 것에 마음을 두지 말고 그 뿌리에 있는 영원한 생명을 바라보라는 것일세. 그럴 수 있을 때라야 진정한 즐거움을 알 수 있다는 거지."

"선물은 어머니가 주셨지만 정작 그 선물꾸러미는 자네가 펼쳐주는군."

"허허, 그렇게 되었나?"

"자네가 오기 전까지만 해도 난 비통함에 사로잡혀 있었어. 그런데 지금은 전혀 다른 세상을 엿보고 있는 기분이야."

"죽음에 대한 두려움은 모든 두려움의 근원이지. 그 두려움은 조급함을 만들고 그 조급함은 아귀다툼을 만들고 말아. 죽음에 이르는 고통은 누구도 달가워하지 않겠지만 죽음 그 자체는 두려울 이유가 없어. 사람들이 생각하는 그런 죽음은 애당초 존재하지도 않아. 막대자석을 두 동강 낸다고 해서 N극과 S극으로 나눌 수 없는 것처럼 삶과 죽음도 그와 같아. 죽음을 미워하는 건 곧 삶을 미워하는 거지. 무언가를 미워하려면 먼저 자신 속에 미움의 에너지를 만들어내야만 해. 나에게 없는 것을 상대에게 던질 수는 없거든. 그리하여 미움은 상대도 나도 파괴해버리는 거라네. 게다가 그 미움은 내가 바라보는 것에만 작용하는 게 아니야. 내가 바라보지 못했던 반쪽까지 포함해서 모두를 파괴해버리는 거지."

"난 많은 것을 미워하면서 살아왔는데 자네 말을 빌리자면 너무나 많은 것을 파괴하고 살아왔다는 건가?"

"자책할 필요는 없어. 사람들의 미움은 그렇게 진실한 것이 아니야. 대부분 더 사랑하고 싶기 때문이라네. 다만 그걸 모르고 있을 뿐이지."

"더 사랑하고 싶기 때문이라고? 조금 위안이 되는 걸. 좋아. 그런데 자네 말처럼 정말 삶과 죽음이 하나라면 왜 굳이 이토록 모진 삶을 살아야 하는 건가?"

"연극이지. 배우는 다양한 배역을 맡고 싶어 해. 하지만 삶이라는 연극에서는 자신이 배우라는 사실을 사람들은 곧잘 잊어버린다네. 하지만 그 망각까지도 처음부터 선택된 건지도 몰라. 다양한 배역들을 통해서 기억의 봉인이 풀릴 때 사람들은 배역이 아닌 배우로서의 자각을 다시 떠올리게 되는 거지."

시나리오

먼저 그대의 삶에서 가장 중요한 역할을 했던 사람들을 찾아보라.
부모, 형제자매, 배우자, 자녀, 친구들은 기본적으로 포함된다.
다음
그들이 어떤 역할이었는지를 알아내어라.
그리고 그 역할이 그대에게 어떤 삶의 방식을 요구했는지를 살펴보아라.

그대 삶의 시나리오가 한눈에 들어올 것이다.
그대는 그대의 삶이 그대에게 무엇을 전해주려 하는지를 알게 될 것이다.
그리고 이제는 그대가 성장하기 위해 어떻게 해야 하는지도 알게 될 것이다.

그대를 가장 아프게 했던 사람
그대를 가장 힘들게 했던 사람
그대를 가장 아름답게 보아주었던 사람
그대를 가장 가치 없게 바라보던 사람
그대를 최고의 가치로 바라보던 사람
이들은 모두 그대 인생의 중요한 조연들이다.

그대를 진리로 이끌어준 사람
그대를 배신하고 그대를 떠난 사람
그대의 재산과 명예를 짓밟고 가버린 사람
이들 역시 그대 인생의 중요한 주연급 조연들이다.
이제 시나리오가 보일 것이다.

이제 그대는
그들에 대한 원망보다는 시나리오의 치밀함에 감탄하게 될 것이다.

간혹 시나리오가 수정되기도 한다.
그것은 생각보다 그대의 연기력이 빨리 늘거나
또는 그대가 많은 경험 속에서 깨달아야 할 것을
조그만 경험 속에서 미리 깨달아버렸을 때이다.

이제 그대 인생의 남은 시나리오는 그대가 다시 써보라.
그대에게 '사랑'이라는 이름의 펜이 쥐어져 있다.

-『꽃은 누구에게 허락받고 피는 것이 아니다』 중에서

"그렇다면 나 역시 지금의 배역을 맡고 있는 배우라는 건가?"

"그렇지. 자네는 자네의 내면을 다 몰라. 그 내면을 흔히들 영혼이라고 말하지."

"하지만 사람들은 무언가를 사랑하면서 살아간다네. 그냥 그걸로도 충분히 아름답지 않을까?"

"아름답지. 하지만 사람들은 선호와 사랑을 혼동한다네. 사랑은 선호와 달라. 사랑은 대상의 반 토막을 좋아하거나 한 부분만을 떼어서 좋다고 말하지 않지. 성인들이 말씀하신 사랑과 사람들이 말하는 사랑의 차이는 바로 거기에 있지. 국가를 사랑하고 민족을 사랑하며 나와 뜻이 같은 사람들을 아끼는 건 훌륭한 미덕이지만 때로는 그것이 지나쳐서 그 이면에 있는 진정한 사랑을 가릴 수도 있다는 걸 알아야만 해. 이제 우리는 그걸 알아야 할 때가 된 거야."

"아까 자네가 한 말이군. 우리는 특정한 일부분을 미워할 수 없다. 하나를 미워하다 보면 결국 모든 것을 미워하게 되고 만다!"

"옳거니!"

"어머니가 돌아가신 것도 결국 하나의 연극일 뿐이라는 거지?"

"훌륭한 역할을 다하신 거니까, 섭섭할 수는 있지만 슬퍼할 일은 아니지."

"아! 정말 어머니에게 가슴으로 전하고 싶네. 당신의 삶도 죽음도 이토록 아름다웠노라고."

"이제 어머님이 환하게 웃고 계신다네. 느껴보게나."

"어머니, 제게 오랫동안 아름다운 어머니로 있어주셔서 고맙습니다. 그리고 이제 가시는 길에 남겨주신 마지막 선물, 잊지 않고 먼 훗날 아이들에게 전하겠습니다. 당신은 정녕 아름다운 분이십니다."

친구의 눈이 경이롭게 반짝이는 것을 보고 조용히 자리에서 물러나왔다. 나 역시 언젠가 물려주어야 할 마지막 선물을 되새기면서…….

아픔
(어른들을 위한 동화)

몸의 한 곳이 위험에 처하게 되었다.
놔두면 병이 더 커질 수도 있다.
위험이 시작된 곳에서
주인에게 알려야 하는 일을 '아픔'에게 맡겼다.
아픔이 열심히 주인에게 신호를 보낸다.
좀 더 관심을 가지고 대화에 응해달라고 신호를 보낸다.
혹시 주인이 모를까 봐… 몰라서 더 심해질까 봐 말을 거는 것이다.

약이 주인 대신 아픔을 만났다.
약이 아픔에게 말했다.
"넌 왜 자꾸 신호를 보내는 거니? 네 주인이 아파한다는 걸 몰라?"
"아프게 하기 위해서가 아니야. 더 위험해지는 걸 막기 위한 건데?"
"어쨌거나 네 주인은 아파하고 있어 그걸 원하는 건 아니지?"
"물론 아니지, 하지만 신호를 보내야만 해.

난 그렇게 하기로 되어 있는 걸?"
"그건 내가 알아서 할 테니 좀 조용해 줄래?"
"어떻게? 난 내 의지를 꺾을 수가 없어."
"그거라면 걱정 마. 내게 좋은 해결책이 있어."
"해결책?"
"나를 받아들여. 그러면 네 의지가 자연스레 꺾일 거야."
"하지만 너를 믿을 수가 없어."
"여기 위임장을 봐. 주인 대신 널 만나도 된다고 되어있지?"
약이 내민 종이를 보니 '처방전'이라는 제목 아래로
각종의 알아볼 수 없는 언어가 휘갈겨져 있었다.
어쨌든 위임장을 내미는 데는 아픔으로서도 할 말이 없었다.
주인의 명령은 무엇보다 우선되는 것이다.
"좋아. 널 믿을게. 하지만 내 대신 주인에게 꼭 전해줘야 해. 알았지?"
"걱정 마."

대리자의 활약(?)으로 아픔이 사라졌다.
하지만 약속은 지켜지지 않았다.
아픔의 의도는 비밀에 부쳐졌다.
사실을 말하자면 약은 아픔의 진심을 전달할 줄을 모른다.
우선 아픔을 잠재우기 위하여 거짓 약속을 한 것이다.

한참이 지나도 소식이 없자 아픔이 다시 신호를 보내기 시작했다.
주인님! 날 좀 봐요. 지금 당신의 몸은 심각한 지경이라고요.
잠시 후 또 다른 대리자가 나타났다.
"너, 왜 그러니?"

"어? 넌 또 누구니? 전에 봤던 친구가 아닌데?"
"걘 일처리를 똑바로 못해서 잘렸어. 이제부터 내가 맡는다."
"맞아, 일처리를 똑바로 못한 게 확실해. 걘 약속을 어겼어."
"무슨 약속?"
"주인에게 내 진심을 전해준다던 약속."
"그래? 네 진심이 뭔데?"
"이제 심각해. 지금 돌보아주지 않으면
내가 있는 곳은 소멸되고 말 거야."
"알았어. 찡그린 얼굴 좀 펴. 보기 안 좋아. 내가 대신 전해줄게."
"넌 정말 약속을 지킬 거지?"
"그럼, 믿어봐."
"알았어. 지금 빨리 전하지 않으면 위험해."
"두 말하면 잔소리."
아픔이 다시 대리자를 받아들이자 의지가 꺾였다.

몇 번을 되풀이했다.
순진한 아픔은 번번이 대리자에게 속았다.
대리자들의 모습도 점점 바뀌었다.
그나마 대화를 시도하던 대리자들은 나은 편이었다.
우격다짐으로 아픔을 삼키려는 대리자들은 무섭기 짝이 없었다.

주인님, 이제 난 지쳐가요. 제발 내 말을 들어주세요.
제발… 제발…
아픔의 생명이 꺼져간다.
주인에게 상황을 알리기 위해서 본분을 다 했던 아픔이 죽어가고 있다.

'아픔'이 죽으면 주인도 죽는 거다.
죽은 자는 아픔을 느끼지 않는다.

*

마음이라고 다를까?
마음이 아프면 마음을 돌아보라.
혹시 생명과 사랑의 빛이 비치지 않는 곳이 있는지 살펴라.
아픔은 그대를 일깨우기 위한 신호다.
그대가 몸과 마음을 도구로 쓰기로 한 순간부터 시작된
숭고한 약속이다.
마음이 신호를 보낼 때,
마음을 마비시키거나
애써 그 신호를… 대화를 나누자는 간절한 외침을 외면하고 있지는
않은가?
마음이 요구하는 대로 다 해주라는 것은 아니다.
다만 마음의 외침을 아름답게 들을 수 있을 때
그대의 영혼이 깨어난다는 사실을 기억하라는 것이다.

그대를 아프게 하기 위해서 존재하는 것은 아무것도 없다.
다만 그대에게 간절히 외치고 있을 뿐이다.
가까이 다가가서 안아 주어라.
그대의 뜨거운 사랑으로 더없이 꼭 안아 주어라.

-『꽃은 누구에게 허락받고 피는 것이 아니다』 중에서

이방인

어릴 때를 생각하면 언제나 아련한 향수가 있다. 어쩌면 지극히 미화시키고 싶은 마음의 결과물일지도 모르지만 그 정도 억지를 두고 손가락질할 사람은 없으리라. 뜨거운 여름날의 시원한 감나무 그늘과 장마철이 되면 큰물로 목소리를 외쳐대던 황토색 강물을 어떻게 잊을 수 있겠는가! 그 속살을 투명하게 드러내며 단번에 얼어버린 강가에서 서툰 도끼질로 한나절을 패서 만들었던 얼음 배, 그건 내가 만들어낸 마음 속 왜곡된 기억이 아니다. 어떤 준엄한 말씀보다도 더 뚜렷하게 각인되어있는 풍경들! 찬양할 무엇이 부족할 때는 어김없이 나타나 머릿속을 밝혀주는 아리도록 달콤한 추억들이다.

따가운 햇살에 살 껍질이 벌겋게 익어버리던 어느 해 여름, 매일같이 친구들과 함께 멱을 감던 강가에 별난 식구들이 눈에 띄었다. 우리들의 놀이에 끼어들지는 않았으나 분명 흘러가는 강물을 공유하며 놀았던 남매. 처음에는 이웃 동네에서 왔거나 아니면 도시에서 여름방학을 나러 온 아이들인 줄 알았다. 하지만 며칠 지나고 나서 어느 쪽도 아니었다는 것을 알게 되었다. 그들은 강가에 놀러 온 것이 아니라 강가에 살고 있었다.

원두막을 통째로 뜯어온 것처럼 보이던, 큰 나무 옆에 기대어 지어놓은 오두막이 그 아이들의 집이었고 물살이 고요한 곳 옆에 조그만 구멍을 내고 깨끗한 자갈들로 둥글게 단을 야트막하게 쌓아놓은 곳이 그 아이들의 우물이었다.

다리라기보다는 물막이 정도로 제 역할을 다하고 있던 콘크리트 구조물은 더할 나위 없는 천렵의 도구였다. 우리는 그저, 힘겹게 뛰어오르는 붕어들을 손으로 움켜잡기만 하면 되었다. 누군가 첨벙거리며 물장구를 칠 때면 너도 나도 서로 물을 끼얹으며 소리를 질렀다. 미래에 대한 불안 따위는 끼어들 틈도 없던 그 한때, 그 아이들은 끼어들 엄두를 내지 못한 채 그저 바라보기만 했다. 앞사람이 한 행동을 뒷사람이 따라하는 게임이라도 하는 것처럼 그 아이들은 우리가 하던 장난들이 그치기를 기다려 곧잘 따라했다. 하지만 모두들 약속이나 한 듯이 그 아이들에게는 딱히 말을 붙이지 않았다. 그런 분위기에 이미 익숙한 듯 그 아이들 역시도 굳이 말을 걸어오는 모험을 자청하지 않았다. 기껏해야 야, 붕어다! 하고 외치면 붕어다! 하고 메아리처럼 되풀이하는 게 고작이었다. 아이들의 부모는 먼발치에서 다슬기나 조개를 잡으며 어쩌다 한 번씩 건네다 보곤 했다. 분명 살림집이었을 오두막은 홍수라도 나면 위태로울 정도의 위치에 자리하고 있었다. 괜한 걱정을 하다가 고개를 흔들어 지워버리고 나서 그 아이들에게 지나가는 말처럼 말을 붙여 보았다.

"몇 학년이야?"

"응? 3학년."

"동생은?"

"4학년."

"왜 동생이 더 학년이 높아?"

"몰라."

괜한 것을 물어보았다는 생각이 들었다. 그 이야기 이후에는 어떤 말도 물어볼 수가 없었다. 어쩌면 두려움을 느꼈는지도 모르겠다. 분명 학교에 다녀야 할 나이로 보이는 또래의 아이가 학교를 다니지 않고 있다는 사실은 참으로 알 수 없는 일이었다. 모르는 것에 대해서는 두려움을 느끼도록 훈련받았다는 사실은 참 서글픈 일이다. 그깟 학년 따위보다야 이름이나 좋아하는 것 따위를 물었어야 했다. 하지만 나도 모르게 뱉어버린 말을 주워담을 수도 없는 노릇이었다.

한나절의 물놀이가 끝나고 돌아오는 길은 언제나 아쉬웠다. 밤새 강이 도망갈 리도 없었건만 집으로 돌아가는 길에는 언제나 몇 번씩이나 뒤를 돌아보곤 했다. 기껏 잡은 물고기는 모두 풀어주고 강변에 있던 과수원에서 몇 알 주워든 풋사과를 씹으며 왁자지껄 집으로 돌아왔다. 바로 옆에 집을 두고 있던 그 아이들은 강물이 노을빛에 붉게 물들 때까지 물장구를 치며 놀았으리라. 또래의 아이들이 썰물처럼 빠져나간 강에서 까까머리 머슴애와 부끄러운 줄도 모르고 하얀 속옷 한 장만 걸치고 오빠를 따라다닐 계집애가 자꾸 눈앞에 어른거렸다. 몇 마디 말을 나눈 것도 없었지만 왠지 모르게 쓸쓸한 생각이 들었다.

며칠이 지나고 동네 어른들이 하는 이야기를 들었다. 저마다 걱정인지 의혹인지 모를 이야기들이었다.

"도대체 어디서 온 걸까?"

"그러게, 왜 애들을 학교에 보내지 않을까?"

"멀쩡하게 생겨서 왜 그런데?"

"멀쩡한지 아닌지는 겉으로 봐서는 모르지."

"어쩌면 좀 모자라는 사람들 아닐까? 애들 엄마 보니까 그냥 웃기만 하는 게 벙어리 같기도 하고."

"애들 아빠도 딱히 말하는 소리를 들은 적이 없는 거 같은데?"

"아니야, 저번에 지나면서 말을 붙여본 적이 있는데 분명히 뭐라고 대답하던 걸?"

"뭐라고 대답했는데?"

"조그맣게 말하는 거라 제대로 듣지는 못했어."

"그렇다면 그게 대답인지 말을 못해 웅얼거리는 건지 어떻게 알겠어?"

"듣고 보니 그것도 그러네. 그냥 여름을 나러 온 객지 사람들 아닐까?"

"그건 아니야. 객지 사람들은 나름대로 행색에서 표가 나. 게다가 강가에다가 그런 식으로 집을 짓지도 않지. 그건 아무리 봐도 살림집이야."

"지금이야 여름이니까 그렇다지만 날씨가 추워지면 어떡하누?"

"뭐, 그때까지 그 자리에 있기야 하려고?"

"근데 도대체 뭘 먹고 산대?"

"에이, 그런 걱정을 왜 해? 아이들만 있는 것도 아닌데."

"그런가?"

대개 이야기는 그쯤에서 끝이 났다. 대책 없는 몇 마디 이후에는 모두가 입을 다물고 말았다. 어른들이라고 해서 아이들의 생각과 크게 다르지도 않았다. 정말 궁금하면 가서 물어보기라도 하면 될 일이었지만 누구도 그런 오지랖은 없었다.

이튿날도 그 다음날도 그렇게, 그 아이들은 당연한 강가의 풍경이 되어 있었다. 누군가 물어보았던 모양으로, 남매의 이름을 알게 된 것은 보름 정도나 지난 어느 날이었다. 오빠는 석구, 동생은 석순이었다. 그때 우리가 알고 있는 석자는 돌석(石)자 뿐이었다. 며칠 후 약속이나 한 듯이 우리는 석구, 석순 남매를 돌구, 돌순이로 부르게 되었다. 조금은 별명처럼 놀려보자는 뜻을 가지고 있었으나 오빠도 동생도 그다지 개의치 않았다.

돌구는 헤엄을 잘 쳤다. 하긴 허구한 날 물에서 살았으니 그럴 만도 했다. 깜둥이처럼 온몸을 까맣게 태우고 다녔던 돌구는 가느다란 팔다리와는 딴판으로, 날래고 힘도 세었다. 제법 친해져 건너편 기슭까지 누가 먼저 가나 내기라도 할라치면 우리가 반도 가지 못했을 때 돌구는 일찌감치 도착해 씨익 웃고 있었다. 물수제비를 띄우면 돌구는 더더욱 신이 났다. 겨우 대여섯 번 튀기는 정도가 전부였던 우리는 돌구가 서른 번도 넘게 물 위를 튀기며 던지는 물수제비를 경이롭게 바라보았다. 미처 강을 건너지 못하고 침몰해버리는 우리 돌과 달리 돌구가 던진 돌들은 징검다리를 건너뛰듯 맞은편 기슭의 자갈에 부딪히곤 했다. 그럴 즈음이면, 남이랄까 봐 돌구를 쏙 빼닮은 돌순이는 손뼉을 치며 좋아라했다. 돌구는 신이 나면 강 위로 가지가 늘어진 수양버들 가지를 붙들고 타잔 흉내를 내었다. '아차' 하는 순간 가지를 놓치면 돌구는 계획된 것처럼 멋지게 물속으로 다이빙을 했다.

"야! 타잔이다. 돌구는 타잔이야!"

누군가 소리를 질렀다. 돌구가 물었다.

"타잔이 뭐야?"

"타잔도 몰라? 밀림의 왕자 타잔 말이야."

"몰라."

우린 모두 지레짐작으로 돌구가 타잔 흉내를 내는 거라고 생각했지만 정작 돌구는 타잔이 뭔지도 모르고 있었다.

"에이, 그게 얼마나 재미있는데 그걸 못 봤단 말이야? '아아아' 하고 소리 지르면 동물들이 다 모여. 코끼리, 기린, 원숭이들까지 타잔이 부르면 다들 모인단 말이야!"

돌구는 티브이를 본 적이 없었다. 티브이가 뭔지도 모르는 돌구에게 타잔은 외계어처럼 들렸으리라.

그리하여 돌구는 난생처음 타잔을 보기 위하여 어느 토요일 저녁 우리 집으로 오게 되었다. 마을에 티브이가 있는 집은 몇 집 되지 않았다. 오십 호 남짓한 마을에 티브이가 있는 집은 세 집 뿐이었다. 김일의 신나는 박치기나 차범근의 귀신같은 드리블을 보고 싶은 사람들은, 삼식 촉 백열등이 어두워질 때만 기다리며 천정에서 늘어져 있는 아래채 마루에 옹기종기 모여 앉았다. 마당의 들마루는 그런대로 VIP석이었다. 중요한 국가대항전의 축구라도 중계하는 날이면 아예 이장 집 앰프로 광고를 하기도 했다. 그런 날이면 마을 사람들은 정확히 삼등분 되어 가장 가까운, 티브이가 있는 집으로 모였다. 한껏 볼륨을 높인 21인치 티브이를 안채 마루에 세워두면 애 어른 할 것 없이 침을 꿀꺽 삼키며 롯데 껌 광고가 얼른 끝나기를 기다렸다.

돌구가 우리 집에 왔던 날은 김일의 박치기를 보는 날보다는 훨씬 사람이 적었다. 대부분 아이들에 갓 어른이 된 청년 몇몇이 그날의 애청자들이었다. 나는 그날, 타잔의 날랜 몸짓보다도 타잔을 보고 놀라워하는 돌구의 표정이 더 궁금했다. 돌구는 별로 크지도 않은 눈을 한껏 치켜뜬 채로 티브이에서 눈을 떼지 못했다. 누군가가 풀어놓은 건빵 봉지는 한 사람당 두 개씩 돌아가는 게 고작이었다. 단맛은 소용치도 않았다. 한 입에 들어갈 운명으로 태어난 건빵들은 적어도 그날만큼은 다섯 번에 나누어 먹어야 하는 귀한 음식 대접을 받았다. 정신없이 티브이를 보고 있는 돌구의 옆으로 가서 몰래 내 몫의 건빵 두 개를 더 쥐어주었다. 돌구는 잠시 나를 돌아보고 이내 티브이로 고개를 돌렸지만, 짧은 순간 기뻐하는 돌구의 모습을 보는 것으로 내 식탐을 인내한 보람은 충분했다.

타잔이 끝나고 다들 집으로 돌아가려고 일어섰을 때 왠지 혼자서 씁쓸한 표정을 짓고 있는 돌구의 옆에 가서 물었다.

"왜, 재미없어?"

"아니, 돌순이도 왔으면 좋았지."

돌구는 돌순이와 같이 보지 못한 것을 못내 아쉬워했다.

"담에 같이 봐. 매주 하는 거야. 다음 주 토요일에 또 오면 되잖아?"

"그래도 돼?"

"그럼, 다들 그렇게 하는걸."

돌구가 그때서야 앞니가 빠진 입을 헤벌쭉 벌리고 웃었다. 하지만 돌구와의 약속은 지켜지지 못했다. 어쩌면 이름보다 만 배는 더 멋진, 타잔이라는 별명을 가지게 될 수도 있었던 돌구는 그날을 마지막으로 더 이상 애청자 그룹에 낄 수 없었다.

나서지도 못하면서 뒤에 숨어서 타인을 손가락질하는 비겁함을 알게 된 것이 그즈음이었다. 어쩌면 나도, 그 무리의 바깥에 있었노라 장담하지 못하는 자괴를 꽤 오랫동안 안고 살아왔는지도 모른다.

여름도 거의 끝나갈 무렵, 마을에서 좀처럼 찾아볼 수 없었던 절도사건이 일어났다. 무어 그리 가져갈 것도 없는 촌구석이었지만 그때는 좀 다른 사연이 있었다. 신작로 길가에 있던 정미소 집에서 난리가 났다. 그 전날 쌀을 넘기고 받은 대금을 홀랑 하룻밤 새에 잃어버린 것이었다. 다들 얼굴을 알고 지내는 마을에서 누군가가 아무도 모르게 남의 집으로 들어간다는 건 쉽지 않은 일이었다. 온 마을이 말 그대로 벌집을 쑤셔놓은 듯했다. 일 년이 가도 올 일이 없었던 제복 차림의 경찰이, 네댓 명이나 마을 여기저기를 다니며 탐문하기 시작했다.

마을 가운데 있던 연못가에서, 대나무를 불에 그슬려 만든 활을 가지고 노느라 여념이 없던 또래들까지도 경찰들의 물음에 답을 해야 했다.

"너희들 요즘 수상한 사람 본 적 없어?"

"아뇨, 그런 사람 못 봤는데요."

"잘 한번 생각해봐. 나쁜 사람을 잡아야 하니까."

"누가 나쁜 사람인데요?"

"남의 것 훔치는 사람, 이상한 말 퍼뜨리는 사람, 거동이 수상한 사람들이지."

"거동이 수상한 게 뭔데요?"

"흠, 그건 말이야. 남들과 좀 다르게 행동하는 사람을 말하는 거지."

"남들과 좀 다르게 사는 사람이요?"

"그 말 하고는 좀 다른데… 왜, 그런 사람 있어?"

"강가에 사는 돌구네는 우리랑 좀 달라요."

"강가에 사람이 살아? 어른들은?"

"거기 움막 짓고 살아요. 엄마하고 아빠도 있는데 돌구하고 돌순이는 학교도 안 다닌대요."

"이름이 돌구야?"

"아뇨, 원래는 석군데 우린 그냥 돌구라고 불러요. 동생 석순이도 마찬가지고요."

우린 아무것도 몰랐다. 어른이(그것도 순경이) 묻는 말에는 대답을 잘 해야 되는 거라 믿었고 한 친구가 그냥 아는 대로 말했을 뿐이었지만 일은 우리가 생각지도 못한 쪽으로 전개되고 있었다. 순경도 처음에는 친구의 말을 그다지 곧이들을 생각은 없었다가 수첩을 꺼내 적으면서 점점 진지한 말투로 바뀌고 있었다.

"그런데 학교를 왜 안 보내는 거지?"

"몰라요, 그런 건."

"강가에 집 짓고 산지는 얼마나 되었지?"

또래 계집애가 거들었다.

"여름부터 있었어요. 봄에 나물 캐러 강 너머에 갈 때는 없었거든요."

"그래, 이건 참고해 두마. 그리고 나중에라도 이상한 거 눈에 띄면 아저씨한테 꼭 말해야 된다. 알았지?"

순경이 중요한 단서라도 되는 양 자못 심각한 표정이 되어 우리들에게 눈을 가늘게 뜨고 말했다. 우린 이구동성으로 그러마고 대답하는 수밖에 없었다.

처음에는 그저 그런 아이들의 말로 들었던 순경이, 어느새 본격적으로 어른들에게까지 돌구네에 대해 물었다. 누군지는 모르지만 몇몇 사람들은 돌구네가 의심스럽다는 말을 했던 것 같다. 일 년이 가도 조용했던 조그만 시골마을에 어느덧 불신의 씨가 잉태되고 있었다. 다음 날, 매미가 짧은 생을 슬퍼하듯 서럽게도 울어대던 한낮이었다. 동네 어귀의 신작로에는 경광등을 깜박이며 경찰차들이 지나갔고, 잠시 후 강가에서 흐르는 강물처럼 삶을 살던 부부가 읍내의 경찰서로 잡혀갔다. 마을 사람들 모두가 그 낌새를 알아차렸지만 아무도 어떤 말도 하지 않았다. 불현듯 무서운 생각이 떠올랐다. 정말 훔쳐간 거라면?

그날 늦은 해가 넘어가고 저녁밥을 짓는 연기가 피어오르도록 뭔가 울컥하는 마음이 가슴에 걸려 결국 그날 저녁은 세 숟가락도 뜨지 못하고 놓아버렸다. 모기며 나방들이 날아든다고 모든 불을 다 꺼버려 컴컴한 안마당으로 무심한 별들만 흐드러지게 쏟아지고 있었다. 나는 난생 처음으로 불면을 경험하고 있었다. 서늘한 밤바람이 기분 좋게 불어 들어오는 모기장 안에서 한참을 뒤척이다 어른들이 모두 잠들고 난 다음에야 겨우 잠을 이룰 수 있었다.

돌구와 돌순이는 어른들이 모두 잡혀가고 난 캄캄한 오두막에서 마치 가을이 성큼 다가오기라도 한 것처럼 오들오들 떨고 있었다. 손을 내밀어 돌구의 어깨를 잡으려 하였으나 아무리 발버둥 쳐도 잡을 수가 없었다. 돌구는 내 손마저 두려운 듯 고개를 가로저으며 떨고 있는 돌순이를 꼬옥 안고 있었다. 소리라도 내어 돌구를 불러보려 하였지만 난 벙어리가 되어 웅얼거릴 뿐이었다. 소박하기 짝이 없는 오두막 안에는 별빛마저 비치지 않고 있었다. 칠흑 같은 어둠 속에서 돌구의 얼굴이 보이는 게 신기했다. 숨을 크게 들이마시고 한껏 악을 쓰며 돌구를 불렀다. 드디어 입 밖으로 소리가 튀어나왔다고 느끼는 순간 어머니가 내 몸을 흔들었다.

"꿈 꿨나? 아이구, 이 땀 좀 봐."

눈을 떠보니 새벽빛이 방 안으로 스며들고 있었다.

"무슨 꿈을 꾼다고 그렇게 소리를 질렀니?"

"돌구… 돌구가 돌순이랑 둘이서 떨고 있었어."

"네가 마음이 안 좋은 모양이구나."

어머니는 내 머리를 쓰다듬으며 더 이상 아무런 말도 하지 않았다. 내가 지른 소리에 잠이 깬 것은 어머니뿐이 아니었지만 더 이상 내색을 하는 사람은 아무도 없었다. 달아난 듯했던 잠이 다시 찾아와 달콤한 새벽잠을 자고 일어났을 때는 여느 때보다 조금 늦은 시간이었다.

나중에 들어보니 돌구의 부모님은 잡혀가던 날 저녁에 집으로 돌아왔다고 했다. 꿈은 꿈일 뿐이었던 것이다. 하지만 그 이후에도 몇 번씩이나 돌구의 부모님은 경찰서에 불려갔고 심지어 돌구의 오두막은 낱낱이 수색당하기까지 했다. 아무런 증거도 찾을 수 없었던 경찰이 더 이상 돌구네를 힘들게 하지는 않았지만 그 사건 이후로 우리는 아무도 돌구를 볼 수 없었다. 여름도 어느덧 막을 내릴 무렵, 제법 차가워진 물속에서 여느 때처럼 소리를 지르며 물장구를 쳤지만 돌구는 오두막에서 나오지 않았다. 제일 먼저 강에 나와 있던 친구는 자기가 나오는 걸 먼발치에서 보고 돌구가 집으로 들어가 버렸다고 했다.

그렇게 여름이 저물고 난 가을, 돌구네의 오두막은 강가에서 좀 더 멀찍이 맞은 편 산기슭으로 옮겨갔다. 오두막은 이사를 가면서 더 단단하게 변했다. 비닐하우스에서 뜯겨져 나온 비닐들과 낡은 비료포대들로 지붕을 감싸서 바람을 막고, 잡목들을 빽빽이 엮은 담을 세워 다가올 추위를 대비하고 있었다.

오가는 길에 혹시나 하고 기웃거려 보았으나 돌구도 돌순이도 눈에 띄지 않았다. 그나마 인사를 주고받던 동네 사람들과도 아무런 소통을 거부한 채, 돌구네는 사람의 발길이 닿을 수 없는 저 먼 바다의 섬처럼 고립되어 있었다. 동네 사람들은 돌구네의 오두막에서 간간히 밥 짓는 연기가 피어오르는 걸 보고 까닭모를 한숨을 쉬었다.

의혹은 증거를 필요로 하지 않는다. 의혹은 그럴만한 대상이 있다는 것만으로 계속 그 자리에 머물러 있을 수 있는 것이다. 그 의혹을 더 이상 키우려는 사람은 없었지만 그 의혹을 굳이 지우려는 사람도 없었다. 어쩌면 그 정도로 적절한 경계가 된 거라고 생각했는지도 모른다.

질긴 의혹이 풀린 것은 사건이 터진 날로부터 두 달 남짓 지난 어느 날이었다. 사건의 마무리는 그 시작 못지않게 요란했다. 범인은 목돈이 오가는 걸 곁눈질로 보고 탐심이 생겼던 정미소 집의 아들이었다. 집안 망신이라고 덮어두기에는 정미소 집 아저씨의 분노가 너무 컸다. 지게 작대기로 시작된 매 뜸질은 온 동네 사람들이 나와서 말릴 때까지 계속되었다. 그날 그 집 아들 병철이는 몸 성한 데가 한 군데도 없을 정도로 매를 맞았다. 정미소 집 아저씨는 동네 사람들 보기 부끄럽다는 소리를 열두 번도 더 했다. 집안일인지라 절도고 뭐고 죄목을 붙이기도 어려웠다. 화가 나서 아들을 흠씬 팼던 정미소 집 아저씨도 아들을 범죄자로 만들 생각은 없었다.

사람들이 너도 나도 입을 댔다.

“제 집에 있는 도둑은 원래 잡기 어렵다지?”

“이제 갓 스물을 넘긴 놈이 그만한 목돈에 왜 손을 댔을까?”

“도시로 나가려고 했다던데?”

“도시에만 나가면 다 되나? 제가 기술이 있어, 아니면 많이 배우길 했어?”

"그래도 병철이 놈이 원래 그런 애가 아닌데 말이지."

"다 견물생심인 게지. 제가 그런 뜻이 있고서야 옳다구나 싶었겠지."

"참, 동네 망신도 이렇게는 못시키지."

"동네야 망신스러울 게 뭐 있나? 집안 망신이지."

"이 사람아, 저번에 경찰들이 오가고 나서 옆 동네에까지 소문이 났어요. 다들 알아 봐, 좋은 말이 나오겠냐고."

"말을 말아야지. 누워서 침 뱉기라네."

"우리부터 입을 다물도록 하세."

"그래, 애들 알까 봐도 다물어야지."

하지만 애들이라고 왜 모를까. 그 일은 또래 애들에게까지도 파다하게 소문이 났다. 결국 병철이는 얼마 후, 멀리 있는 외가 쪽 친척 집으로 쫓기듯 가버렸다.

결국 애꿎은 돌구네 식구에게만 상처를 주게 된 꼴이었지만 어느 누구도 나서서 미안하다고 말하지 않았다. 애당초 범인으로의 의심이 아니라 단지 행색이 좀 평범치가 않다고 말한 게 다였다. 하지만 누군가가 몇 마디를 더 거들었고 거기다 공권력까지 개입되면서 의심이 눈덩이처럼 불어나게 된 것이었다. 누구도 자신의 잘못이라고 생각하는 사람은 없었다. 그저 소문이 그렇고, 행색이 그렇다고 말한 게 전부였을 것이다. 소문을 들은 사람은 있어도 소문을 퍼뜨린 사람은 없었던 것이다.

발단이 된 정미소 집에서는 아들이 그랬다는 것에 대한 자괴감이 앞서 그로 인해 의심을 받았던 돌구네에게 미안함을 가질 겨를조차 없었다.

만약, 누군가 동네 사람 중에서 의심을 받았던 일이라면 모두들 이러고만 있을까 하는 생각이 들었다. 하지만 돌구네는 동네의 일원이 아니었다. 의심받을 수는 있어도 위로받을 수는 없는 자리였다.

아이들 중 한 명이 돌구네가 안됐다고 말했다. 왠지 모르게 그 말에 화가 났다. 제 딴에는 생각해서 한 말이었겠지만 난 돌구네가 불쌍하게 비치는 게 싫었다. 돌구네는 누구에게 한번도 도와달라고 손을 내민 적이 없었다. 그런데 왜?

눈물이 그렁거리는 걸 눈치 채이지 않으려고 눈에 뭐가 들어가기라도 한 것처럼 눈을 비볐다.

세상의 일이란 건 그렇게 흘러간다. 말할 수 있을 때 말하지 못하면 영원히 못하게 된다. 그깟 말 따위라고 해서는 안 된다. 말은 마음의 외침인 것이다. 말하지 않고도 마음이 통한다면 더할 나위 없는 것이겠지만 뼈와 살을 가지고 살아가는 곳에서는 말을 해야 한다. 침묵의 미덕은 하지 말아야 할 말에 관한 것이다. 그럴싸한 미덕의 명분 뒤에 숨어서 비겁하게 고개를 주억거리고 있어서는 안 된다.

돌구네가 사는 강기슭은 먼 이웃나라였다. 그 이웃나라에 모두들 몰려간 적이 있다. 돌구네 오두막을 찾은 것은 아니지만 바로 그 앞의 강변에 모래를 가지러 갔던 일이다. 토요일의 특별활동 시간은 모래를 운반하는 날이었다. 걸어서 이십 분 정도 걸리는 거리에 있는 강변에서 넉넉하게 운동장에 다져넣을 모래를 가져왔다. 함께하는 노동의 의미와 더불어 강모래를 마음껏 주물럭거릴 수 있는 시간이었으니 그야말로 특별한 활동이었다.

그날 나는 돌구가 오두막의 문을 살짝 열고 빼꼼히 내다보는 것을 보았다. 착각이었는지 모르지만 돌구와 내 눈이 마주쳤다. 하지만 아주 잠시뿐, 돌구는 이내 오두막 안으로 모습을 감추었다.

누구라도 돌구 이야기를 할만도 했지만 아무도 말하지 않았다. 굴을 파고, 성을 쌓고, 누군가 그걸 발로 차서 뭉개는 사이 특별활동 시간은 어느덧 끝나고 있었다. 그만하고 포대에 담아서 가자는 선생님의 말에 들 수 있을 만큼의 모래를 담아 긴 행렬을 이루며 강변을 떠났다. 그때 오두막 안에서 돌구는 무슨 생각을 했을까?

들판엔 벼들이 누렇게 익어가고 운동장 여기저기의 나무들이 초록에 싫증을 내며 형형색색의 옷으로 갈아입을 때였다. 이웃 동네와 우리 동네 애들이 편을 갈라 방과 후의 학교 운동장에서 축구를 하고 있었다. 발재간이 좋은 아이들은 공을 가로채어 몰고 다녔고 나처럼 신통찮은 아이들은 내도록 공은 몇 번 차보지도 못하고 공이 가는 곳으로 우르르 몰려다니기만 했다. 운동장 중간에 떡하니 버티고 서있는 느티나무는 엄연히 축구를 하는 곳에는 있어서는 안 되는 물건이었지만 아이들은 오히려 그 앞뒤로 공을 몰고 다니며 상대방의 약을 올리곤 했다.

그날따라 가을 태양이 여름보다 더 눈부시게 운동장을 내리쬐고 있었고 하늘은 구름 한 점 없이 창창했다. 한참을 뛰어다니느라 땀을 삘삘 흘리던 내게 반가운 모습이 보였다. 정신없이 뛰어다니는 아이들의 모습 저만치 뒤의 조그만 나무 그늘 아래로 정지화면인 양 가만히 쪼그리고 앉아 물끄러미 구경하고 있는 돌구가 눈에 띄었다.

다른 아이들은 관심이 없었거나 정신이 없었거나 둘 중 하나로 돌구가 와있다는 것을 알지 못했다. 언제 들어왔을까? 그렇잖아도 운동화 앞이 닳아서 발가락이 아프던 참이라고 내심 들을 이 없는 변명을 하고서 돌구에게 다가갔다. 어차피 축구는 내가 있으나 없으나 달라질 게 없었다.

돌구는 조용히 무릎을 모아 쥔 자세로 앉아있었다. 돌구의 옆에 가서 똑같이 무릎을 모아 쥐고 나란히 앉았다. 한마디 말이 오갈 법도 했지만 돌구도 나도 말이 없었다.

돌구는 축구가 무척 하고 싶었을 것이다. 돌구의 날랜 몸놀림이면 또래의 그 누구보다도 축구를 더 잘했으리라. 하지만 돌구는 끼워달라고 말하지 않고 마냥 지켜만 보고 있었다. 어쩌면 돌구는 마음속으로 이미 이쪽저쪽 골대를 종횡무진 달리고 있었는지도 모른다.

돌구와 나는 한참 동안 공이 가는 곳마다 일어나는 흙먼지를 눈으로 쫓고 있었다. 그러다가 문득 내가 돌구가 앉아있는 쪽으로 고개를 돌렸을 때 약속이나 한 듯이 돌구도 내 쪽으로 고개를 돌렸다. 우리는… 그저 웃었다. 아무런 말도 필요하지 않았다. 들판에는 벼들이 익어갔지만 돌구의 입안에서는 여전히 새로운 앞니가 자라날 기미가 보이지 않았다.

그날 조그만 그늘로는 다 가릴 수 없었던 쨍쨍한 햇살 아래서 돌구와 나는 그냥… 바라보고만 있었다. 꽤 오래 같이 앉아있었지만 별 말을 나누었던 기억은 없다. 그날 얼굴이 좀 그을렸을 것이다.

그것이 내가 본 돌구의 마지막 모습이었다. 언제인지 정확하게는 알 수 없지만, 소리 소문 없이 돌구네는 강어귀의 오두막에서 사라졌다.

까까머리 돌구를 다시 볼 수 있을까? 다시 마주보며 웃을 수 있을까? 오빠만 졸졸 따라다니던 돌순이는 시집을 갔을까? 내 기억 속의 돌구는 아직도 앞 이빨이 없다. 사람은 가장 마지막 모습을 기억하는 습성이 있나보다.

*

그저 바라보아라.
웃음이 나올 때까지

애써 가라앉히려 하지 말고
외면하지도 말고
그저 바라보아라.
그대의 영혼이 미소로 그대의 가슴을 치유할 때까지.

-『꽃은 누구에게 허락받고 피는 것이 아니다』 중에서

공존의 이유

"좀 어때?"

"죽을 맛이지. 아마 이 고통을 다 이해 못할 거야."

현식의 물음에 정수가 눈살을 찌푸리며 대답했다.

"어차피 죽으러 온 사람인데 잘된 일 아니야?"

"사치스러운 이야기 같지만 이런 식의 죽음은 원하지 않아. 죽음에 끌려가는 형태는 싫어. 내가 당당히 죽음을 선택하고 싶어."

"그런 경우에도 선택이라는 말이 가능한 건가?"

"가능하지. 가능해야만 해. 자네가 좀 고생이긴 하지만 좀 참아줘."

"참아달라는 말이 좀 뻔뻔스럽게 들리는데? 여긴 형 말고도 참아야 할 게 너무 많아."

"어쩌겠나, 피할 수 없는 숙명이라면 받아들여야지."

"그건 내가 할 말이지. 형이 할 말이 아니잖우?"

"따지지 말자. 형 기운 없다."

"휴, 편안히 누울 수 있는 방이 있다는 게 얼마나 행복한 일인지 알겠다니까."

"미안해, 흐흐흐!"

"미안하다면서 웬 맥 빠진 웃음?"

"자네 몰골이 참 볼만해서 그래. 하긴 한 달이 넘도록 면도를 못했으니 그럴 만도 하지."

"피장파장이올시다. 내 수염은 가지런하기나 하지. 형 수염은 눈 뜨고 봐 줄게 못돼. 왜 형 마누라가 도망갔는지 알만해."

"형수님더러 마누라라니, 그건 아니지."

"내 들은 바로는, 마누라라는 말이 굉장한 높임말이랍디다. 옛날에는 높고도 높은 곳에 계시는 분을 일컫는 말이었다던데?"

"그거야 그때 이야기고. 암튼 자네나 나나 이 길로 거지로 나서도 괜찮을 거야."

"거지라도 눈에 띄었으면 좋겠어. 사람들 꼬락서니가 보기 싫어 바다로 찾아왔다가 이게 뭔 꼴인지 정말."

"그나저나 또 배가 고파. 먹을 것 좀 찾아봐."

"휴, 그럼 한번 구해볼 테니 기다리고 계시우."

처음에는 말도 제대로 못할 정도였다가 그나마 말이라도 천연덕스럽게 하는 정수를 보고, 현식은 그래도 다행이라는 생각을 했다. 정수가 밤새 칭얼거릴 때는 정말이지 버려두고 싶었던 현식이었다. 자기 몸 하나 챙기는 데도 벅찰 지경에 다 죽어가는 사람을 지켜보고 있어야 한다는 건 정말 고역이었다.

두 사람이 이름도 없는 섬에 처박혀 일상의 자연스러운 일과였던 거울

보기를 못한 지가 벌써 한 달이 넘어가고 있었다. 섬에는 거울을 대신할 것이 없었다. 물에 비추어보면 보이긴 했지만 빛바랜 흑백사진만큼의 신빙성도 없었다. 거울 기능이 있는 휴대전화는 문명사회에서 왔노라 하는 증거품의 역할 외에는 아무것도 할 수 없었다. 혹시나 하는 마음에 본체와 배터리를 분리해서 햇볕에 꼼꼼히 말려 보았지만 헛수고였다. 바닷물에 빠진 휴대전화는 이미 여기저기 녹이 슬고 있었다.

사람들은 거울로 자신의 얼굴을 확인하면서 정체성에 대한 일말의 증거를 찾는지도 모른다. 거울이 사라지면 정작 자신의 얼굴은 확인할 길이 없다. 그런 상황에선 타인을 바라보며 자신이라고 느끼게 된다. 너와 나를 나누는 경계가 모호해지는 것이다. 원시부족과 문명인의 차이는 거울의 성능에서 오는 것이다. 원시사회에서는 너와 나의 경계가 뚜렷하지 않다. 그래서 함께 노동하고 함께 나눔에 있어서 누구도 불만을 가지지 않는다. 결혼이나 성(性)에 있어서도 그렇다. 일부다처나 일처다부의, 문명사회에서 보면 야만스럽기 짝이 없는 형태의 혼인제도가 가능하고, 한 술 더 떠서 자유로운 성애도 자연스럽게 행해진다. 하지만 이건 문명사회에서 행해지는 프리섹스와는 다르다. 프리섹스는 철저히 너와 내가 나누어진 상태에서 단지 성애의 대상이 일정할 필요가 없다는 것을 의미한다. 하지만 원시적 부족사회에서는 너와 나의 경계가 없거나, 있다고 하더라도 극히 미미하기에 '나의 것'이라는 소유의 개념이 없다. 결국 한 남편과 한 아내의 사랑과 별다를 게 없는 것이다. 쾌락 위주의 프리섹스가 지향하는 바와는 사뭇 다르다. 이처럼 거울의 성능이 좋아질수록 사람들은 자의식을 강하게 가지게 되는 것이다.

현식은 거동을 못하는 정수를 떠나 숲으로 들어갔다. 먹을 수 있는 열

매나 식물의 뿌리를 찾아야 했다.

처음에는 현식도 그저 하루 이틀만 지나면 구조될 거라고 생각했다. 하지만 오늘이면, 오늘이면 하는 바람은 일주일을 넘기고 한 달을 넘기면서 바람 빠진 풍선처럼 생명력을 잃고 말았다. 살다보면 예기치 않은 일들이 일어나는 게 당연한 거라지만 이건 좀 심했다. 현식은 막연히 바다가 보고 싶어서 왔다가 그곳에서 처음으로 정수를 만났다. 정수는 현식보다 다섯 살 위로 자기 말로는 죽으려고 바다에 왔다고 했다. 현식은 그런 정수의 말을 농담으로 들었다. 낚시할 마음도 없는 두 사람이 낚싯배를 빌려서 바다 한가운데로 나설 때까지는 모든 것이 순조로웠다. 늦여름의 태양도 시원한 바닷바람도 좋기만 했다. 텁석부리 선장은 다른 낚시 손님들처럼 준비해야 할 게 없어서 좋다며 콧노래를 부르고 있었다. 현식은 복잡한 머리를 식히고 돌아갈 생각을 하고 있었고 정수는 수평선을 마주하고 이제 곧 바다에 뛰어들어 죽을 생각을 하고 있었으며 선장은 아무 준비할 것도 없는데 뱃삯을 다 받으면 좀 미안하지 않을까 생각하며 얼마를 깎아주어야 할지를 고민하고 있었다.

모든 일은 그럴 때 벌어진다. 사람들은 옆집에서 사람이 죽어나가도 모르듯 곧 1분 후에 일어날 일도 모르고 사는 것이다. 공간과 시간에 대해 그토록 무지한 사람들이건만 있지도 않은 시간과, 있지도 않은 공간에 대해 탐을 내며 산다. 여기에 있으며 저기를 갈망하고 지금을 살면서 미래와 과거를 갈망한다. 갈망한 적 없노라 새침해 보아도 어쩔 수 없다. 두려움 역시 갈망의 또 다른 얼굴인 것이다. 누군가에 대해 우월해본들 또 누군가에 대해서는 열등해지고 마는 일일뿐인 것처럼.

구름도 없이 맑던 하늘에서 순식간에 양동이로 들이붓는 듯 폭우가 내리는 걸 시작으로, 평생을 바다에서 살았던 선장도 본 적이 없었던 거대한 파도가 세 사람이 탄 배를 덮쳐왔다. 이른바 '화이트 스콜'(White Squall; 구름이 관측되지 않는 상황에서 발생하는 돌발적인 국지성 폭풍우를 가리키는 말로 대개 지속시간이 몇 분에 불과하며 기상예측은 불가능하다.)이라는 것이었지만 그런 것을 즐길 만큼 여유로운 사람은 없었다. 선장은 키를 놓치지 않기 위해 안간힘을 썼고 현식과 정수는 한가로이 바다구경을 하고 있다가 졸지에 배에 묶여 있던 밧줄을 붙들고 배와 자신들을 묶어보려고 했다. 하지만 배는 그런 세 사람을 비웃듯 물에 떠있어야 하는 본연의 임무를 너무나 쉽게 저버리고 말았다. 세 사람은 놀이공원의 바이킹을 안전기둥 없이 탄 사람들처럼 바닷속으로 내동댕이쳐졌다. 그리고 그 충격을 추스를 겨를도 없이 폭탄처럼 떨어지는 물보라를 맞고 약속이나 한 듯 세 사람 모두 기절해버렸다. 갑판에서 미끄러질 수 있다는 선장의 잔소리로 구명조끼를 입고 있었던 현식과 정수는 그나마 물속으로 아주 가라앉지는 않았지만 정작 그렇게 말했던 선장은 구명조끼의 도움도 없이 물속으로 가라앉고 말았다. 수영 솜씨를 뽐내기에는 형편이 너무 열악했다. 십 분도 안 되는 시간이었지만 돌풍의 위력은 보통 태풍의 그것보다 몇 배나 더 강했다. 사정없이 밀어닥치는 파도에 휩쓸리던 두 사람은, 그 영향권을 벗어난 곳을 떠돌다가 해류에 밀려 지도에도 없는 조그만 섬으로 떠내려가게 되었던 것이다.

현식은 다른 나무를 휘감은 덩굴을 발견하고 머릿속 깊은 곳에 숨어있던 기억을 불러내었다. 언젠가 사극에서 허기진 주인공이 참마를 캐어먹던 장면이 떠올랐다. 어쩌면 현식의 잠재의식은 미래를 예측했는지도 모른다.

현식은, 분명하지는 않았지만 그때 본 참마의 줄기와 비슷하다는 생각이 들었다. 조심스레 땅을 파서 뿌리를 캐내었지만 생긴 모양으로는 잘 알 수가 없었다.

처음에 아무 뿌리나 모르고 캐먹었다가 두 사람 다 꼬박 사흘 동안 설사를 해서 죽을 뻔했던 적이 있었다. 그 다음부터는 먼저 얇게 저며 장기와 멀리 떨어진 정강이나 팔꿈치쯤에 비벼봐서 이상이 없으면 다시 조심스럽게 혀끝에 대어보고 그래도 별 문제가 없을 때 일단 소량을 먹었다. 충분히 소화가 되었을 정도의 시간이 지난 뒤에 아무 문제가 없다 싶으면 그제야 요기가 될 정도로 먹었다. 혹독한 환경이 생존 본능을 일깨운 결과였다.

현식은 일단 스위스제 빅토리녹스 칼로 뿌리의 한 부분에 생채기를 내어 보았다. 하얀 속살에서는 끈적이는 투명한 즙이 흘렀다. 냄새를 맡아보니 아주 조금이긴 했지만 달콤한 향이 났다. 먹을 수 있는 것이란 느낌이 들었다. 껍질을 대충 칼로 깎아내고 조심스레 한 입 베어 물었다. 분명히 여름에 사무실에서 시켜먹던 마즙의 맛이었다. 현식은 가져갈 수 있는 만큼 캐서 덩굴로 묶었다. 돌아오는 길에는 늘 그러하듯 탱자를 땄다. 탱자는 맛보다는 비타민을 보충하기 위해 필요했다. 필요할 때마다 조금씩 땄지만, 몇 그루 안 되는 나무에는 남은 게 그리 많지 않았다. 현식도 현식이었지만 정수에게는 꼭 필요한 것이었다.

정수는 배가 뒤집어지며 선체에 머리와 척추를 얻어맞아 섬에 떠내려왔던 날 이미 사경을 헤매고 있었다. 열이 올라 헛소리를 해댔으며 가끔씩 온몸을 덜덜 떨며 발작을 일으켰다. 배에서 몇 마디 나눈 인연이 전부였지만 현식은 그런 정수를 그대로 내버려 둘 수는 없었다. 옷에 물을 적셔 이마에 대어주었으나 피부 표면의 열만 조금 가라앉을 뿐이었다. 눈에 띠는 외상은 없었으나 정수는 끊임없이 고통을 호소했다. 뇌 어느 부분의 회로가 접속불량의 암울한 상태로 변해버린 정수는 기절했다가 깨어나기를 반복했다. 현식은 정수가 기절해 있는 동안에는 불안에 떨어야 했고 깨어났을 때는 극심한 두통과 발작으로 점점 죽음 저편으로 떠나려 하는 정수를 바라보며 괴로워해야 했다. 현식도 어디에 부딪혔는지 왼팔을 다쳐 한동안 제대로 쓸 수 없는 지경이었지만 그나마 생존을 위한 몸부림을 할 사람은 자신밖에 없었다.

처음엔 그저 비나 피하자고 나뭇가지를 꺾어 나무와 나무 사이의 공간에 걸쳐두고 두 사람의 구명조끼와 점퍼를 얹었다. 하지만 사흘이 지나면서 현식은 자신이 섣부른 생각을 했다는 것을 깨달았다. 분명히 기상예보에 나올만한 일은 아니었다면 이곳에 사람이 있다는 걸 알아챌 사람이 없었다. 집에서 실종신고를 했다 하더라도 설마 바다 한가운데의 무인도에 와 있는 줄 짐작할 사람은 없다는 생각이 들었다. 가능성은 하나, 선장의 배가 정박해두어야 할 곳에 있지 않다는 걸 알아볼 사람이 필요했다. 하지만 이런 꼴로 침몰되어 버린 줄이야 누가 알겠는가!

현식은 좀 더 튼튼한 집을 지어야 했다. 늘 별 용도도 없이 등산복 점퍼에 넣어두었던 빅토리녹스 칼이 더할 나위 없이 유용하게 쓰였다. 처음, 나무를 톱으로 잘라내고 칼로 다듬으며 얼기설기 지었던 집은 현식의 구조에 대한 기대가 무너질수록 튼튼해져갔다.

닷새가 지나면서 현식은 다른 한 가지 작업을 더 하기로 했다. 그나마 평평한 해변의 한쪽을 말끔히 정리하고 거기다 질푸른 잎이 달린 나뭇가지를 크게 SOS 모양으로 늘어놓았다. 지나가는 배가 볼일 없이 섬에 들를 일은 없을 것이었고 소리를 질러서 들을 수 있는 거리까지 접근할 것 같지도 않았다. 용케 누군가가 섬을 바라본다면 알아볼 수 있는 무언가를 만들어놓아야 했다.

먹을 만한 것을 찾기 위해 섬을 둘러보던 현식에게 귤이 되다만 탱자나무가 발견된 것은 일주일이나 지난 때였다. 어릴 적, 감기로 열이 나면 어머니가 탱자 즙을 먹였던 기억을 떠올린 현식은 쾌재를 불렀다. 정수의 두통에 효과가 있을 거라는 생각이 들었다. 껍질을 까서 정수의 입으로 즙을 흘려주었다. 우연이었는지는 모르지만 정수의 고열이 조금 내리는 것 같았다. 맛은 무진장 썼지만 비타민이 보충될 거라는 기대로 현식도 조금씩 먹었다. 현식은 자신이 기대한 것 외의 효과를 보고 있다는 것을 알 수 없었다. 탱자는 현식과 정수가, 처음에 잘못 먹었던 나무뿌리 때문에 생겼던 식중독을 풀어주었던 것이다.

물은 한나절 땅을 판 덕에 구할 수 있었지만 다른 먹을거리는 턱없이 부족했다. 정수의 곁을 떠날 때마다 현식은 다짐하듯 기도했다. 오! 내가 돌아올 때까지 정수형이 살아있기를……. 밤이 되면 현식은 정수의 고통과 같이 싸워야 했다. 뜬 눈으로 밤을 새며 정수의 팔다리를 주무르고 물을 떠먹여 주어야 했다. 기이하게도 해만 뜨면 정수의 고통은 풀이 죽었다. 하지만 대소변을 볼 때마다 옆으로 뉘어서 바지를 내리고 닦아주어야 하는 건 보통 고역이 아니었다. 가끔씩 정신이 들면 어떻게든 몸을 움직여보려는 정수였지만 언제나 희망사항으로 끝났다. 처음에는 그나마 움직이던 정수의 몸은 어딘가의 회로가 못내 접속이 끊어지면서 차츰 마비되고 말았다.

현식은 물고기를 잡아보려 했지만 도구도 기력도 마땅치 않았다. 그래도 어떻게든 잡아보겠다고 바닷가로 내려가 보았지만 낚싯대로 하는 낚시조차 그다지 경험이 없는 현식에게 잡힐 물고기는 없었다. 그나마 물이 빠졌을 때, 얼마 안 되는 갯벌에서 기어 나오는 조그만 달랑게들을 발견한 것은 행운이었다. 불을 피워 구워먹는 달랑게는 별미였다. 별도의 간을 하지 않아도 태생이 바다인지라 어느 정도 간이 맞았다.

덩굴로 묶은 참마와 탱자를 안고 돌아왔을 때 정수는 깊은 잠에 빠져 있었다. 현식이 다급하게 정수의 몸을 흔들었다.

"형, 자는 거야? 배고프다며! 빨리 눈 떠봐!"

"형 아직 안 죽었다. 소리치지 마라. 골 흔들린다."

"이런 제길, 형이 그러고 있으면 죽은 줄 알고 내가 얼마나 놀라는지 알아?"

"아, 너 놀라지 말라고 계속 눈을 뜨고 있을 수는 없잖아. 눈꺼풀이 이렇게 무거울 수 있다는 걸 예전엔 몰랐지. 눈 감고 있다 보면 그냥 잠이 와. 그래, 오늘은 뭐 먹을 만한 게 있어?"

"이런 씨이… 사람 걱정 좀 시키지 마."

현식이 짐짓 화를 냈다.

"미안해, 나 빨리 안 먹으면 진짜 죽을 거 같아. 어떻게 좀 해봐."

"오늘은 수확이 좀 있어. 운 좋게도 참마가 있더라고."

"그거 진짜 참마 맞아? 이상한 거 먹여서 아예 죽여 버리려고? 저번에 고생한 거 생각 안 나?"

"이번엔 아니야. 조금만 기다려봐. 별미를 만들어 줄 테니."

현식은 불을 피워 우선 달랑게를 몇 개 던져 넣었다. 물가로 내려가 껍질을 벗긴 참마를 씻어 와서 돌의 날카로운 면에 대고 갈았다. 배어나오는 즙을 킁킁 냄새를 맡아보다가 다른 순서를 무시하고 혀끝에 대어보았다. 단맛이 나면서 고소했다. 섬에 온 이래로 맛보는 최고의 음식이었다. 그때쯤 다 익은 달랑게를 잘게 부숴 참마를 간 것과 버무려 넓적한 돌판에다 끓여서 죽을 만들었다. 제대로 된 그릇에다가 오랜 시간 끓인 것은 아니었지만 그냥 씹는 것보다는 나을 거라고 생각했다. 나무를 깎아 만든 숟가락으로 죽을 떴다. 정수는 겨우 입을 벌려 이제는 혀를 움직이는 것조차 힘겨워하며 조금씩 핥아먹었다.

"좀 전까지 말도 잘하더니만. 왜 갑자기 이래. 입 좀 크게 벌려봐."

"잘… 안 돼……."

정수는 또 몸이 마비되는 증상을 보였다.

"정수 형! 좀 기운을 내서 먹어봐. 이거 다 먹어야 돼."

"그럼… 먹어야지. 먹어야… 살지."

"어휴, 참! 그런데 이제 형 이야기 좀 해봐. 왜 죽고 싶었던 건데?"

"이야기… 지금 말하기… 힘들어."

정수의 목소리가 점점 가늘어져, 현식은 귀를 정수의 입가에 대고서야 겨우 알아들을 수 있었다. 더 이상의 대화는 불가능했다. 현식은 묵묵히 정수가 더 이상 못 먹겠다고 고개를 저을 때까지 정수의 입에다 달랑게 죽을 넣어주었다. 후식은 탱자! 탱자를 까서 속살만 골라 손으로 힘껏 움켜쥐어 즙이 정수의 입으로 들어가도록 했다. 웬만큼 쓴 맛이었지만 정수는 현식의 정성을 아는지 아무 말 않고 몇 모금 받아먹었다. 그러고 나서야 현식은 자신의 식사를 했다. 죽은 그런대로 먹을 만했다. 죽에 넣지 않은 달랑게는 통째로 입에 넣고 우걱우걱 씹었다. 바싹 굽힌 달랑게는 흔적도 없이 현식의 입속에서 바스러졌다. 돌아보니 정수는 다시 잠들어 있었다. 현식은 정수의 가슴팍에 귀를 대보고서야 다시 안도의 숨을 쉬었다. 배에서 우연히 만나 이어온 인연이었지만 이제 와서는 너무나 소중한 가족이 되어버린 정수였다.

얇은 잎을 담배 모양으로 말아 불을 붙였다. 물에 젖었던 라이터가 다시 불을 일으키게 된 건 천만다행한 일이었다. 매캐한 연기가 후두를 자극하며 폐로 몰려가는 순간 발작적으로 기침이 나왔다. 담배를 대신할 물건이 못 되었다. 발로 밟아 끄고서 정수의 몸을 오른쪽으로 돌려 눕게 했다. 한 자세로 오래 누워있으면 욕창이 날 수도 있었다. 다시 한 번 정수의 숨소리를 확인한 현식은 무언가 먹을 것을 더 구하러 다시 섬 위로 올라갔다.

현식은 여태 가보지 않은 곳으로 가보기로 했다. 한참 동안이나 길도 없는 숲을 헤치고 나아갔다. 한낮은 아직 더웠다. 땀방울을 손으로 훔치며 한참 더듬어 가다보니 어느새 숲이 끝나고 바다로 연결된 구릉이 나타났다. 섬의 반대편 해변이 모습을 드러냈다. 진즉에 와볼 수 있었지만 현식은 그럴만한 여유도 기력도 없었다. 하지만 이제는 새로운 곳을 돌아보며 뭐라도 더 찾아내야 했다. 새로운 해변이 있다는 건 달랑게가 있을 수 있다는 거였다. 쾌재를 부르며 조심스럽게 내려가던 현식은 바닷가의 바위틈에서 어울리지 않는 뭔가를 발견했다. 뭔지 형체가 확실하지는 않았지만 분명 섬과는 이질적인 것이었다. 섬은 현식과 정수의 존재 말고는 어떤 인공도 있을 수 없는 곳이었다. 그런데 그 형체는 인공의 오렌지색을 띠고 있었다. 현식은 심장이 심하게 뛰는 걸 느끼며 한 걸음씩 형체에 다가갔다. 현식은 설렘인지 두려움인지 자신의 감정을 규명할 수 있을 만큼 여유롭지 못했다. 터질듯 뛰는 심장을 겨우 달래며 그 형체에 다다른 현식은 그 자리에서 그대로 굳어버렸다.

인공의 오렌지색은 바로 텁석부리 선장의 점퍼였다. 어쩌면 현식의 시야에 그 인공의 현란한 색채가 띄었을 때부터 무언가를 이미 상상하고 있었는지도 모른다. 점퍼 안의 형상은 말로 다 할 수 없을 만큼 참혹했다. 잔뜩 부어버린 얼굴은 이미 형체를 알아볼 수 없을 정도로 부패되어 있었고 배는 기아에 시달리는 아프리카의 어느 난민처럼 부풀어 올라 있었다. 오렌지색 점퍼와 그 와중에도 짐승의 털처럼 수북한 턱수염이 아니었다면 현식도 알아볼 수 없었을 것이다. 욕지기가 치미는 걸 겨우 달래고 현식은 한동안 망연자실 바라보고만 있었다. 해류에 밀려 떠내려 온 것을 그나마 다행이라 생각해야 되는 거라고 자신을 달래보았지만 마음은 무겁기만 했다. 일단 바위틈에 걸려있는 시신을 해변으로 옮겼다.

인간의 몸은 숨이 붙어있는 동안만 존엄한 것이다. 인간보다 한참 하등한 생물로 취급받는 소라는 몸이 떠나도 그 집은 온전히 보존되어 운이 좋으면 어느 집 장식장 한 자리를 차지하기도 한다. 하지만 숨이 끊어진 인간의 껍질을 관상용으로 집에다 둘 사람은 없는 것이다. 먹을거리도 그렇다. 식탁에 차려져 있을 때는 더할 나위 없이 아름다운 것이지만 이미 그 자리를 박탈당한 채로 하수도 구멍에 막혀있을 때는 그것만큼 흉물스러운 것도 없는 것이다. 주인을 잃어버린 집은 대번에 습기가 차고 거미줄이 생긴다. 미물들도 절도의 대상이 될 만한 집을 알고 있다. 하지만 주인이 잠시 자리를 비운 것이 아니라 영원히 비워버린 집을 두고 절도라고 이름 붙이기도 어려우리라.

그렇게 선장의 육체는 온갖 미생물들에게 점령당하고 있었다. 인간의 눈으로 보기에 참혹한 것이지 부패는 엄연한 자연의 섭리다. 미생물들은 빈집을 흉물스럽게 만든다는 오명을 덮어쓰고서도 자신들의 의무를 소홀히 하지 않는다. 묵묵히 공존의 이유를 몸소 실행하는 것이다. 현식도 자신의 의무를 소홀히 할 수 없었다. 눈에 띄지 않았다면 모를까 이미 눈에 띈 이상 그대로 보고만 있을 수는 없었다. 파도가 닿지 않을만한 곳까지 선장의 시신을 옮겨놓고 힘겹게 칼로 긁다시피 해서 땅을 파기 시작했다. 어느 정도 흙을 파내다가 시신을 다 묻을 만큼 파내기에는 연장이 너무나 열악하다는 것을 깨닫고 주변의 돌을 가져와 시신을 덮고 틈틈이 흙을 채워 넣었다. 현식은 마지막 흙 한 움큼을 얹으며 '두 번 다시 섬에서 사람을 묻을 일은 없을 거야.'라고 다짐하듯 혼잣말을 했다. 현식은 정수의 죽음을 보고 싶지 않았다. 그러다, 어쩌면 결국 아무도 모르는 곳에서 황폐해진 몸으로 죽을지도 모르는 자신의 모습을 그리며 그 자리에 주저앉고 말았다.

현식은 기진맥진한 몸을 그냥 땅바닥에 누이고 서럽게 울었다. 너무나 당연하게 받아들였던 일상의 모든 것들이 사무치게 그리웠다. 깨끗하게 씻을 수 있다는 것이, 온갖 이류(異類)의 생물들에게 잠자리를 침해당할까 두려워하지 않으며 잠들 수 있다는 것이, 깨끗하게 구비된 식기에다 밥을 해먹을 수 있다는 것이, 날로 가십거리로 가득한 뉴스를 내보내는 인터넷이 그렇게 그리웠다. 섬에는 비웃을 무엇도 비난할 무엇도 견주어야 할 무엇도 없었다. 어쩌면 홀로 바다를 보러 일상을 떠났던 현식에게 더할 나위 없는 환경이었지만 그건 돌아갈 일상이 있을 때만 가능한 사치였다.

태양은 그런 현식을 말없이 바라보고 있었다. 현식은 자신의 친구들에게도 가족들에게도 이 시간 내리쬐고 있을 태양을 생각하며 추억을 떠올렸다. 직장의 상관인 김 부장은 잔소리쟁이였다. 웬만한 일은 그냥 넘어가는 법이 없었다. 현식은 그런 김 부장을 적당히 무시하는 걸로 더 이상 스트레스를 받지 않으려 했다. 부하인 구 대리는 또 어떤가! 언제나 비굴한 웃음을 얼굴 가득 지으며 자신의 의견 따위는 바로 접어버리는 기막힌 처세술을 가진 친구. 꼬집어 나쁘게 말할 것은 없었으나 현식은 구 대리의 면상을 한 번쯤 쥐어박아 버리고 싶은 충동을 자주 느꼈다. 언제나 아버지의 성미에 눌려 살면서 눈만 뜨면 장가가라고 말하는 어머니와 조선시대에 태어났으면 딱 정상인, 늘 '여자가 감히'를 외치는 아버지, 제 손 해볼 짓은 아예 생각도 않고 아쉬운 게 있을 때만 오빠를 불러대는 동생 현미, 모두가 너무나 그리웠다.

내가 그랬듯이, 누군가는 나를 꽉 막힌 놈으로, 비겁한 아첨꾼으로, 내 이익만 따지는 이기주의자로 생각하지 않았을까?

현식은 자신이 그들을 바라보는 눈이 곧 그들이 자신을 보는 눈이었다는 것을 깨닫고 숙연해졌다. 현식은, 내일의 생사를 기약할 수 없는 섬, 더 이상 무인도가 아니라 무명도(無名島)가 되어버린 곳에서야 모든 사람들이 하나같이 아낌없이 배역을 맡아준 것에 대한 고마움을 느꼈다. 그러다 문득 정수가 걱정되어 먹을거리를 찾을 생각도 못하고 벌떡 일어나 달음질쳐 가는 현식의 뒤에서 관객이 되어버린 바다가 철썩철썩 박수를 쳤다.

정수는 잠이 깬 듯 이리저리 뒤척이고 있었다. 안도의 숨을 내쉬며 현식이 다가가자 정수가 말했다.

"먼데 갔다 왔어?"

"반대쪽에 가봤어요. 거기서 어쩌면 식구가 되었을지도 모르는 사람을 만났어요."

"식구라니? 아! 먼저 가버린 친구 말이지?"

정수는 조금은 정신이 든 듯 목소리가 좀 전보다는 또렷했다. 게다가 현식의 말을 이미 알아듣고 있었다. 잠시 침묵이 흐르고 나서 정수가 다시 물었다.

"어떻게 했어?"

"땅을 파다가 너무 힘들어서 돌무덤을 만들어주고 왔어요."

"보기가 수월찮았을 텐데?"

"기괴한 형상이었죠. 정말 그런 모습은 두 번 다시 보고 싶지 않아요. 언제나 죽음은 멀게 있다고 느껴졌는데 오늘 처음으로 죽은 사람의 모습을 보고서야 죽음이 가까이에 있다는 걸 알았어요."

"가까이 있다 뿐일까? 언제나 죽음은 삶과 같이 공존해."

"그걸 그렇게 잘 아는 형은 왜 죽으려고 했는데?"

"또 그게 궁금해? 말해줄까?"

"생색내지 말고 말해봐. 여긴 엿들을 사람도 없으니까."

"그렇군! 엿들을 사람이 있다는 건 행복한 일이지……. 난 말이야, 꽤 잘 나가는 외과 의사였어. 레지던트 딱지를 뗄 때쯤에는 정말로 촉망받는 의사였지. 동기들 중에는 나를 따라올 녀석은 아무도 없었어. 자만은 언제나 실수를 불러와. 별 힘들 것도 없는 수술에서 터무니없는 실수를 해버린 거야. 환자가 그 이튿날까지도 깨어나지 못하고 있다가 결국 죽어버렸어. 실수치고는 너무나 대가가 컸지만 이미 돌이킬 수 없는 일이었지. 의료사고로 소송이 걸리고, 난 하루아침에 내가 있던 병원에서 천덕꾸러기가 되어있었어. 의사협회의 선배들이 힘을 써주고 병원 측에서 막대한 합의금을 건네주고서야 겨우 무마가 되었지만 그건 우리들의 방식이었지. 가족을 어처구니없이 잃어버린 사람들에게는 그 무엇으로도 치유될 수 없는 상처를 남긴 거야. 그런데 난 그 상황에서 그들의 슬픔보다는 내 장래가 무너져버린데 대한 자괴감을 더 크게 느끼고 있었어. 정신이 들고 나서 생각해보니 그런 내가 너무 밉더라고. 그 이후엔 매일 술을 마시지 않으면 잠을 이룰 수가 없게 되었어. 그런 나를 감싸고 다독여주는 아내였는데 어느 날 난 해서는 안 될 짓을 했어. 그만 자신을 괴롭히라고 말하는 아내에게 폭력을 휘둘렀던 거지. 아내는 나를 생각해서 한 말이었는데 난 그것조차 받아들일 수가 없었어. 차마 입에 담을 수 없는 말들로 소리를 치다가 겨우 이런 사람이었냐는 아내의 한 마디 말에 난 이성을 잃고 말았어. 딱 한 번의 실수였다면 아내가 그렇게 내 곁을 떠나지는 않았을 거야. 한번 고삐가 풀린 내 안의 악마는 멈출 줄을 몰랐어. 2년을 견디던 아내가, 어느 날 편지 하나를 달랑 남겨두고 짐을 싸서 아이와 함께 친정으로 가버렸어. 며칠 있으면 돌아올 거라고 생각했지만 그건 내 오산이었지. 아내는 정말 참을 수 있을 만큼 참았던 거야. 그제야 정신이 든 나는 처가에 가서 빌고 또 빌었지만 아무에게도 용서받을 수 없었어. 한 달 후 직장에 사표를 쓰고, 퇴직금과 집을 정리한 돈을 거의 다 아내 명의의 통장에 송금하고서 아무도 날 알아볼 이 없는 촌구석으로 들어갔지. 몇 푼 안 되는 돈을 까먹으며 죽은 듯이 매일을 보냈어. 그러다 문득 깨달음이 오더군. 철저히 가식과 오만과 비겁으로 가득 찬 나를 발견했어. 도저히 나를 용서할 수가 없었지. 나는 쓰레기 같은 녀석이었던 거야. 난 땅에서 죽을 자격도 없는 놈이었어. 그래서 바다 한가운데에서 죽을 생각을 했던 거지. 어때? 다 듣고 나니 이제 속이 후련해?"

"부모님이 알면 얼마나 마음이 아프겠냐고!"

"난 고아야. 슬퍼해줄 부모님 따윈 없어."

"그래도 그건 아니지. 형이 그렇게 하면 형수나 애가 얼마나 가슴이 아프겠어?"

"그래서 아무도 모르게 죽으려 한 거야. 내 신원을 밝혀낼 사람은 아무도 없어."

"왜? 이름도 나이도 내가 다 아는걸. 찾으려면 찾지."

"나이는 맞지만 이름은 본명이 아냐."

"정말 잘났어. 이 지경이 되어서도 거짓말이 하고 싶은 거야?"

"혹시 살아서 돌아가면 그때 말해줄게. 다시 태어난 기분으로 말이야."

"그래, 이젠 살고 싶어?"

"내가 말했잖아. 이런 식으로 죽음을 맞고 싶지는 않아. 그때 돌풍이 5분만 늦게 불어왔어도 난 분명히 바닷물 속으로 미련 없이 나를 던졌을 거야. 그런데 막상 바다에 내 의지와 상관없이 던져지고 나니 살고 싶다는 생각이 들더군."

"목숨이 아까워진 거야?"

"그런 건 아니야. 다만 그 짧은 순간에 이런 생각을 했어. 누구라도 한 명쯤은 나로 인해 행복해할 사람을 만들어야겠다고."

"그래, 잘 생각했어. 이제 두 번 다시 죽을 생각은 하지 마. 먼 데까지 갈 것도 없어. 일단 나부터 행복하게 만들어주라고."

"이 몸을 해서 어떻게?"

"그냥 살아만 있으면 돼. 아무것도 필요 없어. 그냥 내 옆에 숨 쉬고만 있으라고."

"그래, 나도 그러고 싶어. 아무렴, 그래야지."

그날은 정수가 마지막으로 정신을 차린 날이었다. 저녁을 먹을 때쯤에는 죽을 삼키기도 힘들어할 정도로 정수의 증세는 악화되었다. 밤이면 불을 피워야 했다. 이미 구월 말로 접어든 섬은 밤이 되면 불을 피우지 않고는 견딜 수 없을 만큼 추웠다. 다행히도 한 번도 비가 오지 않아서 지붕에서 비가 새는 지경은 면하고 있었지만 언제 비가 올지 몰랐다. 좀 더 튼튼한 지붕이 필요했다. 날씨가 더 추워질 때를 대비해서 야트막한 담이라도 쌓아야겠다고 생각하며 현식은 잠이 들었다. 제법 두툼하게 깐 나뭇가지 덕분에 하루 종일 노동으로 지친 몸을 그나마 편하게 누일 수 있었다.

뭔가 차갑고 습한 것이 몸에 감겨들었다. 뱀, 수천 마리의 뱀들이 발 디딜 틈도 없이 기어 다니고 있었다. 이리저리 도망치다가 꿈이려니 생각하며 힘껏 눈을 떴다. 제법 싸늘한 밤공기 가운데에서도 현식의 몸은 땀을 흠뻑 흘리고 있었다. 처음 집이랍시고 지어놓고 나서 느닷없이 나타난 뱀 때문에 혼비백산한 적이 있었다. 그리하여 늘 뱀은 '경계대상 1호'였다.

꿈에서조차 자신을 괴롭히는 뱀에게 욕지거리를 하다가 문득 옆에 있는 정수를 돌아보았다. 숨소리가 너무 가늘었다. 몸을 만져보자 얼음장처럼 차가웠다. 현식의 꿈에 나타난 뱀은 정수의 몸이 뿜어내는 한기였다. 발치에 피워놓았던 모닥불은 이미 희미한 불씨만 남긴 채 꺼져있었다. 온기가 사라질 때쯤이면 반사적으로 일어나 불을 피우곤 했었는데 어제 선장의 장례를 치르느라 너무 혹사당한 몸이 불씨를 지켜야 하는 의무조차 잊게 했던 것이다.

변명할 곳도 없었다. 하소연이건 변명이건 들을 수 있는 사람이 있을 때라야 가능한 것이었다. 서둘러 미리 준비해두었던 잔가지를 모아 불을 붙였다. 다행히 불씨가 살아있어서 현식이 입으로 몇 번 후후 불자 불이 살아났다. 불빛에 비친 정수의 얼굴은 불빛의 붉은색과 섞여 보랏빛으로 보였다. 제기랄, 의사인 주제에 이게 뭔 꼴이냐고. 그럼 진즉에 어떻게 조치해야 한다고 말이라도 해줬어야 될 거 아니냐고. 들을 이 없는 푸념을 해보았지만 현식은 또다시 가슴이 심하게 옥죄어 오는 걸 느꼈다. 현식이 할 수 있는 거라곤 기껏해야 정수의 팔다리를 주무르는 정도였다. 한참을 주무르자 정수가 가늘게 신음소리를 내었다. 어쩌면 현식의 귀에만 들린 환청에 불과했는지도 모르지만 어느 쪽인지 확인해줄 사람은 없었다. 사람들은 자신의 감각조차 공유될 수 있을 때만 확신을 가지는 것이다. 다행스럽게도 정수의 몸이 조금씩 온기를 되찾았다. 현식은 세상모르고 피곤에 절어 잠을 잤던 자신을 책망하며 쉬이 잠을 이루지 못하고 있다가 새벽을 맞았다. 달콤한 새벽잠은 그렇게 날아가고, 지붕 사이사이로 햇살이 비쳐들 때까지 현식은 정수의 용태를 살피며 더딘 시간을 원망스럽게 견뎠다. 어설픈 솜씨로 빚은 흙 그릇에 있는 물을 불 위에 올려 데웠다. 적당히 따뜻해진 걸 손가락을 넣어 확인하고서 정수의 입에 조심스럽게 떠 넣었다. 재채기를 할 기력도 없는 정수를 괴롭히지 않으려 여간 조심스러운 게 아니었다. 다행히도 정수는 본능적으로 입술을 혀로 핥으며 조금씩 물을 마셨다. 아침 햇빛 아래로 드러난 정수의 몸은 눈에 띄게 수척해보였다. 야윈 얼굴과 텁수룩하게 길어버린 수염들이 오랜 옛날 하늘을 우러르며 사랑하라고 외쳤던 누군가를 떠올리게 했다. 욕망도 집착도 몸에 기력이 있을 때라야 가능한 것이다. 모든 기력을 다 쏟아버리고 겨우 살아있음의 증거로 한 가닥 가는 숨결만을 남겨둔 정수의 표정은 초탈한 성자의 모습이었다. 한 번도 신에게 의지해본 적이 없었던 현식은 생각나는 모든 성자들의 이름을 읊조리며 정수의 손을 꼬옥 쥐었다. 정수가 고른 숨결을 찾는 것을 보고서 현식은 어제 남은 음식들을 대충 우겨넣고 지붕에 바를 흙을 가져오기로 했다. 정수는 어느새 죽음 같은 깊은 잠에 들어 나중에야 먹일 수 있을 것 같았다.

약간 붉은 빛을 띤 황토를 잡초와 나뭇잎 따위를 섞어 반죽을 하자 제법 건축 재료로 쓸 만한 것이 되었다. 지붕에 황토를 바르자 집은 한결 모양을 갖추기 시작했다. 흙벽돌을 찍어낼 만한 나무틀이라도 있으면 금상첨화였겠지만 반듯한 목재를 기대한다는 건 무리였다. 현식은 아쉬운 대로 야트막한 담장까지 쌓아올리고 나서 만족스러운 웃음을 지었다. 섬에 와서 한 일 중 가장 그럴듯한 것이었다. 담으로 둘러싸인 공간은 그 전과는 느낌부터 달랐다. 왠지 모를 아늑함까지 느껴졌다. 차츰 더 튼튼하게 쌓아 날씨가 추워질 때를 대비해야겠다고 다짐하던 현식은 문득 먼 훗날까지 준비하고 있는 자신을 보고 측은한 생각이 들어 자리에 털썩 주저앉아 버렸다.

언제까지 여기에 있어야 하는 걸까? 과연 도움의 손길이 닿을 수는 있을까? 아예 배들이 다니지 않는 길은 아닐까? 아니면 뗏목이라도 만들어서 바다로 나가야 하나? 아무리 남쪽이라 하더라도 겨울은 만만찮을 텐데 이렇게 허술한 여건으로 겨울을 날 수 있을까?

현식은 이런저런 답도 없는 의문을 던져보다가 어쩌면 가장 중요한 것을 자신이 놓치고 있는지도 모른다는 생각에 도달했다.

구조돼야만 해. 해변에 그려놓은 신호만으로는 부족해. 뭔가 확실히 눈에 띌만한 것을 마련해야 해. 가장 멀리서도 보이는 건 뭐지? 그렇다. 연기! 하지만 그냥 피워 올리는 것만으로 구조요청을 알아챌 수 있을까? 방법이 필요해. 아무리 준비를 한다 해도 여기서 겨울을 나기는 어려워. 추위도 그렇지만 겨울이 되면 무엇보다 먹을거리를 구하기가 어려워질 거야. 게다가 정수 형은? 한시라도 빨리 병원으로 데려가야만 해. 저런 상태라면 언제 무슨 일이 생겨도 이상하지 않아. 생각이 정수에게 미친 현식이 반사적으로 벌떡 일어나 정수에게 뛰어갔다.

정수는 잠에서 깨어 입술을 파르르 떨고 있었다. 엉성하긴 했지만 나무를 세로로 반쪽 내어서 그 속을 파내어 만든 그릇은 요긴하게 쓰였다. 물을 담아두었던 나무 그릇에서 숟가락으로 물을 떠내어 정수의 입으로 부어주고, 김밥 속을 채워 넣듯이 나무그릇에 담아두었던 마죽을 떠서 정수의 입에 갖다 대었다. 정수는 의식이 없는 와중에도 천천히 끈기 있게 마죽을 핥아 먹었다. 정수가 더 이상 먹지 않겠다고 입을 굳게 다무는 것을 보고 떠 넣어 주기를 그만두었다.

현식은 정수의 몸을 돌려 등 쪽의 옷을 올려보았다. 정수의 등은 이미 여기저기 욕창이 생겨있었다. 살이 짓물러져 있는 것을 보고 현식은 언뜻 바다에서 건져내었던 선장의 몸을 떠올렸다. 어쩌면 정수의 몸은 산 채로 부패되고 있는지도 몰랐다. 현식은 정수의 허물어져가는 몸을 보면서 자신의 암울한 미래를 떠올렸다. 아무도 돌봐줄 이 없는 곳에서 쓸쓸히 죽어간다는 건 슬픈 일이었다. 이대로 죽음을 기다리고 있을 수는 없어. 나도 형도 여기서 살아나간다! 현식은 짐짓 마음을 다져보며 소박한 집을 나섰다.

오후에는 푸른 잎이 생생한 나뭇가지들과 수분을 토해내고 바짝 말라버린 나뭇가지들을 함께 모았다. 푸른 가지들은 짙은 연기를 내기 위한 것이었고 마른 가지는 불을 쉽게 붙이기 위해 꼭 필요한 것이었다. 시험 삼아, 먼저 불을 붙인 마른 나무 위에다 푸른 가지를 얹어 보았다. 잠시 후 현식은 자신이 필요로 했던 것을 볼 수 있었다. 푸른 가지는 회백색의 짙은 연기를 뱉어내었다. 이름을 알 수 없는 구원자에게 메시지를 전하는 전령으로 부족함이 없어 보였다. 내친 김에 위쪽이 트여 연기가 잘 피어오를 수 있는 곳에다 항아리 모양의 구덩이를 팠다. 불을 피워놓고 상시로 연기를 피울 수 있는, 일종의 봉화대였다.

구운 달랑게 몇 마리와 쓰디쓴 탱자 즙으로 허기를 채우고 나서 항아리 봉화대를 세 군데로 늘렸다. 상시로 피우는 봉화대는 하나, 뭔가 상황이 일어나면 세 군데 모두 봉화를 올리기로 했다. 왠지 하나보다는 세 개가 더 이쪽의 절박한 사정을 전달해 줄 것 같은 생각이 들었다. 봉화대 옆에는 혹시 바람에 날려가지 않도록 바위 옆에다 두 가지 종류의 나뭇가지들을 쌓아 올렸다. 모든 준비는 끝났다. 누군가 현식의 봉화를 발견해주기만 하면 되는 것이었다.

희망은 언제나 사람을 활기차게 만든다. 현식은 좀 더 힘을 내어 처음 선장의 시체를 발견했던 해변에서 달랑게와 이름 모를 먹을거리들을 채취했다. 참마를 더 캐었고 돌아오는 길에는 운 좋게도 산머루를 딸 수 있었다. 새파랗던 열매가 어느덧 까맣게 익어 현식의 단것에 대한 갈망을 자극했다. 그 와중에 틈틈이 정수의 용태를 살피고, 물과 음식을 주고 욕창이 더 심해지지 않도록 돌려 눕혔다. 또 간간이 정수의 배변을 봐주어야 했다. 그나마 항아리 봉화대에서 연기를 피우는 일은 즐거웠다. 아무 걱정 없던 어린 시절의 불장난 같아서 일이라기보다 휴식 같은 기분이었다. 비록 절박한 의미를 담고 있었을지라도.

어둑해질 무렵 현식은 머루를 한 줌 입에 넣고 오랜만에 만족스러운 미소를 지을 수 있었다. 노동 끝에 주어지는 달콤함! 모닥불의 온기가 현식을 비현실적 상상으로 몰고 갔다. 캠핑. 텐트보다는 흙집이 좋다. 나뭇가지와 흙으로 지은 집. 바람은 쉽사리 뚫고 들어오지 못한다. 문 쪽엔 다른 곳보다 오목하게 파인 직경 1m가 못되는 직접 장작을 때는 난로가 있다. 그 옆에는 불을 피우기 위해 손질된 마른 나뭇가지들이 있다. 그보다 더 안쪽에는 두 사람이 누울 수 있는 침대가 있다. 매트리스는 잘 손질된 소나무가지들이다. 천연의 방향 기능이 있어 늘 산뜻한 솔향을 맡게 해준다. 솔향은 숙면에 도움을 준다. 매트리스를 지탱해줄 받침대는 없다. 침대는 매트리스가 중요한 것이다. 머리 맡 옆에는 넓적한 돌들로 만들어진 선반이 있다. 나무로 깎아 만든 물그릇과 식기들이 가지런히 놓여있다. 그 옆은 음식물 저장고다. 참마, 달랑게, 탱자, 그리고 달콤함을 느끼는 감각이 사라지지 않았음을 일깨워주는 산머루. 훌륭하다. 옆에 있는 사람은 간밤의 술이 지나쳐 곯아 떨어졌다. 미동도 않고 자는 걸 보면 어지간히 피곤했나 보다. 며칠 동안 묵을 곳으로 더할 나위 없다. 자연과 함께 지내는 동안 도시의 각박함은 흔적도 없이 사라질 것이다.

후두둑 소리와 함께 현식의 상상은 급하게 막을 내렸다. 줄곧 참고 있던 하늘이 한꺼번에 용을 쓰며 비를 내렸다. 혹시나 지붕이 비바람에 쓸려가지 않을까 염려하던 현식은 지붕이 아니라 바닥으로 침투해오는 빗물을 보고 자리에서 벌떡 일어났다. 지붕만 생각하느라 정작 바닥으로 물이 새어 들어오는 건 생각지도 못했던 것이다. 현식은 물길을 내기 위해 바깥으로 나갔다. 다행히 오랜만에 오는 비치고는 가늘었다. 차가운 비를 맞으며 칼로 단단한 흙을 부수고 손으로 파내어 담장 둘레에 물길을 내었다. 점퍼 안쪽까지 빗물로 축축하게 젖어들 즈음에야 겨우 일을 마칠 수 있었다. 현식은 섬에 오고 나서 밤눈이 밝아지는 걸 느꼈다. 미약한 달빛만 있어도 어렵지 않게 할일을 해내었다. 집 안으로 들어와 젖은 점퍼를 모닥불에 말리며 다시 즐거운 상상을 해보려 했으나 이미 드라마는 끝나버린 후였다.

TV대신 라디오를 틀기로 했다. '한밤의 라이브 쇼!' 타임이다. 아는 노래들을 죄다 흥얼거린다. 방청객은 자는 척하며 듣고 있는 이정수 씨. 자, 음악을 듣기에 앞서 방청객의 사연을 듣는 시간입니다. 그래, 이정수 씨는 본명이 뭔가요? 아직 말해줄 수 없다, 그죠? 좋습니다. 하지만 목소리를 알아들을 애청자들이 많을 것 같은데요. 암튼 사연을 말해주실까요? 실수로 사람을 죽였다고요? 저런, 오늘은 사연이 좀 무겁네요. 하지만 일부러 죽이는 사람도 많고 죽여 놓고 발뺌하는 사람도 많은걸요. 당신은 이미 충분히 괴로웠던 걸로 보이는데요. 아닙니까? 그 덕분에 사랑하는 아내도 아이도 다 떠나보내지 않았나요? 비겁했다고 느낍니까? 그렇게 말할 수도 있겠지요. 하지만 누군들 그리 완벽한가요? 우리 '한밤의 라이브 쇼'에서는 이정수 씨를 처벌하지 말아달라고 청원을 할 수도 있습니다. 함께 용서를 빌어주실 분들은 애청자 게시판에 글을 올려 주시기 바랍니다. 10만 명이 될 때까지 서명운동을 하기로 하지요. 자, 이정수 씨? 다른 사람들보다도 먼저 자신을 용서해보는 건 어떨까요? 매주 수요일마다 신청하신 여러분들 중에서 추첨을 하여 이곳 스튜디오에서 노래를 할 수 있게 해주는 시간이 있죠. 처음엔 쭈뼛거리던 분들도 막상 노래를 시작하면 가수 빰치게 노래를 잘 하시더라고요. 어때요, 용기를 한번 내어보시는 건? 이정수 씨의 용기를 응원하며 노래 띄우도록 하죠. 김기하의 '나만의 방식' 나갑니다. 아직 세상이 날 버린 건 아니야. 운명처럼 길들여진 그런 인생이 싫었어. 거친 사막에 피어난 푸르른 선인장처럼 불꽃같은 삶을 살고 싶어, 나만의 방식으로…….

한참을 혼자 떠들던 현식이 문득 현실로 돌아와 정수를 다시 돌려 눕히고는 숙연해졌다. 용기가 필요한 건 정수만이 아니었다. 현식은 삶의 어느 때보다 주인이 되어 살고 있었지만 날이 갈수록 외로움과 두려움의 골이 깊어지는 건 어쩔 수가 없었다.

아침이 되어 비가 그쳤다. 항아리 봉화대는 비에 젖어 제 역할을 못하고 있었다. 봉화대에 필요한 마른 가지는 따로 보관해둘 필요가 있었다. 큰 비가 올 때를 대비해 집 옆의 물길도 더 튼튼하게 만들어야 했고, 지붕도 좀 더 경사를 주어서 빗물이 스며들기 전에 흘러가게 해야 했다.

현식은 집 안에 있던 땔나무를 가져와서 다시 봉화를 올렸다. 간밤의 비로 젖어 있던 푸른 가지에서 어제 보다 더 짙은 연기가 피어올랐다. 그러다 문득 정수가 건강한 여성이었다면 어땠을까를 생각했다. 조금은 더 행복했을까? 아니면 서로 길들여진 도덕으로 거리를 두고 살았을까? 아무리 그래도 집 두 채를 짓고 살았을 것 같지는 않다. 집 한 채에 들어가는 정성은 쉬운 것이 아니므로. 나는 집을 짓고 먹을 것을 구해온다. 그 여성은 요리를 하고(요리랄 것도 없겠지만 그래도) 집 안을 섬세하게 꾸민다. 반짇고리라도 가지고 다니는 현모양처 스타일의 여성이라면 해어져 너덜거리는 옷소매와 솔기가 터져나가는 양말들을 튼튼하게 꿰매줄 것이다. 몇 년이 지나면 아이들이 생길지도 모른다. 현식은 현실에서는 아직 이루지 못한 가정을 상상 속에서 만들어보고 있었다. 하지만 상상은 거기까지였다.

정수는 숨만 붙어있는 산송장이었다. 정수를 깨워서 새로 단장된 집과 항아리 봉화대를 보여주고 싶었다. "그래, 너 많이 수고했구나. 아주 멋있어." 하고 정수가 금방이라도 깨어나서 말할 것 같았다. 그러나 정수는 평생 꾼 꿈을 다시 들여다보기라도 하는지 외마디 소리조차 지르지 않았다.

하루하루 자꾸만 시간이 흘러갔다. 현식은 무인도 생활이 두 달을 넘기면서 기이한 사실 하나를 깨닫게 되었다. 느리게 일할수록 하루가 짧아지기는커녕 점점 늘어난다는 사실이었다. 정수를 돌보는 일부터 끊임없이 집을 보수하고 먹을거리를 찾아다니는 일까지 뭔가에 쫓기듯 하던 예전과 다르게 한 동작 한 동작 손짓에서 걸음걸이며 나중에는 숨 쉬는 일까지 천천히 하게 되었다. 하루가 일주일처럼 길어졌다. 지루한 것이 아니라 매순간이 살아있는 시간으로 변했다. 현식은 바야흐로 과거에 대한 후회도 미래에 대한 열망도 없는 '현재'를 살고 있었다. 아무 생각 없이 행하는 모든 것은 삶의 진정한 시간으로 기록되지 않는다는 것! 현식이 표류되지 않았다면 결코 깨달을 수 없었던 것이었다. 점점 현식은 먹는 양이 줄어들고 있었다. 가을이 무르익어 가면서 먹을거리는 조금이나마 풍성해졌지만 먹는 양은 그와 반비례해서 줄어들고 있었다. 잠을 자는 시간에도 현식은 늘 깨어있었다. 정수의 사소한 움직임에도 바로 반응하여 불편한 일을 거들어주었다. 그러던 어느 날 오랜만에 물을 길어 몸을 씻고 있던 현식은 벗어두었던 옷을 급하게 걸쳐 입고 항아리 봉화대로 뛰어갔다. 현식은 이상하게 가슴이 두근거리는 걸 느꼈다. 요 몇 주 동안 늘 고요함을 유지하고 있었던 것에 반해 북치듯 울리는 가슴을 겨우 진정시키며 항아리 봉화대의 세 곳에 모두 불을 놓았다. 몇 번의 실험을 통하여 가장 짙은 연기가 피어오르는 나뭇가지를 쌓아두었기에 세 봉화대의 연기는 일정한 간격을 유지한 채 하늘로 높이 올라갔다. 별 다른 것이 보이는 것도 아니었지만 현식의 직감은 어떤 확신을 가지고 있었다. 계속해서 연기를 피워 올린 지 이십 분이나 지났을까. 어디선가 '부우' 하고 뱃고동 소리가 들려왔다. 곧이어 소리를 낸 물건이 현식의 시야에 들어왔다. 분명히 좀 전까지는 아무것도 보이지 않던 곳에 저 문명세계의 거대한 쇳덩이가 떠있었다. 현식은 벗겨두었던 빨간 구명조끼의 외피를 긴 나무에다 걸고 좌우로 힘차게 흔들었다. 쇳덩이에서 무언가가 떨어져 나와 현식과 정수의 섬으로 다가오고 있었다. 현식이 '여기요, 여기!' 하고 크게 소리를 질렀다. 잠시 후 누군가 알아들을 수 없는 아우성으로 답을 전해왔다. 그토록 기다리던 구조의 손길은 한순간 너무나 일상처럼 다가왔다. 털썩 주저앉아버린 현식에게 묘하게도 아쉽다는 느낌이 스쳐 지나갔다. 하지만 그 느낌에 빠져 있을 수는 없었다. 현식은 집으로 뛰어가 정수에게 소리쳤다.

"형! 우리 이제 살았어. 여기를 나가게 되었다고! 이제 형도 제대로 된 곳에서 치료받을 수 있을 거야. 여기서도 살아남았으니 육지로 가면 분명히 깨어나게 될 거야!"

늘 그랬던 것처럼 정수는 말이 없었다. 정수의 손을 붙들고 몇 마디 더 하려던 현식은 문득 이상한 느낌이 들어 정수의 심장에 귀를 대보았다. 이럴 수가, 하필이면 지금이라니……. 정수의 심장은 더 이상 뛰지 않았다. 현식이 씻으러 우물가에 내려가기 전까지만 해도 정수의 심장은 고요하나마 일정할 리듬으로 분명히 뛰고 있었다. 목의 경동맥을 짚어 보았으나 조그만 떨림조차 느껴지지 않았다. 현식은 마음속에서 무언가가 와르르 무너지는 걸 느끼며 어떻게 해야 할지를 몰라 멍하니 서있었다. 그러다 문득 무언가를 떠올리고 한번도 손대지 않았던 정수의 점퍼 안주머니를 뒤졌다. 검은색 지갑 하나. 지갑을 열자 투명한 필름 뒤로 정수의 신분증이 보였다. 이정수. 가명이라던 정수의 이름은 본명이었다. 왼쪽 윗부분의 사진 속에서 살짝 웃고 있는 사람은 분명 석 달 가까이 현식과 함께했던 정수가 틀림없었다.

왜 형은 내게 자신의 이름이 본명이 아니라고 했지? 아무도 모르게 죽고 싶었다던 형의 말은 뭐였지?

그때서야 현식은 정수의 마음을 알 것 같았다. 정수는 다만 과거의 자신을 죽이려고 했다는 것을. 정수는 마치 깊은 잠이라도 자는 듯 평화로운 미소를 짓고 있었다. 현식과 함께했던 모든 추억을 뒤로 하고 정수는 그렇게 소원하던 곳으로 한 마디 인사조차 없이 떠나버렸다. 정수가 죽이고 싶어했던 자신의 과거는 정수의 현재마저 데리고 간 것이었다. 멍해지는 정신을 겨우 수습하여 다시 봉화대 쪽으로 뛰어간 현식은 조그만 보트를 타고 다가오는 사람들을 확인하고 손을 흔들었다. 보트에 타고 있는 사람이 현식에게 뭐라고 소리를 질렀으나 무슨 말인지 알아들을 수가 없었다. 뭘 가져가야 하지? 문득 뭔가를 가져가야겠다는 생각이 들었으나 이내 현식은 고개를 가로젓고 말았다. 처음 섬에 올 때 가져왔던 것 외에는 아무것도 가져가지 말아야겠다는 생각이 들었다.

이윽고 보트에서 두 사람이 내려 현식이 있는 곳으로 걸어오고 있었다. 그제야 현식은 좀 전에 그들이 소리쳤던 말을 알아들을 수 없었던 까닭을 알게 되었다. 분명히 두 사람은 외국인이었다. 현식의 몰골을 훑어보던 두 사람이 서로 마주보며 믿을 수 없다는 표정을 지었다.

현식에게 뭐라고 질문을 하는 말은 분명히 영어였다. 짧은 영어에다 손짓 발짓을 섞어가며 나름대로 상황을 설명했다. 이미 죽은 사람이 두 사람 더 있다는 것을 설명하려 했으나 자꾸만 말이 엇갈렸다. 현식은 두 사람에게 따라오라는 손짓을 하고 정수가 누워있는 집으로 데려갔다. 두 사람은 정수의 죽음을 확인하고 안타까운 표정을 지었다. 내친 김에 선장의 돌무덤도 보여주었다. 두 사람은 독실한 크리스천인 듯 가슴에 성호를 그리며 자기들 나름의 짧은 기도를 했다. 다른 사람이 더 있느냐는 질문에 현식이 고개를 가로젓자 두 사람은 안심하라는 제스처를 취하며 현식에게 악수를 청했다. 두 번째로 악수한 외국인이 현식을 가볍게 포옹하더니 자기들의 보트에 올라탈 것을 요청했다. 현식이 이미 죽은 두 사람은 어떻게 하냐고 손짓으로 말하자 자기들이 알아서 연락하겠다고 말했고 자기들의 최종 도착지가 부산이라며 재차 현식에게 자기들의 보트에 올라타라고 손짓했다.

배에 올라탄 현식은 선원들의 대대적인 환영을 받았다. 마주치는 사람들마다 엄지를 치켜세우며 현식의 무사 생환을 축하해주었다. 처음 현식에게 악수를 청했던 외국인이 어디론가 급히 연락을 취해, 현식과 현식이 있었던 섬의 상세한 위치와 상황을 전달했다. 잠시 후 그 외국인이 한국 해경에서 시신을 수습할 헬기를 띄웠다는 소식을 현식에게 전해주었다.

현식은 참으로 오랜만에 따뜻한 물로 샤워와 면도를 하고, 제대로 된 음식을 먹고, 그들이 내어준 깨끗한 옷으로 갈아입었다. 비어있던 조그만

선실에서 거울을 바라보던 현식은 살이 빠져 움푹 파인 볼과 길게 기른 머리칼 사이로 이상하게도 빛나는 자신의 눈을 바라보았다. 살았다는 안도감과 더불어 왠지 중요한 무엇을 섬에 두고 왔다는 생각이 머릿속에서 떠나지 않았다.

선실 바깥으로 난 조그만 창으로 우두커니 바다를 바라보던 현식은 한참 시간이 지나고 나서야 알게 되었다. 정수가 지탱하고 있었던 것은 자신의 목숨이 아니라 바로 현식의 목숨이었다는 것을. 현식은 두 손에 얼굴을 파묻고 정수와 나누었던 대화를 떠올렸다.

"목숨이 아까워진 거야?"

"그런 건 아니야. 다만 그 짧은 순간에 이런 생각을 했어. 누구라도 한 명쯤은 나로 인해 행복해할 사람을 만들어야겠다고."

"그래, 잘 생각했어. 이제 두 번 다시 죽을 생각은 하지 마. 먼 데까지 갈 것도 없어. 일단 나부터 행복하게 만들어주라고."

"이 몸을 해서 어떻게?"

"그냥 살아만 있으면 돼. 아무것도 필요 없어. 그냥 내 옆에 숨 쉬고만 있으라고."

"그래, 나도 그러고 싶어. 아무렴, 그래야지."

정수가 현식의 가슴속에서 하얗게 웃고 있었다.

에필로그

들으면서 말하라

물고기는 물을 모른다.

물고기는 물을 모른다.
물에서 태어나 한 번도 물 밖으로 나와 본 적이 없는 물고기는
자신이 물 안에서 살아가고 있음을 모른다.

그대는 사랑을 모른다.
사랑 안에서 태어나서
한 번도 사랑 밖으로 나와 본 적이 없는 그대는
자신이 사랑 안에서 살아가고 있음을 모른다.

불가(佛家)에서는 이것을 일컬어 공(空)이라 한다.
나는 이것을 사랑이라 한다.
텅 비어 있기에 가득 차 있는 것.

가득 차 있기에 알 수 없는 것.
너무나 크기에 볼 수 없는 것.

그대는 언제나 사랑 안에서 숨쉬고
사랑 안에서 살아가며 사랑 안에서 기뻐한다.

또한 그 사랑 안에서는 태어남도 스러짐도 없으며
더러움도 깨끗함도 없다.

고집을 버리면
더 이상 그러한 분별은 사라지게 된다.

-『꽃은 누구에게 허락받고 피는 것이 아니다』 중에서

잠자리에서 일어나 먼저 욕실에 간다. 손가락과 얼굴의 정겨운 접촉이 시작된다. 연인의 얼굴을 만지듯 사랑스럽게 두드린다. 잠이 벗겨져 나가고 얼굴에 미소가 번진다. 그리고 식탁에 앉아 김이 모락모락 나는 아침밥을 먹는다. 밥을 먹는 속도는 다른 사람들이 답답해할 만큼 느리다. 하지만 시작을 함께 했다고 해서 꼭 끝을 맞출 필요는 없는 것이다.

밥알 하나가 말을 걸어온다. 물론 인간의 언어는 아니다. 하지만 인간인 나는 인간의 언어로 답해준다. "너, 참 사랑스럽다." '만물의 영장'이라는 허영을 버리고 나니 모든 것이 자기들의 언어로 내게 말을 걸어온다. 양념에 버무려진 푸성귀며 다른 친구들과 뒤섞여 알록달록한 무늬들을 몸에 새긴 채 노란 자태로 다소곳이 누워있는 달걀말이며 한때는 제 몸보다 수천억의 수천억 배는 더 큰 바다를 헤엄치고 다녔을 멸치가 기름에 튀겨져 온몸으로 부딪혀온다. 농부의 땀과 창조주의 햇빛에 대한 감사함보다 식탁에 차려진 그들이 기꺼이 내게로 다가와 나와 한 몸이 되어주는 것에 대한 눈물겨움이 더 크다. 각종의 양념으로 옷을 갈아입었을지라도 그들은 순수함으로 나에게 다가온다. 어떤 위로보다 어떤 감사보다 내가 그들을 바라보는 마음은 살갑다.

사람들은 자기들만의 방식으로 이들을 심판한다. 무엇은 몸에 좋고 무엇은 어디에 나쁘다는 식으로. 물론 그럴 수도 있겠지만 이들의 진심을 보고 나면 너무 가벼이 심판대에 올렸다는 걸 알게 된다. 먼저 웃는다. 이제 곧 내 안에 들어와 피가 되고 살이 될 이들에게 어떻게 차가운 저울과 법전을 들이댈 수 있는가! 내가 먹기 전부터 이들은 나와 하나였다. 그렇지 않다면 자기들의 터전을 마다하고 먼 길을 달려와 내 아침상에 오를 일이 없는 것이다.

천천히 이들의 진심을 받아들인다. 어떤 것도 똑같은 맛을 내지 않는다. 모두가 각자의 색깔로 생명을 빛내고 있다. 거죽의 죽음은 또 다른 생명으로 이어지는 창구다. 모든 산화는 환원과 마주하고 있는 것이다. 이토록 예쁜 밥알을, 사랑스러운 시금치를, 경이로운 멸치를 본 적이 있는가? 이들은 오만한 자에게는 진심을 보여주지 않는다. 멸치니 시금치니 하는 이름조차도 정작 이들은 모른다. 다만 자신들을 바라보는 나의 진심만을 바라볼 뿐이다. 나는 난생처음 이들을 먹어본다. 예전에 이미 이들의 동류를 만났다 하여 그때와 똑같은 맛이 될 수는 없다. 사람이라 하여 다 똑같은 사람이 아닌 것처럼. 그리하여 나는 이전에도 이후에도 맛볼 수 없는 유일한 맛을 음미하며 이들과 즐거운 대화를 나누는 것이다.

공원으로 산책을 간다. 말을 걸어오는 나무들이 있다. 아낌없이 자신들의 생명을 걸고 온몸으로 부딪혀온다. 사람들은 세상에서 규정지은 의미가 있는 것만 받아들이는 학습을 해온 지 오래다. 어떠한 역사나 어떠한 사연이 있을 때는 나무 하나, 물건 하나가 역사를 증명하는 유물이 되고 그 현장에 있었던 사람들은 이야기 속에 남아 전해진다. 하지만 정작 삶의 치열한 주인공들은 이름 없이 살다간 사람들이다.

건물들이 바뀌고 길이 새로 포장되었을 뿐 백 년, 천 년 전의 사람들이 거닐었던 곳을 다시 내가 걷고 있는 것이다. 모든 것은 그렇게 나에게 다가와 현재가 된다.

파워워킹을 뽐내며 씩씩하게 걷는 아주머니가 바람처럼 씽하고 스쳐 지나간다. 나는 무릎이 펴지는 소리와 발바닥에 닿는 대지의 감촉을 바라본다. 나의 움직임에 반응하는 공기의 흐름을 느낀다. 이제 걸음은 세상의 어떤 신비보다 더 경이로운 일이 된다. 해가 뜨고 해가 지는 일처럼 익숙한 모든 것이 어느새 비할 데 없이 신비한 기적으로 다가온다.

벤치에 앉는다. 숨을 바라본다. 들어오고 나가는 공기의 흐름을, 콧속에 와서 닿는 싸한 감촉을, 바야흐로 몸 안으로 들어와 세포들에게 전달되는 생명을 느낀다. 숨을 쉰다는 건 나를 생명으로 빛나게 하는 일이다.

내 깊은 곳에서 목소리가 울린다.

들으면서 말하라.

자신의 말을 들을 수 있다면 상대의 말도 들을 수 있게 된다. 말의 관성에 끌려가지 않으며 사실에 가려진 진실을 발견하게 된다.

보면서 숨 쉬라.

무한의 거리로 떨어진 별에서 바람에 실려 온 입자들이 오늘 내 안에 들어와 내 몸을 이루고 내 생각의 일부가 된다. 모든 일들이 이렇게 내 안에서 일어나고 있음을 알게 된다. 과거를 그리워하기보다 미래를 열망하기보다 바로 지금 빛나는 현재를 보게 되는 순간, 자신이라고 생각했던 것이 전부가 아님을, 보다 위대한 신성이 그 안에 언제나 숨 쉬고 있음을 발견하게 된다.

내가 바라보는 모든 것들이 내가 바라보는 시선 그대로 나를 바라본다. 나는 수많은 '나' 속에서 숨 쉬고 있는 것이다.

공원에는 여러 사람들이 있다. 마냥 웃고 있는 연인들, 휴일 아침이 아까워 일찍 나와 뛰어노는 아이들, 지팡이에 두 손을 모아 쥔 채로 지탱하듯 앉아있는 영감님, 다소곳이 앉아서 책을 펴고 있는 아가씨도 있다.

무대는 지금 이 순간 이렇게 펼쳐져 있다. 수많은 연극과 드라마와 소설들이 저마다의 이야기를 풀어놓지만 정작 사람들은 자신이 실시간의 무대 위에서 훌륭히 연기를 하고 있다는 걸 모른다. 이 드라마는 24시간 단 일분일초도 꺼지는 법이 없다. 물론 광고가 끼어들 틈도 없다. 잠을 잘 때조차 무대 위에서 잠을 자는 것이다. 각자가 주인공인 연극이다. 그러면서 서로가 서로에게 조연이 되어주고 단역이 되어주며 또한 기꺼이 엑스트라나 카메오가 되기를 마다하지 않는다.

이 모든 시나리오를 쓴 사람은 자신이다. 시나리오의 마지막 한 줄에는 이 모든 선택을 망각하라고 되어있다. 하지만 언젠가 사람들은 알게 될 것이다. 모든 것은 하나인 나를 '너'와 '나'로 나누어 펼쳤던 모노드라마였다는 것을.

나를 비워버린 어둠

어둠을 붙잡으려 등불을 켜고
가슴을 죄며 길을 나섰다.
눈앞인 듯했던 어둠들이
꼭 한걸음 앞으로 물러선다.
좀 더 빨리
어둠보다 더 앞서 기다려야지.
결심의 무게만큼
어둠은 힘을 얻어 더 빨리 달아난다.
겨우 가쁜 숨을 몰아쉬던 심지가
문득 하늘로 떠나버린 날
언제나 달아나던 그 어둠이
나를 가득 안고 있었다.
나를 비워버린 어둠,
그 끝없는 사랑

-『꽃은 누구에게 허락받고 피는 것이 아니다』 중에서